Renli Ziben
Yunzuo Guicheng

人力资本运作规程

主　编　许华岑　李巧玲
副主编　俞德怡　王鑫　蔡昭君

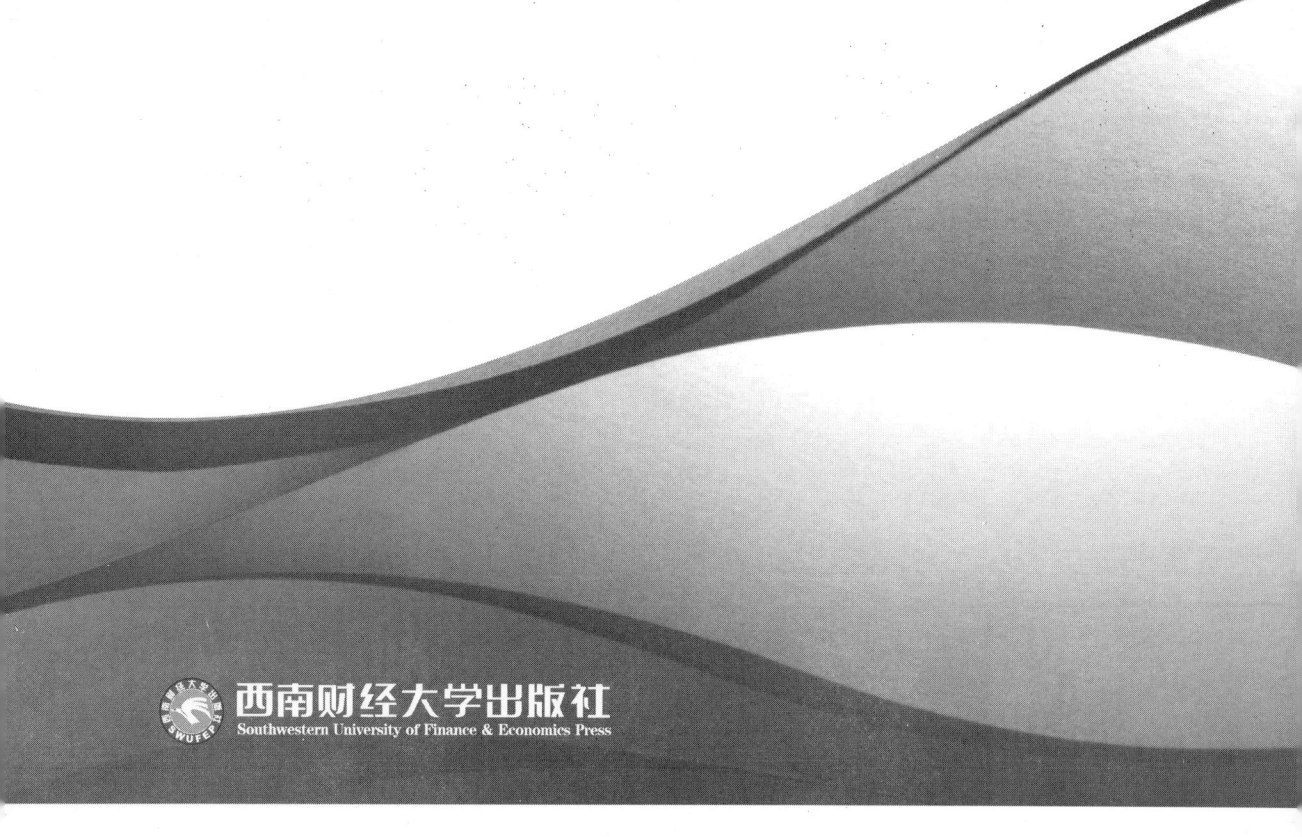

西南财经大学出版社
Southwestern University of Finance & Economics Press

图书在版编目(CIP)数据

人力资本运作规程/许华岑,李巧玲主编.—成都:西南财经大学出版社,2013.8

ISBN 978-7-5504-1062-6

Ⅰ.①人… Ⅱ.①许…②李… Ⅲ.①企业—人力资本—资本运作—研究 Ⅳ.①F272.92

中国版本图书馆 CIP 数据核字(2013)第 120137 号

人力资本运作规程

主　编:许华岑　李巧玲

责任编辑:李　雪
封面设计:袁　海
责任印制:封俊川

出版发行	西南财经大学出版社(四川省成都市光华村街55号)
网　　址	http://www.bookcj.com
电子邮件	bookcj@foxmail.com
邮政编码	610074
电　　话	028-87353785　87352368
印　　刷	郫县犀浦印刷厂
成品尺寸	185mm×260mm
印　　张	11
字　　数	240 千字
版　　次	2013 年 8 月第 1 版
印　　次	2013 年 8 月第 1 次印刷
印　　数	1—2000 册
书　　号	ISBN 978-7-5504-1062-6
定　　价	25.00 元

1. 版权所有,翻印必究。
2. 如有印刷、装订等差错,可向本社营销部调换。
3. 本书封底无本社数码防伪标志,不得销售。

序 言

商场如战场,商机如战机,用人如用将。

将分三种,须择机而用:

将战之将:身先士卒,不惧斧钺。使攻城拔寨,宁杀身成仁,亦求克强克难。军中非此勇武不可以聚养士气,团队无此决绝不可以提振精神。

将兵之将:威能摄众,武能可强,无大略却有雄才,使攻城掠地,必得胜而还,是为军中必有骨干也。

将将之将:耳目全局,能谋善断,运筹于帷幄之中,决胜于千里之外。得此一将,如得一军。古语"千军易得,一将难求",此其谓也。

所谓人力资源管理,不过知人善用,博用众才而已。

作者供职于金融机构赖其勤奋认真,工作中屡获心得并集腋成裘,与人集结出版《人力资本运作规程》一书,特予笔和为序。

西南财经大学

杨成钢

2013 年春

前 言

随着时代的进步、科技的发展,在企业的经营实践中,对生产要素中人这个因素要求越来越高,人力资源越来越成为组织实现战略目标的关键因素,加强人力资源管理工作迫在眉睫。因此,社会对人力资源管理人才的需求也更加迫切。

鉴于此,国内高校普遍都开设了人力资源管理方面的课程。本书既可以作为教材或参考书适用于高等院校相关专业学生;也可作为培训读物适用于企业人力资源管理工作者;更适用于对人力资源管理感兴趣的人士。

本书的内容包含了人力资源管理概论、人员测评、甄选与招聘、培训与开发、职业生涯规划发展、业绩考核与评价、激励与控制、薪酬管理与员工福利、企业文化等八个章节。各章节具体写作分工如下:李巧玲负责项目一、二,夏建萍负责项目三,乔恩凤负责项目四,许华岑负责项目五、六、八,王鑫负责项目七,蔡昭君负责项目九。全书由许华岑、李巧玲编辑汇总。

本书具有以下特色:

1. 科普性。侧重从科普的视角对人力资源的研究现状进行介绍,使读者能够了解到人力资源领域的国内外研究进展及研究方向。

2. 系统性。内容涵盖了人力资源各大主要模块,并对各个模块进行了系统的介绍。

3. 实用性。每章节均配有人力资源管理案例,内容丰富,叙述生动,密切联系管理实际。

本书的编著过程中,不仅得到了同行的帮助,还借鉴了其他人智慧的精华。在此对为本书做出贡献的所有人表达最诚挚的谢意。

由于时间仓促,加上作者水平有限,书中疏漏之处在所难免。敬请读者不吝批评指正。

编 者

2013 年 5 月

目录

项目一：人力资源管理概论 ……………………………………………… (1)

    引导案例 ……………………………………………………………… (1)
    一、人力资源概述 …………………………………………………… (2)
    二、人力资源管理概述 ……………………………………………… (7)
    三、人力资源管理理论基础 ………………………………………… (9)
    四、历史演变与未来发展趋势 ……………………………………… (14)
    案例 …………………………………………………………………… (20)

项目二：人员测评 ………………………………………………………… (22)

    引导案例 ……………………………………………………………… (22)
    一、人员测评原理 …………………………………………………… (23)
    二、人员测评理论 …………………………………………………… (32)
    三、体系构建方法 …………………………………………………… (38)
    四、常用测评工具 …………………………………………………… (40)
    案例 …………………………………………………………………… (43)

项目三：招聘与甄选 ……………………………………………………… (47)

    引导案例 ……………………………………………………………… (47)
    一、招聘需求预测 …………………………………………………… (48)
    二、招聘渠道 ………………………………………………………… (50)
    三、招聘方法 ………………………………………………………… (53)
    四、员工甄选 ………………………………………………………… (55)
    案例 …………………………………………………………………… (70)

项目四：培训与开发 …… (72)

引导案例 …… (72)
一、目的与意义 …… (73)
二、人员配置与培训 …… (76)
二、培训系统构建 …… (78)
三、培训需求分析 …… (79)
四、培训技术与方法 …… (80)
案例 …… (84)

项目五：职业生涯规划发展 …… (87)

引导案例 …… (87)
一、职业生涯管理及相关理论 …… (88)
二、职业选择理论 …… (93)
三、职业发展模式 …… (96)
四、员工的职业生涯管理策略 …… (101)
案例 …… (103)

项目六：业绩考核与评价 …… (104)

引导案例 …… (104)
一、绩效考核概述 …… (105)
二、绩效考评系统设计 …… (106)
三、绩效考评程序 …… (112)
四、绩效考评方法 …… (113)
案例 …… (114)

项目七：激励与控制 …… (115)

引导案例 …… (115)
一、激励与控制概述 …… (116)
二、激励方法 …… (125)
三、控制程序 …… (129)
案例 …… (133)

项目八：薪酬管理与员工福利 …………………………………………… (136)

 引导案例 ……………………………………………………………… (136)
 一、薪酬管理概述 …………………………………………………… (136)
 二、薪酬制度 ………………………………………………………… (138)
 三、员工福利 ………………………………………………………… (139)
 四、员工福利计划与管理计划 ……………………………………… (141)
 案例 …………………………………………………………………… (142)

项目九：企业文化 …………………………………………………………… (144)

 引导案例 ……………………………………………………………… (144)
 一、企业文化基本理论 ……………………………………………… (145)
 二、企业文化类型 …………………………………………………… (151)
 三、企业文化建设 …………………………………………………… (156)
 案例 …………………………………………………………………… (162)

参考文献 …………………………………………………………………… (165)

项目一 人力资源管理概论

引导案例

锦程集团

位于华浦高科技工业园区的锦程集团公司创建六年多来，无论在绩效还是在扩展速度与规模上都取得了骄人的业绩。它从一家小型的软件开发公司迅速成长为一家业务几乎覆盖信息产业所有主要领域的集团公司，发展速度之快令人目不暇接。在最近集团举行的有关其跨世纪发展计划的新闻发布会上，集团董事长任俊奇先生接受了多家媒体的采访。当被问及集团成功的诀窍时，这位不到40岁的电子工程博士莞尔一笑，侃侃而谈。

任董事长说，我们的秘诀无他，无非就是"重才"二字。本企业的管理哲学核心就是视人力资源为其成功之本，尤其是其中那些被称为人才的具有超常潜质与才能的人，他们是企业的精英和骨干。这里所说的人才，既可以是专业技术性的，也可以是综合管理性的。具体说来，重才体现在我们的"八才"方针上，这就是：引才、识才、容才、用才、信才、育才、护才和奖才。

任先生进一步解释道：引才，就是通过一切渠道来吸引人才；识才就是要有伯乐的眼力。我们决不单凭学历、证书来定取舍，应聘者都要经过认真的测试和考评，进行初选后还要经历半年的试用实习期，才做出录用决策。容才就是要有容人的雅量，不忌避贤者，怀公正之心。用才是指用人之长，以尽其才，不致埋没、误用而浪费。育才就是对人才不仅要使用还要教育培养，使其潜能得到进一步的发扬和开发。信才就是要充分信任人才，做到用人不疑，放手让人发挥其创造性。任先生说他十分欣赏美国惠普公司的一句话：我们坚信我们的员工，都是会自觉地尽力做好自身的工作。护才则指爱护人才，保护其合法权益不受损害，并慎于惩罚，教育鼓励为主，改了就好。最后是奖才，这不仅指本公司对员工所付薪酬要维持在全行业最高水平，而且敢于重赏确有成就者，使人才所获确能与其所贡献一致。

任先生含笑说道：能广纳天下之英才而用之，此实人生之至乐也。见多识广的任先生在结束其经验之谈时，引用了美国一位很成功的大企业家说过的一句壮语，给人以极其深刻的印象和启迪——"你把我公司全部资产都拿走吧，但是得把我的人才留下。那么，只要五年，就准能把所失去的一切完全恢复。"

一、人力资源概述

人力资源是一切资源中最为宝贵的资源，是第一资源。当代社会经济发展的实践证明，人力资源的开发、利用对经济发展起着决定性的作用，人的素质决定了效率。人不仅要管理，还必须不断开发，挖掘其潜能，提高其素质。因此，目前在世界范围内，人力资源的开发越来越受到人们的重视。

（一）概念

1. 资源

资源在《辞海》中意为"资财的来源"，它泛指社会财富的源泉，指给人们带来新的使用价值和价值的客观存在物。在经济学意义上，人们一般把资源分为两大类：一是物质资源，二是人力资源。当代经济学家又进一步对资源作了划分，认为目前世界上存在四大资源，即自然资源、资本资源、信息资源与人力资源。其中最重要的是人力资源。

（1）自然资源。自然资源指用于生产活动的一切未经加工的自然物，如未经开发的土地、山川、森林、矿藏等，它们有待于人们的开发利用。

（2）资本资源。资本资源指用于生产活动的一切经过加工的自然物，如资金、机器、厂房、设备。人们并不直接消费资本本身，而是利用它去生产和创造新的产品和新的价值。

（3）信息资源。信息资源指对生产活动及其他一切事、物进行描述的符号的集合。信息是对客观事物的一种描述，与前两种资源不同的是，前两种资源具有明显的独占性，而信息资源具有共享性。

（4）人力资源。人力资源是存在于人体内的经济资源，也称劳动资源、劳动力资源，反映一个国家或地区总体所拥有的劳动力。它是生产活动中最活跃的因素，由于其特殊重要性，往往被经济学家称为第一资源。

2. 人力资源

究竟什么是人力资源？学术界对此见仁见智，许多学者从不同的角度给出了不同的定义。伊凡·伯格认为，人力资源是人类可用于生产产品或提供各种服务的活力、技能和知识。雷西斯·列科认为，人力资源是组织人力结构的生产力和顾客商誉的价值。

我们在这里从广义和狭义的角度对国内外学者给人力资源下的定义进行了归纳。从广义上，人力资源是指智力正常的人。狭义的定义，主要有以下几种：

（1）人力资源是指为社会创造物质财富、精神财富，提供劳务、服务的人。

（2）人力资源是包含在人体内的各种生产能力，是表现在劳动者身上的、以劳动者的数量和质量表示的资源，它对经济起着生产性的作用，使国民收入持续增长。

（3）人力资源是指劳动力资源，即一个国家或地区有劳动能力的人口总和。

(4) 人力资源是指能够推动国民经济和社会发展的、具有智力劳动和体力劳动能力的人口总和，它包括数量和质量两个方面。

当前，人们通常从广义的角度去理解人力资源的内涵。本书使用的人力资源概念是从一般意义上来讲的，是指能够推动整个经济和社会发展的具有智力劳动和体力劳动能力的劳动者，即处在劳动年龄的和已经直接投入建设和尚未投入建设的人口。它分为现实的人力资源和潜在的人力资源两部分。现实的人力资源指一个国家、地区或组织在一定时间内拥有的实际参与劳动的全部人口，包括正在从事劳动的人口以及由于非个人原因暂时未能从事劳动的人口。潜在的人力资源是指处于储备状态，正在培养成长，逐步具有劳动能力的人口；或者虽具有劳动能力，但由于各种原因未能或不愿从事社会劳动，并在一定条件下可以动员参加劳动的人口总和，比如在校青年学生、现役军人、从事家务劳动的家庭妇女等。

人力资源的最基本的方面，包括体力和智力。如果从现实的应用形态来看，则包括体质、智力、知识和技能这四个方面。体质包括力量、速度、耐力、柔韧性、灵敏度等人体运动的功能状态，以及对一定劳动负荷的承受能力和消除疲劳的能力。智力，是人们认识事物、改造客观世界的能力，包括思维能力、记忆能力、观察能力、想象能力、判断能力等。知识是人们在实践中掌握的各种经验和理论。技能是指人们运用知识经验，并且经过练习而习惯化了的动作体系，或者说是人们合理化、规范化、系列化、熟练化的一种动作能力。这四个方面的不同配比组合，形成了各具特色的人力资源。

（二）特点

与其他资源相比，人力资源具有以下特点：

1. 生物性

人力资源的载体是人，从而决定了它是有生命的、"活"的资源，与人的自然生理特征息息相关。

2. 能动性

这是人力资源的一个最重要的特征，是人力资源与其他一切资源最根本的区别。人是有思想、有感情的，具有主观能动性，能够有目的、有意识地进行活动，能动地认识自然和改造自然，并能有意识地对所采取的行为、手段及结果进行分析、判断和预测。这种意识不是低级水平的动物意识，而是对自身和外界具有清晰看法，能对自身行动做出抉择的、调节自身与外部关系的社会意识。

人力资源的能动性主要表现在以下两个方面：一是自我开发。人在劳动过程中一方面会有自身的损耗，但另一方面，可以通过合理的行为得到补偿、更新和发展。人可以通过教育和学习活动以及经验积累增长自己的知识和能力，深化对社会规律和自然规律的认识，在这一过程中，人类不断地进行创新和发明，创造出越来越多的社会财富，也推动了人类历史的不断向前发展。二是功利性的投向。趋利避害是动物的一种本能，但动物只能被动地接受周围环境的影响，而不能主动选择、积极适应。人不仅拥有、而且也能自主地支配自身的人力资源，以一定的功利性目的为依据，有目的、有意识地控制和选择人力资源的投向，决定或指导其对于专业、职业、工作单位等问题的选择和变动。

3. 时效性

人力资源的形成、开发与利用都要受时间的限制。从个体角度来看，作为生物机体的人，有其生命周期，如幼年期、青壮年期、老年期，各个时期的劳动能力各不相同；从社会角度来看，人力资源也有培养期、成长期、成熟期和老化期。这要求我们要研究人力资源运动的内在规律，使人力资源的形成、开发、配置和使用等处于一种动态的平衡之中，从而更好地发挥人力资源的效用。

4. 智力性

人类在劳动中创造出机器和工具，通过开发智力，使器官得到延长、放大，从而使自身的功能大大扩大。而人的智力具有继承性，人的劳动能力随着时间的推移而得以积累、延续和增强。

5. 再生性

资源可以分为可再生资源和不可再生资源两大类。不可再生资源如矿藏（煤矿、金矿、铁矿、石油等），可再生资源如森林。基于人口的再生产和劳动力的再生产，人力资源具有再生性。人力资源的再生性不同于一般生物资源的再生性，除了遵循一般生物规律之外，人力资源还受到人类意识的支配和人类活动的影响。此外，人力资源的再生性还体现在其能力的再生上。由于现代知识快速的更新换代，人的劳动能力在满足社会需要方面的衰减速度也加快了。人们可以通过学习，不断更新知识，提高技能，从而跟上组织和社会的发展速度。

6. 社会性

从人类社会活动的角度来看，任何人都生活在一定的群体之中。人类的劳动是群体劳动，这是人力资源社会性的微观基础。从宏观上来看，人力资源总是与一定的社会环境相联系的，它的形成、开发、配置和使用都离不开社会环境和社会实践，是一种社会活动。在长期的社会环境和社会文化的影响下，人们形成特有的价值观念和行为方式，这些都会对人力资源管理产生影响。

7. 稀缺性

在知识经济时代，面对不确定的竞争环境，传统上的任何有形的竞争优势，如资金优势、规模经济只能是暂时的，只有拥有知识、技能、信息的具备高级能力的人力资源才是现代组织获得竞争优势并实现可持续发展的重要保证。人力资源的稀缺性，从性质上可区分为两种：一种是人力资源的显性稀缺，即一定时期内劳动力市场上具有某一特性的人才供给数量绝对不足，这种状况往往导致企业间为猎取稀缺人才互挖"墙角"，竞相争夺；另一种是人力资源的隐性稀缺，即由于人力资源某种特性往往呈非均质分布状态，其稀缺价值又难以用市场化标准来判断，且在很大程度上依赖于企业后天的培训与开发，由此导致不同企业在开发与管理人力资源方面的相对差异，并造成了人力资源的稀缺性。

8. 难以模仿性

首先，组织外的竞争者很难像把一套机器拆开来研究其机械构成来了解产品的高性能一样，洞悉组织内的各种人力资源具备何种能力，这些能力对组织的绩效能做出什么样的贡献；其次，组织中人力资源的形成依托于组织独特的发展历史、独一无二的组织价值标准和文化氛围，倘若竞争者要全盘复制组织的人力资源文化等，势必会导致竞争者的组织与原有公司文化和人际关系的冲突，因而这一点也是竞争者模仿组织的障碍之一。

（三）人力资源与人力资本

"人力资源"和"人力资本"是容易混淆的两个概念，很多人甚至将它们通用，其实这两个概念是有一定区别的。

1. 资本和人力资本

"资本"一词，语义上有三种解释：一是指掌握在资本家手里的生产资料和用来雇佣工人的货币；二是指经营工商业的本钱；三是指牟取利益的凭借。马克思则认为，资本是指能够带来剩余价值的价值。

对于人力资本的含义，被称为"人力资本之父"的西奥多·W.舒尔茨认为，人力资本是劳动者身上所具备的两种能力，一种能力是通过先天遗传获得的，是由个人与生俱来的基因所决定的；另一种能力是后天获得的，由个人努力经过学习而形成的，而读写能力是任何民族人口的人力资本质量的关键成分。

同物质资本一样，人力资本也要通过投资才能形成。按照劳动经济学的观点，人力资本的投资主要有三种形式：教育和培训、迁移、医疗保健。而且与其他类型的投资一样，人力资本的投资也包含着这样一种含义：在当前时期付出一定的成本并希望在将来能够带来收益，因此人们在进行人力资本的投资决策时主要考虑收益和成本两个因素，只有当收益大于成本或者至少等于成本时，人们才愿意进行人力资本的投资；否则，人们将不会进行人力资本的投资。

2. 人力资源和人力资本的关系

人力资源和人力资本是既有联系又有区别的两个概念。

应该说，人力资源和人力资本都是以人为基础而产生的概念，研究的对象都是人所具有的脑力和体力，从这点看两者是一致的。而且，现代人力资源理论大都是以人力资本理论为根据的；人力资本理论是人力资源理论的重点内容和基础部分；人力资源经济活动及其收益的核算是基于人力资本理论进行的；两者都是在研究人力作为生产要素在经济增长和经济发展中的重要作用时产生的。虽然这两个概念有着紧密的联系，但它们之间还是存在着一定的区别。

（1）两者在与社会财富和社会价值的关系上不同。人力资本是由投资而形成的，因此劳动者将自己拥有的脑力和体力投入到生产过程中参与价值创造，就要据此来获取相应的劳动报酬和经济利益，它与社会价值的关系应当说是一种由因索果的关系。而人力资源则不同，作为一种资源，劳动者拥有的脑力和体力对价值的创造起着重要的贡献作用，它与社会价值的关系应当说是一种由果溯因的关系。

（2）两者研究问题的角度和关注重点不同。人力资本是通过投资形成的存在于人体中的资本形式，是形成人的脑力和体力的物质资本在人身上的价值凝结，是从成本收益的角度来研究人在经济增长中的作用，关注的重点是收益问题，即投资能否带来收益以及带来多少收益的问题。人力资源则不同，它将人作为财富的来源来看待，是从投入产出的角度来研究人对经济发展的作用，关注的重点是产出问题，即人力资源对经济发展的贡献有多大，对经济发展的推动力有多强。

（3）人力资源和人力资本的计量形式不同。众所周知，资源是存量的概念，而资本则是兼有存量和流量的一个概念，人力资源和人力资本也同样如此。人力资源是指一定时间、一定空间内人所具有的对价值创造起贡献作用并且能够被组织所利用的体力和脑力的总和。而人力资本，如果从生产活动的角度看，往往是与流量核算相联系的，表现为经验的不断积累、技能的不断增进、产出量的不断变化和体能的不断损耗；如果从投资活动的角度看，又与存量核算相联系，表现为投入到教育培训、迁移和健康等方面的资本在人身上的凝结。

（四）人力资源的价值

1. 人力资源是财富形成的关键要素

人力资源作为一种"活"的资源，它不仅同自然资源一起构成了财富的源泉，而且还在财富的形成过程中发挥着关键性的作用。

社会财富是由对人类的物质生活和文化生活具有使用价值的产品构成，因此自然资源不能直接形成财富，还必须有一个转化的过程，而人力资源在这个转化过中起到了重要的作用。人们将自己的脑力和体力通过各种方式转移到自然资源上，改变了自然资源的状态，使自然资源转变为各种形式的社会财富，在这一过程中，人力资源的价值也得以转移和体现。应该说，没有人力资源的作用，社会财富就无法形成。此外，人力资源的使用量也决定了财富的形成量，一般来讲，在其他要素可以同比例获得并投入的情况下，人力资源的使用量越大，创造的财富就越多；反之，创造的财富就越少。正因为如此，所以说人力资源是财富形成的关键要素。

2. 人力资源是经济发展的主要力量

人力资源不仅决定着财富的形成，而且它还是推动经济发展的主要力量，随着科学技术的不断发展，知识技能的不断提高，人力资源对价值创造的贡献越来越大，社会经济发展对人力资源的依赖程度也越来越大。

以美国经济学家 P. M. 罗默和 R. E. 卢卡斯为代表人物的新经济增长理论认为，现代以及将来经济持续、快速、健康增长的主要动力和源泉已不再是物质资源，而是知识、技术等人力资源。著名经济学家西奥多·W. 舒尔茨则认为，人力资源既能提高物质资本，又能提高人力资本的生产率。因为随着时间的推移，人力资源可以使劳动者自我丰富、自我更新和自我发展；同时通过劳动者品性、能力、操作技能和工艺水平的提高，可增进对物质资本的利用率与产值量，人力资源和人力资本的不断发展和积累，直接推动物质资本的不断更新和发展。

因为人力资源对经济发展的巨大推动作用，目前世界各国都非常重视本国的人力资源开发和建设，力图通过不断提高人力资源的质量来实现经济和社会的快速发展。

3. 人力资源是企业的首要资源

在现代社会中，企业是构成社会经济系统的细胞单元，是社会经济活动中最基本的经济单位之一，是价值创造最主要的组织形式。企业的出现，是生产力发展的结果，而它反过来又极大地提高了生产力的水平。

企业要想正常地运转，就必须投入各种资源，而在企业投入的各种资源中，人力资源是第一位的，是首要的资源；人力资源的存在和有效利用能够充分地激活其他物化资源，从而实现企业的目标。著名的管理大师彼得·德鲁克曾指出："企业只有一项真正的资源：人。"汤姆·彼得斯也曾说过："企业或事业唯一真正的资源是人。"而小托马斯·沃特森的话则更加形象："你可以搬走我的机器，烧毁我的厂房，但只要留下我的员工，我就可以有再生的机会。"由此可以看出，人力资源是保证企业最终目标得以实现的最重要也是最有价值的资源。

通过以上分析可以得知，无论是对社会还是企业而言，人力资源都发挥着极其重要的作用，因此我们必须对人力资源引起足够的重视，创造各种有利的条件以保证其作用的充分发挥，从而实现财富的不断增加、经济的不断发展和企业的不断壮大。

二、人力资源管理概述

（一）概念

人力资源管理作为企业的一种职能性管理活动的提出，最早源于工业关系和社会学家怀特·巴克于1958年发表的《人力资源功能》一书。该书首次将人力资源管理作为管理的普遍职能来加以讨论。

美国著名的人力资源管理专家雷蒙德·A.诺伊等在其《人力资源管理：赢得竞争优势》一书中提出：人力资源管理是指影响雇员的行为、态度以及绩效的各种政策、管理实践以及制度。美国的舒勒等在《管理人力资源》一书中指出：人力资源管理是采用一系列管理活动来保证对人力资源进行有效的管理，其目的是为了实现个人、社会和企业的利益。佳里·德斯勒在其《人力资源管理》一书中提出：人力资源管理是为了完成管理工作中涉及人或人事方面的任务所需要掌握的各种概念和技术。迈克·比尔则提出：人力资源管理也包括会影响公司和雇员之间关系的（人力资源）性质的所有管理决策和行为。我国台湾地区的著名人力资源管理专家黄英忠则提出：人力资源管理是将组织所有人力资源做最适当的确保、开发、维持和使用，以及为此所规划、执行和统制的过程。大陆著名学者则将人力资源管理界定为：对人力这一特殊的资源进行有效开发、合理利用与科学管理。

综合以上各种观点，我们认为，人力资源管理是基于实现组织和个人发展目标的需要，有效开发、合理利用并科学管理组织所拥有的人力资源的过程。

（二）功能

人力资源管理的功能是指它自身所具备或应该具备的作用，这种作用具有一定的独特性，反映了人力资源管理自身的属性。人力资源管理的功能主要体现在四个方向：吸纳、激励、开发和维持。

1. 吸纳功能

吸纳功能是指吸引并让优秀的人才加入本企业。吸纳功能是基础，为其他功能的实现提供了条件。

2. 激励功能

激励功能是指让员工在现有的工作岗位上创造出优良的绩效。激励功能是核心，是其他功能发挥作用的最终目的，如果不能激励员工创造出优良的绩效，其他功能的实现就失去了意义。

3. 开发功能

开发功能是指让员工保持能够满足当前及未来工作需要的知识和技能。开发功能是手段，只有让员工掌握相应的工作技能，激励功能才会具备实现的客观条件。

4. 维持功能

维持功能是指让已加入的员工继续留在本企业。维持功能是保障，只有将吸纳的人员留在本企业，开发和激励功能才会有稳定的对象，其作用才可能持久。

在企业的实践过程中，人力资源管理的这四项功能通常被概括为"选、育、用、留"四个字。这里，"选"就相当于吸纳功能，要为企业挑选出合适的人力资源；"育"就相当于开发功能，要不断培育员工，使其工作能力不断提高；"用"就相当于激励功能，要最大限度地使用已有的资源，为企业做出贡献；"留"就相当于维持功能，要采用各种办法，将优秀的人力资源保留在企业中。

（三）人力资源管理与人事管理

随着经济体制改革的深入，人事部门的工作内容都在不断调整，传统的人事管理工作逐渐被现代人力资源管理取代。归纳起来，二者的区别主要表现在以下几个方面。

1. 管理内容不同

传统的人事管理以事为中心，主要工作就是管理档案、人员调配、职务职称变动、工资调整等具体的事务性工作；现代人力资源管理则是以人为中心，将人作为一种重要资源加以开发、利用和管理，重点是开发人的潜能，激发人的活力，使员工能积极主动、创造性地开展工作。

2. 管理形式不同

传统的人事管理属于静态管理，也就是说，当一名员工进入一个单位，经过人事部门必要的培训后，安排到一个岗位，完全由员工被动性地工作，自然发展；现代人力资源管理属于动态管理，强调整体开发，也就是说，对员工不仅安排工作，还要根据组织目标和个人状况，为其做好职业生涯设计，不断培训，不断进行横向及纵向的岗位或职位调整，充分发挥个人才能，量才使用，人尽其才。

3. 管理方式不同

传统的人事管理主要采取制度控制和物质刺激手段；现代人力资源管理采取人性化管理，考虑人的情感、自尊与价值，以人为本，多激励、少惩罚，多表扬、少批评，多授权、少命令，发挥每个人的特长，体现每个人的价值。

4. 管理策略不同

传统的人事管理侧重于近期或当前人事工作，就事论事，只顾眼前，缺乏长远意识，属于战术性管理；现代人力资源管理，不仅注重近期或当前具体事宜的解决，更注重人力管理资源的整体开发、预测与规划。根据组织的长远目标，制定人力资源的开发战略措施，属于战术与战略相结合的管理。

5. 管理技术不同

传统的人事管理照章办事，机械呆板；现代人力资源管理追求科学性和艺术性，不断采用新的技术和方法，完善考核系统、测评系统等科学手段。

6. 管理体制不同

传统的人事管理多为被动反应型，按部就班，强调按领导意图办事；现代人力资源管理多为主动开发型，根据组织的现状、未来，有计划、有目标地开展工作。

7. 管理手段不同

传统的人事管理手段单一，以人工为主，日常的信息检索、报表制作、统计分析多为人工操作，很难保证及时、准确，并且浪费人力、物力和财力；现代人力资源管理的软件系统、信息检索、报表制作、核算、测评、招聘等均由计算机自动生成结果，及时准确地提供决策依据。

8. 管理层次不同

传统的人事管理部门往往只是上级的执行部门，很少参与决策；现代人力资源管理部门则处于决策层，直接参与组织的计划与决策，是组织的最重要的高层决策部门之一。

三、人力资源管理理论基础

（一）人力资源管理基本原理

人力资源管理遵循管理学的基本原理，在实际应用过程中，学者们又总结了很多人力资源管理原理，本书仅从实用角度，有选择介绍以下几种人力资源管理原理。

1. 同素异构原理

同素异构原理是化学中的一个原理，意指事物的成分因在空间关系即排列次序和结构形式上的变化而引起的不同结果，甚至发生质的变化。例如石墨与金刚石，其组成是同样的碳原子，但由于碳原子之间的空间关系不同，因而结构也不同，从而形成了物理性能差别极大的两种物质，石墨很软，而金刚石则十分刚硬。

把自然界的同素异构原理移植到人力资源管理领域，意指同样数量的人，用不同的组织网络联结起来，形成不同的权责结构和协作关系，可以取得完全不同的效果。这在战争中表现得最为明显，同样数量的军事人员，如果组织松散，一盘散沙，必然指挥混乱，失去战斗力；如果将他们合理地组织起来，形成战斗小组、班、排、连、营、团、师、军的严密组织和执行严格的纪律，则指挥有效、战斗力大增。

2. 能级层序原理

能位（能级）的概念出自物理学。能，是表示外力对物体做功使物体增加的能量；能位（能级），表示事物系统内部按个体能量大小形成的结构、秩序、层次。如物理学中原子的电子层结构，在不同层上的电子具有不同的势能（位能），由于不同能量的电子各在其位，所以才形成了稳定的物质结构，这就是能级对成关系。

将能级层序原理引入人力资源管理领域，主要指具有不同能力的人，应摆在组织内部不同的职位上，给予不同的权力和责任，实行能力与职位的对应和适应。为使有限的人力资源发挥出最大的系统功能，必须在组织系统中建立一定的层级结构，并制定相应的标准、规范，形成纵向、横向上严格的组织网络体系，从而构成相对稳定的一种组织管理"场"，然后将所有组织成员按其自身的能力、素质，十分恰当地安排在整个网络的"纽带点"上，赋予其组织层次位置，确定其"组织角色"身份。

为了实现能级对应，必须做到以下三点：

（1）能级管理必须按层次。现代组织中的"级"不是随便分设的，各个级也不是随便组合的。稳定的组织结构应该是正三角形的能级分布。造成非稳定结构的一个重要原因，是"人多好办事"的小生产效率观，应该彻底破除这种落后的观念，而应该树立"用最少的人办最多的事，多一个人就是多一个故障因素"的现代观念。

（2）不同的能级应该表现出不同的权、责、利和荣誉。在其位，谋其政、行其权、尽其责、取其利、获其荣，对失职者应惩其误。

（3）各类能级的对应不可能一劳永逸，它是一个动态过程。人有各种不同的才能，领导者必须知人善任。随着时间的推移，事业的发展，各个职位及其要求在不断变化。

总而言之，岗位能级必须是合理而有序，人才运动也应该合理却往往无序，二者相结合，才能使能级层序原理变成现实。

3. 要素有用原理

要素有用原理的含义是指在人力资源开发与管理中，任何要素（人员）都是有用的，关键是为它创造发挥作用的条件。换言之，"没有无用之人，只有没用好之人"。

4. 互补增值原理

人作为个体，不可能十全十美，而是各有长短，所谓"金无足赤，人无完人"。工作往往是由群体承担的，作为群体，完全可以通过个体间取长补短而形成整体优势，达到组织目标。这就是互补增值原理。

增值的客观标准是 $1+1>2$，如果 $1+1=2$，则说明没有增值；若 $1+1<2$，则不仅没实现互补增值，而且发生了内耗减值。

互补的内容主要包括：

（1）知识互补。一个集体中，若个体在知识领域、知识的深度和广度上实现互补，那么整个集体的知识结构就比较全面、比较合理。

（2）能力互补。一个集体中，若个体在能力类型、能力大小方面实现互补，那么整个集体的能力就比较全面，在各种能力上都可以形成优势，这种集体的能力结构就比较合适。

（3）性格互补。一个集体中，若每个个体各具不同的性格特点，而且具有互补性，例如，有人内向，有人外向；有人沉稳，有人急躁；有人激烈，有人温和；有人直爽，有人含蓄；有人热情，有人冷静……那么，作为一个整体而言，这个集体就易于形成良好的人际关系和胜任处理各类问题的良好的性格结构。

（4）年龄结构。人员的年龄不仅与人的体力、智力有关，也与人的经验和心理有关。一个集体，根据其承担任务的性质和要求，都有一个合适的人员年龄结构，既可以在体力、智力、经验和心理上互补，又可以顺利地实现人力资源的新陈代谢，焕发出持久的活力。

（5）关系互补。每个人都有自己特殊的社会关系，包括亲戚、朋友、同学、同乡以及师傅、徒弟、师兄、老上级、老部下、老同事等。如果在一个集体中，各人的社会关系重合不多，具有较强的互补性，那么从整体上看，就易于形成集体的社会关系优势。在组建领导班子和劳动组织时，有意识地应用互补增值原理，往往会收到事半功倍之效。

5. 动态适应原理

在人力资源管理中，人与事的不适应是绝对的，适应是相对的，从不适应到适应是在运动中实现的，是一个动态的适应过程。这就叫动态适应原理。

从动态适应原理出发，应该把人事调整作为一种经常性的任务抓好。这包括：

（1）岗位的调整——设岗数、岗位职责的变化；

（2）人员的调整——竞争上岗，招聘干部，平行调动；

（3）弹性工作时间——小时工、半时工……工作时间自选等；

（4）一人多岗，一专多能，有序流动；

（5）动态优化组合——劳动组织、机构人员的优化。

6. 激励强化原理

所谓激励，就是创设满足职工各种需要的条件，激发职工的动机，使之产生实现组织目标的特定行为的过程。激励是管理的一项重要职能，也是人力资源管理的一个重要内容。

根据管理学家统计的研究结果，一个计时工，只要发挥个人潜力的20%~30%即可保住饭碗，但通过恰当的激励，这些工人的个人潜力可以发挥出80%~90%。显然，激励可以调动人的主观能动性，强化期望行为，从而显著地提高劳动生产率。这叫激励强化原理，根据这一原理，对人力资源管理，除了应注意人在量（技术、能力、知识、专长）上的调配之外，更应注意对人的动机的激发，即对人的激励。

7. 公平竞争原理

公平竞争指对竞争各方遵循同样的规则，公正地进行考核、录用、晋升和奖惩的竞争方式。

我国经济改革的目标是建立社会主义市场经济。市场经济的本质是一种竞争机制，自由竞争，公平竞争。在人才市场上，各类人员通过竞争而选择职业和单位，在组织内部的任用、提拔和调整也主要依靠竞争。在人力资源管理中引进竞争机制，可以较好地解决奖励罚懒、用人所长、优化组合等问题。

8. 信息催化原理

信息是指作用于人的感官，并被大脑所反映的事物的特征和运动变化的状态。根据信息催化原理，我们应该高度重视发展教育事业，高度重视干部和职工的教育培训工作，应该用最新科学技术知识、最新的工艺操作方法和最新的管理理论去武装他们，保持人力资源的质量优势，这是增强组织活力和竞争力的关键。因此，世界各发达国家和新型工业国家及其企业，花在教育和培训上的经费大量增加。这种培训已不局限在岗前培训、新职工培训、各种专业技能培训，而且扩展为终生性的教育和培训。随着网络技术的发展，在线学习、远程学习的活动正方兴未艾。此外，应该在本地区、本部门、本单位，建立起信息收集、处理和通报制度，使信息管理这一基础性管理工作上档次、上水平。

9. 文化凝聚原理

人力资源管理的一个重要方面是怎样提高组织的凝聚力。组织的凝聚力强，才能吸引人才和留住人才，才有竞争力。凝聚力包括两个方面：一是组织对个人的吸引力，或个人对组织的向心力；二是组织内部个人与个人之间的吸引力或粘着力。显然，组织凝聚力不仅与物质条件有关，更与精神条件、文化条件有关。工资、奖金、福利、待遇这些物质条件，是组织凝聚力的基础，没有这些就无法满足成员的生存、安全等物质需要。组织目标、组织道德、组织精神、组织风气、组织哲学、组织制度、组织形象这些精神文化条件，是组织凝聚力的根本，缺了它无法满足成员的社交、自尊、自我实现、超越自我等精神需要。换言之，一个组织的凝聚力，归根结底不是取决于外在的物质条件，而是取决于内在的共同价值观。依靠建立良好的群体价值观，建设优良的组织文化来凝聚干部职工，才会收到事半功倍的效果。

随着生产力的突飞猛进，随着人们温饱问题的逐步解决，人们的需求层次在逐步提高，生存人、安全人日趋减少，而社交人、自尊人、自我实现人日益增加。因此，只依靠泰勒的"重奖重罚"、"胡萝卜加大棒"的管理方式，越来越难以凝聚人才。越来越多的企业家和事业家将眼光放在满足职工的高层次需要、精神需要上来，实现以人为中心的管理，用高尚的组织目标、组织精神、组织哲学、组织道德、组织风气来塑造人才、凝聚队伍，并取得了巨大的成功。

（二）人力资源管理机制

1. 人力资源管理机制概述

所谓机制，是指事物发挥作用的机理或者原理。那么人力资源管理机制，在本质上就是要揭示人力资源管理系统的各要素通过什么样的机理来整合企业的人力资源，以及整合人力资源之后所达到的状态和效果。彭剑锋教授等在进行人力资源管理理论本土化研究的基础上，提出了人力资源管理的四大机制模型，即牵引机制、激励机制、约束机制和竞争淘汰机制。这四大机制相互协同，从不同的角度来整合和激活组织的人力资源，提升人力资源管理的有效性。

2. 人力资源管理机制的内容

（1）牵引机制。牵引机制，是指通过明确组织对员工的期望和要求，使员工能够正确地选择自身的行为，最终能够将员工的努力和贡献纳入帮助企业完成其目标、提升其核心能力的轨道中来。牵引机制的关键在于向员工清晰地表达组织和工作对员工行为和绩效的期望。因此，牵引机制主要依靠职位说明书、KPI指标体系、企业的文化与价值观体系、培训开发体系来实现人力资源管理模块的目的。

（2）激励机制。根据现代组织行为学理论，激励的本质是员工去做某件事的意愿，这种意愿是以满足员工的个人需要为条件。因此激励的核心在于对员工的内在需求把握与满足。而需求意味着对特定的个体具有吸引力的一种生理或者心理上的缺乏。

在众多的激励理论中，马斯洛的需要层次理论、赫兹伯格的双因素理论、亚当斯的公平理论等在企业人力资源管理制度设计的操作层面具有十分重要的意义。因此，激励机制的设计在某种意义上，就是要将这些激励理论所体现的基本原理落实到人力资源管理的制度和操作环节。

从人力资源管理的操作实践来看，激励在企业的人力资源管理系统设计中，更多地体现为企业的薪酬体系设计、职业生涯管理和升迁异动制度。即一方面依靠科学、公平、公正的薪酬体系设计，将员工对企业的价值、员工的投入、员工承担的责任、员工的工作成果等与其获得的报酬待遇相挂钩，依靠利益驱动和对员工内在需求的满足来实现对员工的激励，这充分体现了需求理论和公平理论的主要思想；另一方面，现代企业的员工越来越重视在企业中获得更多更广的发展空间以及提高自身终生就业能力的机会，因此为员工提供更多的培训机会和建立多元化的职业生涯通道，以能力和业绩为导向的升迁异动制度也将成为现代企业激励机制至关重要的组成部分。这一点则主要体现了赫兹伯格的双因素理论，以及对当代企业知识型员工的激励因素的研究成果。具体而言，企业的激励机制主要依靠薪酬体系、职业生涯管理与升迁异动制度、分权与授权机制等人力资源管理模块来完成。

（3）约束机制。所谓约束机制，其本质是对员工的行为进行限定，使其符合企业的发展要求的一种行为控制。它使得员工的行为始终在预定的轨道上运行。约束机制的核心是企业以 KPI 指标为核心的绩效考核体系和以任职体系为核心的职业化行为评价体系。

（4）竞争淘汰机制。企业不仅要有正向的牵引机制和激励机制来不断推动员工提升自己的能力和业绩，而且还必须有反向的竞争淘汰机制，将不适合组织成长和发展需要的员工淘汰于组织之外，同时将外部市场的压力传递到组织之中，从而实现对企业人力资源的激活，防止人力资本的沉淀或者缩水。企业的竞争与淘汰机制在制度上主要体现为竞聘上岗和末位淘汰制度。

可以看出，企业通过牵引机制告诉员工应该前进的方向和应该采取的行为方式；通过激励机制给予员工不停地提升自我价值、能力和业绩的动力；依靠约束机制来确保员工的行为始终处于帮助企业发展的轨道之中，而不发生破坏和偏离；依靠竞争淘汰机制来对不合格的员工进行淘汰。这四大机制形成了一个全面的人力资源管理的力学系统，使得员工在企业中能够持续性地处于激活状态，并不断得到能力和业绩的提升。

四、历史演变与未来发展趋势

（一）人力资源管理的历史演变

作为管理活动的一个部分，人力资源管理是随着管理理论的发展而发展的。可以将其分为以下几个阶段：

1. 工业革命早期阶段

在工业革命开始之前，经济活动中的主要组织形式是家庭手工工场，工场内部并没有明显的员工管理。18 世纪末，工业革命开始在英国出现，之后向其他国家蔓延。机器的应用使生产效率和劳动专业化水平大幅度提高，工厂取代了手工工场。随着工厂规模的扩大和生产的程序化，管理和监督工人变得更为必要。在这个时期，工厂主与管理者常常是一体的，有的工厂会任命一些工头，管理方式大都简单、粗暴。员工管理主要是雇用工人、岗位调动、工资设定、纠纷处理和解雇工人等。

2. 古典管理理论阶段

19 世纪末至 20 世纪 30 年代是古典管理理论占主导地位的时期，以欧洲的法约尔的古典功能理论、韦伯的古典组织理论和美国泰罗的科学管理理论为代表。这三位代表人物的理论虽各有侧重，但有着如下的共同特点：

（1）都把职工看成被动的、纯理性的人，任由管理者用"胡萝卜加大棒"（即经济刺激加纪律规章）的方式控制和摆布，人和物为同一性质，人只不过是会说话的工具。

（2）都把重点放在管理的"物"、"硬"的方面，如结构、控幅、工艺、奖酬等。

（3）都认为存在着一种适用于一切组织与环境的通用的"最佳"管理模式，如行政层级结构、管理通则、科学定额等。

在这段时间的早期并没有专门的人事管理人员，人事工作由主管人员担任。由于科学管理运动并没有顾及员工的感受，使员工对工作产生不满情绪，于是，企业开始建立一些休闲娱乐设施、员工援助项目和医疗服务项目。到20世纪初，人事管理人员才第一次从主管人员手中将雇用和解雇的权力接收过来，开始组建薪资部门并且管理福利计划。人事管理工作主要是按程序办事。在测试和面谈等方面的技术出现以后，人事管理开始在雇员的甄选、培训和晋升方面发挥越来越大的作用。

3. 行为主义理论阶段

20世纪20年代至40年代，是行为主义理论的时代。行为主义的早期代表是人际关系学派，是通过霍桑实验而形成的。代表人物是梅奥，其主要观点是：①人是"社会人"而不是"经济人"；②生产效率在很大程度上取决于人的工作态度或士气；③"非正式组织"对职工的积极性有很大影响。

人际关系理论奠定了行为科学理论的基础，此后产生了许多有代表性的理论，主要有马斯洛的需要层次论、赫茨伯格的双因素理论、弗鲁姆的期望价值理论、麦格雷格X—Y理论、布莱克和穆顿的"管理方格图"理论。

（1）马斯洛的需要层次论。马斯洛认为人的需要分为生理、安全、社交、受人尊重和自我实现五个层次，管理工作必须把满足人的需要作为根本出发点。

（2）赫茨伯格的双因素理论。双因素理论认为影响人的行为的因素有两类，即激励因素和保健因素。管理者要充分调动人的积极性，把重心放在激励因素上面。

（3）弗鲁姆的期望价值理论。弗鲁姆认为各种激励因素作用的大小，取决于职工对他所能得到的结果的全部预期价值乘以他认为得到该结果的概率。这就要处理好三种关系：个人努力与绩效的关系、绩效与奖励的关系、奖励与满足个人需要的关系。

（4）麦格雷格X—Y理论。麦格雷格把传统管理理论归纳为X理论，把建立在对职工信任基础上，主张通过诱导、鼓励的方式调动人的积极性的管理理论归纳为Y理论。

（5）布莱克和穆顿的"管理方格图"理论。布莱克和穆顿认为企业领导对工作或对人的关心程度，可通过纵横坐标图表示出来，从而形成有纵横81个方格的图形。

总之，行为科学运用心理学、社会学和人类学等理论研究人们行为的动机、人们对外界刺激的反应等，以求在企业内部妥善处理人群关系，减少冲突，发挥人的积极性。

这个阶段，人事管理开始在雇员的甄选、培训、薪酬和晋升方向发挥越来越大的作用，人事管理系统开始建立并不断优化。有效的人事管理活动越来越重要，人事管理人员在企业日常管理中发挥着重要的作用。但是，他们的主要工作仍是执行企业的决策，就人事管理的具体环节向企业管理者提供专家意见，并且保护企业避免许多不良问题。

4. 现代管理理论阶段

第二次世界大战以后，出现了现代管理理论。它有许多学派：

（1）以巴纳德为代表的社会系统学派。该学派认为社会的各级组织都是由相互进行协作的各个人组成的系统，而系统的效率是指系统成员个人目标的满足程度，是个人效率的结果。一个协作系统的效率的尺度，就是它生存的能力。即它继续为其成员提供使他们的个人需要得以满足的诱导，以便使集体目标得以实现的能力。巴纳德把对正式组织的要求同个人的需要联结起来，这一观点，被西方有些管理学者誉为管理思想上的里程碑。

（2）以德鲁克为代表的经验主义学派。经验主义学派认为企业的经理要树立目标，建立组织机构和选拔人员，利用奖金、报酬、提拔等手段来激励人们做好工作，利用自上而下和自下而上的沟通工作使企业活动得以协调，还要对企业所有人员的工作进行评价，等等。总之，经理的工作就是激励、指挥和组织人们去做他们的工作。在这里，对人的管理和人力资源开发被强调到非常重要的地位。

（3）以卡斯特和罗森茨韦克为代表的系统管理理论学派。它在一定程度上克服了以往管理理论的片面性，把对人的管理放在科学的地位上，把企业看成是一个物质的、人力的、信息的各种因素相互作用的综合体，探讨其中各因素相互运动的规律，并对人力资源管理这一子系统予以充分的重视。

综上所述，随着生产的发展和科学技术的进步，管理科学也在不断发展，由原来重视物的作用逐渐向重视人的作用转变。尤其是20世纪70年代以后，人事管理蜕变为人力资源管理，人力资源管理功能的重要性提高，被认为是关系企业组织效率的一项极为重要的管理工作。人力资源管理发生了很多变化，表现为：

一是企业把人的因素放在第一位。出现了"以人为中心"、"人本管理"、"合乎人情的管理"、"人是企业最宝贵的财富"、"企业的首要目标是满足自己职工发展需要"、"以人为本"等新的提法与概念。"以人为本"不是简单地解决员工的生活问题、待遇问题及创造好的工作环境，而是要把人当成企业最根本的元素，一切依靠人，同时一切也为了人。

二是人力资源方面的投资有大幅度增长，企业越来越重视对职工的培训工作，做到全员培训和终生培训，立体多维化开发人力资源。

三是强调实行民主管理、参与管理，鼓励职工发表意见，提倡职工参与决策。

四是重视和加强人力资源管理部门的工作。人力资源管理部门在企业中有较大的发言权，人力资源管理被提到企业发展的战略高度来考虑。人力资源管理正在持续不断地从保护者和甄选者的角色向规划者和变革发起者的角色转变。

5. 战略人力资源管理阶段

从20世纪80年代开始，人力资源管理的研究领域发生了很大变化，原来更多的是关注人力资源管理职能对员工行为及态度的影响，现在更多的是从微观走向宏观，从职能转向战略。1981年戴瓦纳在《人力资源管理：一个战略观》一文中提出了战略人力资源管理的概念。1984年比尔等人的《管理人力资本》一书的出版标志着人力资源管理向战略人力资源管理的飞跃。战略人力资源管理，是指企业为能够实现目标所进行和采取的一系列有计划、具有战略性意义的人力资源部署和管理行为。现在，对这一思想的研究与讨论日趋深入，并被欧、美、日企业的管理实践证明为获得长期可持续竞争优势的战略途径。战略人力资源管理将人力资源视为获得竞争优势的首要资源，强调通过人力资源的规划、政策及管理实践达到获得竞争优势的人力资源配置，强调人力资源与组织战略的匹配和契合，强调人力资源管理活动的目的是实现组织目标，提高组织的绩效。要采取战略性的人力资源管理就必须更多地关注战略问题而不是操作问题，使人力资源管理成为企业最重要的发展手段，以及在企业的战略框架下统筹考虑所有的人力资源管理问题。企业要通过战略整合来保持企业战略和人力资源战略的一致性。战略人力资源管理是与企业经营战略互动的管理系统，而且，企业在不同的战略阶段应该采取不同的战略，所对应的人力资源战略管理也是不同的，人力资源系统应该能够快速适应变化，以帮助企业具备有效、及时地适应内外部环境变化的能力。

（二）人力资源管理的未来发展趋势

在21世纪，人力资源管理经历着前所未有的来自全球一体化的力量如信息网络化的力量、知识与创新的力量、顾客的力量、投资者的力量、组织的速度与变革的力量等各种力量的挑战和冲击。21世纪人力资源管理既有着工业文明时代的深刻烙印，又反映着新经济时代游戏规则的基本要求，从而呈现出新的特点。

1. 知识经济时代是一个人才主权时代，也是一个人才"赢家通吃"的时代

所谓人才主权时代就是人才具有更多的就业选择权与工作的自主决定权，人才不是被动地适应企业或工作的要求。企业要尊重人才的选择权和工作的自主权，并站在人才内在需求的角度，为人才提供人力资源的产品与服务，并因此赢得人才的满意与忠诚。人才不是简单的通过劳动获得工资性收入，而是要与资本所有者共享价值创造成果。所谓"人才赢家通吃"包含两个方面的含义：一是越是高素质、越稀缺、越热门的人才，越容易获得选择工作的机会，其报酬也越高；二是人才资源优势越大的企业越具有市场竞争力，也就越容易吸纳和留住一流人才。人才主权时代使得那些能够吸纳、留住、开发、激励一流人才的企业成为市场竞争的真正赢家。

同时，也可能给企业带来短时间的负面效应：一是会产生人才泡沫，企业一味通过高薪留住、吸纳人才，会造成热门人才的价值与价格背离；二是人才流动作为人才价值增值与价值实现的一种途径，会致使跳槽频繁、人才流动风险增大。

2. 人力资源管理的重心——知识型员工的管理

21世纪，国家的核心是企业，企业的核心是人才，人才的核心是知识创新者与企业家。在21世纪，人力资源管理面临新三角：知识型员工、知识工作设计、知识工作系统。人力资源管理要关注知识型员工的特点，其重点是如何开发与管理知识型员工，对知识型员工采用不同的管理策略。

（1）知识型员工由于其拥有知识资本，因而在组织中有很强的独立性和自主性。这就必然带来新的管理问题，从而要求企业在对知识型员工授权赋能的同时强化人才的风险管理，要使企业的内在要求与员工的成就意愿和专业兴趣相协调。

（2）知识型员工具有较高的流动意愿，由追求终身就业饭碗转向追求终身就业能力，从而为企业的保留人才带来新的挑战。

（3）知识型员工的工作过程难以直接监控，工作成果难以衡量，使得价值评价体系的建立变得复杂而不确定，因此，企业必须建立与知识型员工工作特征相一致的价值评价体系和价值分配体系。

（4）知识型员工的能力与贡献差异大，出现混合交替式的需求模式，需求要素及需求结构也有了新的变化。一方面，在知识型员工的需求模式中，报酬不再是一种生理层面的需求，其本身也是个人价值与社会身份和地位的象征。从某种意义上说，报酬成为一种成就欲望层次上的需求，从而使得报酬的设计更为复杂。另一方面，知识型员工出现了新的内在需求要素。这些要素是传统的需求模型难以囊括的。如：利润与信息分享需求、终身就业能力提高的需求、工作变换与流动增值的需求、个人成长与发展的需求等，从而使企业必须从更为广阔的范围和新的视角来安排对知识型员工的全面激励方案。

3. 企业与员工关系的新模式——以劳动契约和心理契约为双重纽带的战略合作伙伴关系

21世纪，企业与员工之间的关系需要靠新的游戏规则来确定，这种新的游戏规则就是劳动契约与心理契约。

（1）以劳动契约和心理契约作为调节员工与企业之间关系的纽带。一方面要依据市场法则确定员工与企业双方的权利、义务关系、利益关系；另一方面又要求企业与员工一道建立共同愿景，在共同愿景基础上就核心价值观达成共识，培养员工的职业道德，实现员工的自我发展与管理。

（2）企业要关注员工对组织的心理期望与组织对员工的心理期望之间达成了"默契"，在企业和员工之间建立信任与承诺关系，使员工实现自主管理。

（3）企业与员工双赢的战略合作伙伴关系，个人与组织共同成长和发展。

4. 人力资源管理在组织中的战略地位上升，管理责任下移

（1）人力资源真正成为企业的战略性资源，人力资源管理要为企业战略目标的实现承担责任。人力资源管理在组织中的战略地位上升，并在组织上得到保证，如很多企业成立人力资源委员会，使高层管理者关注并参与企业人力资源管理活动。

（2）人力资源管理不仅仅是人力资源职能部门的责任，而是全体员工及全体管理者的责任。过去是人事部的责任，现在是企业高层管理者必须承担对企业的人力资源管理责任，关注人力资源的各种政策。目前的人力资源管理在某种程度上可以分为三个部分：一是专业职能部门人力资源管理工作；二是高、中、基层领导者如何承担履行人力资源管理的责任；三是员工如何实现自我发展与自我开发。人力资源管理的一项根本任

务就是：如何推动、帮助企业的各层管理者及全体员工去承担人力资源开发和管理的责任。

（3）人力资源管理由行政权力型转向服务支持型。人力资源职能部门的权力淡化，直线经理的人力资源管理责任增加，员工自主管理的责任增加。于目前组织变化速度很快（现在的组织是速度型组织、学习型组织、创新型组织），人力资源管理要配合组织不断的变革与创新，就需要创新授权，通过授权，建立创新机制；在企业中引入新的团队合作，形成知识型工作团队，将各个战略单位经过自由组合，挑选自己的成员、领导，确定其操作系统和工具，并利用信息技术来制定他们认为最好的工作方法。这种被称之为 SMT（自我管理式团队）的组织结构已经成为企业中的基本组织单位。

5. 人力资源管理的核心任务是构建智力资本优势，人力资源管理的角色多重化，职业化

21 世纪，企业的核心优势取决于智力资本独特性及其优势。智力资本包括三个方面：人力资本、客户资本和组织结构资本。人力资源的核心任务是通过人力资源的有效开发与管理，提升客户关系价值，要将经营客户与经营人才结合在一起。要致力于深化两种关系：维持、深化、发展与客户的关系，提升客户关系价值，以赢得客户的终生价值；维持、深化、发展与员工的战略合作伙伴关系，提升人力资本价值。

（1）企业人力资源管理者要成为专家。要具有很强的沟通能力，必须对整个企业有一个很好的把握，通过沟通达成共识。中国企业的人力资源管理者要尽快实现从业余选手到职业选手的转化。职业选手主要包括三个方面：要有专业的知识和技能，要有职业的精神，必须懂得职业的游戏规则。

（2）企业人力资源的政策与决策愈来愈需要外力。如果没有外力的推动，企业很多新的人力资源政策、组织变革方案是很难提出并被高层管理人员及员工认同的。

6. 人力资源管理的全球化、信息化

这是由组织的全球化所决定的。组织的全球化，必然要求人力资源管理策略的全球化。

（1）员工与经理人才的全球观念的系统整合与管理。首先，通过人力资源的开发与培训使得经理人才和员工具有全球的概念。其次，人才流动国际化、无国界。也就是说，要以全球的视野来选拔人才，来看待人才的流动，尤其是加入世界贸易组织（WTO）以后，我们所面对的就是人才流动的国际化以及无国界。

（2）人才市场竞争的国际化。国际化的人才交流市场与人才交流将出现，并成为一种主要形式。人才的价值（价格）就不仅仅是在一个区域市场内体现，而更多的是要按照国际市场的要求来看待人才价值。跨文化的人力资源管理成为重要内存。人才网成为重要的人才市场形式。人才网要真正实现它的价值，就要最终走出"跑马圈地和卖地"的方式，真正通过利用网络优势来加速人才的交流与流动，并为客户提供人力资源的信息增值服务。

案例

管理的真谛：把"人力"变"资源"

法国的拿破仑皇帝是很多人崇拜的英雄，他有一句名言，叫做"替才能开路"，这样的思想使得众多的人才云集，为他成就千秋霸业。当公司航行在当今的经济大潮中时，能否罗织人才，为人才提供施展才华的天地，是公司能不被大潮冲得前仰后翻，反而能从大潮中捞取宝贝的关键。

日本东京吉信公司就有一个重用人才从而为公司带来巨大发展的成功范例。该公司有一个刚刚毕业不久的大学生，名叫大桥秀次，他具有非凡的才能。大桥秀次刚到公司时被按照惯例安排到最基层。工作不久，他展现出非凡的才华，引起总经理的注意。在意识到大桥秀次的价值后，他立刻给大桥加薪并委以重任。不仅如此，他甚至把大桥秀次的家人接到自己家，把自己的住房让出一部分供他们住。像大桥秀次这样有才干的人，是不愿老是居于人下的，本来他已打算好跳槽到另一家公司，就任一个更高的职位，但总经理的这些举动，使他感觉到自己被重视、被信任，他被总经理的爱才之心所动，终于留了下来。后来，正是靠着这位大桥先生的卓越才能，在短短的几年里，开发出一系列出类拔萃的新产品，使吉信公司不断发展壮大，在国内外市场屡创佳绩。在这个事例里，一面是"惜才若金"，"礼待人才"；一面是"士为知己者死"。这里，惜才不是口头上惜才，而是对人才一片诚心，给人才以施展才华的天地，为他们开路，结果是人才用自己的才能和勤奋创造的巨大价值，"士为知己者死"的说法看来已经不太合适，改成"士为知己者财"可能更贴切。爱才、用才给公司带来的就是增财。日本的吉信公司重视人才，获得的回报是公司的大发展。法国一家服装公司总裁"三顾茅庐"的回报则是"起死回生"。

一天，法国艾尼制衣公司的总裁心事重重地在街上走，他的公司因业绩不佳，困难重重，几乎面临破产。在无意之间，他走进了路旁的一个小裁缝店。令他惊奇的是，在他进去以后竟然遭到了裁缝的讥讽，说他堂堂制衣公司的总裁，衣着品味竟如此之差。他很奇怪，为什么这个小店的裁缝会认识自己？好奇之余，他仔细看了看这个裁缝的活，发现他的设计非常新颖，如果这些样式拿到自己的服装公司去卖，一定会畅销的。他觉得这个人肯定不是一个普通的裁缝。回去之后，立刻派人打听。一问才知道，原来这人名叫西蒙尼，是个服装设计的奇才，曾在法国最大的服装公司当过设计师。只是这个人性格不太好，不善于与人相处，老是和同事处不好关系，受人排挤，他又受不了这份闲气，一气之下辞职，自己开了个小裁缝店。在了解这些之后，他决定亲自去请西蒙尼来自己的服装公司当设计师。第一次去请，西蒙尼没有理他——因为他的店虽小，但毕竟是自己的店，且因为他的设计和手工均很出色，所以生意也很好。第二次去请，还是没答应。第三次去请，西蒙尼终于被打动了。他成为了艾尼公司的首席设计师，拿着丰厚的薪水，住着公司提供的豪华公寓，且工作时间非常自由，主要由他自己安排。西蒙尼在享有这一切后，感念总裁的知遇之恩，思维不受局限，创作的灵感源源不断。由于他的设计兼实用性和美观性于一身，既有个性又高雅，产品一经投放就供不应求，订单源源不断，挽救了公司。

与这两个事例相比，美国容器公司的董事长威廉·伍德希德唯才是举的具体措施更是堪称大手笔。他的公司想在金融市场谋求发展，只是苦于找不到合适的人选。后来，他慧眼识英才，看中了来自上海金融家蔡志勇。为获得这个人才，他不惜动用了1.4亿美元，收购由蔡志勇为董事长兼首席执行董事的"联合麦迪逊"财务控股公司，并立即邀请蔡志勇出任容器公司的董事。这以后，蔡志勇凭借容器公司的强大财力和自己在金融界的经历及才华，在金融界进行大手笔运作，在四年时间里，为容器公司增加了10亿美元的资产，并使得容器公司逐步形成完整的金融体系和不断发展的金融网络。这就是高明的生意人，对真正的人才进行大的投入。因为相对于这些人将来为公司创造的财富而言，这样的投入是微不足道的。

问题：
1. 总结以上案例，这些公司成功的共同点是什么？
2. 简要说明人力作为一种资源对公司发展的重要性。
3. 如何使人力变成资源？如何发挥人力资源的作用？

项目二 人员测评

引导案例

某跨国公司的招聘与选拔

CR 公司是一家大型跨国企业，是研发、生产、销售三位一体的实体企业。因企业发展需要，要招聘两名技术主管和一名大区经理。如何识别出适合本企业个性的经理和技术方面的人才呢？他们的知识、经历和技术应该不是问题，各项目经理有足够的水平来宾做好这项工作。但实践证明，发挥不好的人才往往不是由于知识背景不行，更多的是其个性等综合素质不适合本企业的工作。而人才素质测评恰好可以解决这样的问题。于是，CR 公司请来一家咨询公司进行专业的测评。咨询公司首先考虑了这样一个问题：在目前情况下，该公司最需要什么样的人才？经过深入的调查，确立了不同的选人标准，并针对这项标准，选择并开发测评工具。

纸笔测验——《能力测验》《MBTI 行为风格测验》《兴趣测验》《企业文化测验》和《动力测验》，用来考察应聘者的基本能力素质和发展潜力及其所必备的心理素质、行为风格和在日常工作中的偏向等。

评价中心技术——无领导小组讨论，用于考察分析处理问题的能力、口头表达能力、人际沟通意识与能力等。

结构化面谈——考查经营观念和组织管理意识，并深入考察人际沟通意识与能力。

整个测试分为三个单元，用时 2 天。几项测验共用半天时间，无领导小组讨论用半天时间。经过这两轮筛选，从 11 名候选人中确定 8 名进行结构化面谈，历时 1 天。

最后写出详细的选拔评价报告，评价出 11 个人的差距、优势和不足，并针对大区经理和技术主管两个岗位进行选择性排序，对其中的 3 个人提出推荐意见。

看过评价和推荐报告，CR 公司的领导班子进行了认真的分析和讨论，一致认为评价有科学并有说服力，采纳了咨询公司的建议，CR 公司还高兴地发现报告不仅对招聘人员进行选拔和评价，还为将来如何使用他们、如何让他们在岗位上更好地发展提供了良好的建议。

一、人员测评原理

（一）人—职匹配理论

人—职匹配理论即关于人的个性特征与职业性质一致的理论。其基本思想是，个体差异是普遍存在的，每一个个体都有自己的个性特征，而每一种职业由于其工作性质、环境、条件、方式的不同，对工作者的能力、知识、技能、性格、气质、心理素质等有不同的要求。进行职业决策（如选拔、安置、职业指导）时，就要根据一个人的个性特征来选择与之相对应的职业种类，即进行人—职匹配。如果匹配得好，则个人的特征与职业环境协调一致，工作效率和职业成功的可能性就大为提高。反之则工作效率和职业成功的可能性就很低。因此，对于组织和个体来说，进行恰当的人—职匹配具有非常重要的意义。而进行人—职匹配的前提之一是必须对人的个体的特性有充分的了解和掌握，而人员测评是了解个体特征的最有效方法。所以人—职匹配理论是现代人员测评的理论基础。其中最有影响的是"特性—因素论"和"人格类型论"。

（二）特性—因素论

特性—因素论（Trait - Factor Theory）的渊源可追溯到18世纪的心理学的研究，直接建立在帕森斯（F. Parsons）关于职业指导三要素思想之上，由美国职业心理学家威廉斯（E. G. Wil lianson）发展而形成。

特性—因素论认为个别差异现象普遍地存在于个人心理与行为中，每个人都具有自己独特的能力模式和人格特质，而某种能力模式及人格模式又与某些特定职业存在着相关。每种人格模式的个人都有其相适应的职业，人人都有选择职业的机会，人的特性又是可以客观测量的。帕森斯提出职业指导由三步（要素）组成。

1. 评价求职者的生理和心理特点（特性）

通过心理测量及其他测评手段，获得有关求职者的身体状况、能力倾向、兴趣爱好、气质与性格等方面的个人资料，并通过会谈、调查等方法获得有关求职者的家庭背景、学业成绩、工作经历等情况，并对这些资料进行评价。

2. 分析各种职业对人的要求（因素）

向求职者提供有关的职业信息包括职业的性质、工资待遇、工作条件以及晋升的可能性；求职的最低条件，诸如学历要求、所需的专业训练、身体要求、年龄、各种能力以及其他心理特点的要求；为准备就业而设置的教育课程计划，以及提供这种训练的教育机构、学习年限、入学资格和费用等；就业机会。

3. 人—职匹配

指导人员在了解求职者的特性和职业的各项指标的基础上，帮助求职者进行比较分析，以便选择一种适合其个人特点又有可能得到并能在职业上取得成功的职业。

特性—因素强调个人的所具有的特性与职业所需要的素质与技能（因素）之间的协调和匹配。为了对个体的特性进行深入详细的了解与掌握，特性—因素论十分重视人员测评的作用，可以说，特性—因素论进行职业指导是以对人的特性的测评为基本前提。它首先提出了在职业决策中进行人—职匹配的思想。故这一理论奠定了人员测评理论的理论基础，推动了人员测评在职业选拔与指导中的运用和发展。

（三）人格类型理论

美国职业心理学家霍兰德（Holland）创立的人格类型理论对人员测评的发展产生了重要的影响。在人格和职业的关系方面，霍兰德提出了一系列假设：①在现实的文化中，可以将人的人格分为六种类型：实际型、研究型、艺术型、社会型、企业型与传统型。每一特定类型人格的人，便会对相应职业类型中的工作或学习感兴趣；②环境也可区分为上述六种类型；③人们寻求能充分施展其能力与价值观的职业环境；④个人的行为取决于个体的人格和所处的环境特征之间的相互作用。在上述理论假设的基础上，霍兰德提出了人格类型与职业类型模式。不同类型人格的人需要不同的生活或工作环境，例如"实际型"的人需要实际型的环境或职业，因为这种环境或职业才能给予其所需要的机会与奖励，这种情况即称为"和谐"（congruence）。类型与环境不和谐，则该环境或职业无法提供个人的能力与兴趣所需的机会与奖励。霍兰德在其所著的《职业决策》一书中描述了六种人格类型的相应职业。

1. 现实型（Realistic）

基本的人格倾向是，喜欢有规则的具体劳动和需要基本操作技能的工作，缺乏社交能力，不适应社会性质的职业。具有这种类型人格的人其典型的职业包括技能性职业（如一般劳工、技工、修理工、农民等）和技术性职业（如制图员、机械装配工等）。

2. 研究型（Investigative）

具有聪明、理性、好奇、精确、批评等人格特征，喜欢智力的、抽象的、分析的、独立的定向任务这类研究性质的职业，但缺乏领导才能。其典型的职业包括科学研究人员、教师、工程师等。

3. 艺术型（Artistic）

其本的人格倾向是，具有想象、冲动、直觉、无秩序、情绪化、理想化、有创意、不重实际等人格特征。喜欢艺术性质的职业和环境，不善于事务工作。其典型的职业包括艺术方面的（如演员、导演、艺术设计师、雕刻家等）、音乐方面的（如歌唱家、作曲家、乐队指挥等）与文学方面的（如诗人、小说家、剧作家等）。

4. 社会型（Social）

具有合作、友善、助人、负责、圆滑、善社．交、善言谈、洞察力强等人格特征。喜欢社会交往、关心社会问题、有教导别人的能力。其典型的职业包括教育工作者（如教师、教育行政工作人员）与社会工作者（如咨询人员、公关人员等）。

5. 企业型（Enterprising）

具有冒险、野心人格特征。喜欢从事领导及企业性质的职业、独断、自信、精力充沛、善社交等，其典型的职业包括政府官员、企业领导、销售人员等。

6. 传统型（Conventional）

具有顺从、谨慎、保守、实际、稳重、有效率等人格特征。喜欢有系统有条理的工作任务，其典型的职业包括秘书、办公室人员、计事员、会计、行政助理、图书馆员、出纳员、打字员、税务员、统计员、交通管理员等。

然而上述的人格类型与职业关系也并非绝对的一一对应。霍兰德在研究中发现，尽管大多数人的人格类型可以主要地划分为某一类型，但个人又有着广泛的适应能力，其人格类型在某种程度上相近于另外两种人格类型，则也能适应另两种职业类型的工作。也就是说，某些类型之间存在着较多的相关性，同时每一类型又有种极为相斥的职业环境类型。霍兰德有一个六边形简明地描述了六种类型之间的关系。

根据霍兰德的人格类型理论，在职业决策中最理想的是个体能够找到与其人格类型重合的职业环境。一个人在与其人格类型相一致的环境中工作，容易得到乐趣和内在满足，最有可能充分发挥自己的才能。因此在职业选拔与职业指导中，首先就要通过一定的测评手段与方法来确定个体的人格类型，然后寻找到与之相匹配的职业种类。为了确定个体的人格类型，就需要大量运用人员测评的手段与方法，霍兰德本人也编制了一套职业适应性测验（the Self-Directed Search，SDS）来配合其理论的应用。

（四）人格特质理论

人格特质理论（theory of personality trait）起源于 20 世纪 40 年代的美国，其主要代表人物是美国心理学家高尔顿·威拉德·奥尔波特和雷蒙德·卡特尔（Raymond Bernard Cattell）。特质理论认为，特质（trait）是决定个体行为的基本特性，是人格的有效组成元素，也是测评人格所常用的基本单位。

1. 奥尔波特的人格特质理论

高尔顿·威拉德·奥尔波特（Gordon Allport，1897—1967）的人格特质论（trait theory），是鉴于对弗洛伊德主义过于强调人的潜意识的怀疑和不满，以及心理学中的实验化倾向而提出的人格特质理论。系以个案研究法，从很多人的书信、日记、自传中，分析出各种具有代表性的人格特质。他认为特质是人格的基础，但他反对弗洛伊德虚幻式的人格结构看法。他认为人格特质是每个人以其生理为基础的一些持久不变的性格特征。奥尔波特将人的行为特质分为以下三类：

（1）首要特质。它在个人生活中居统治地位，影响着个人的所作所为，是一个人身上最具有代表性的特质（如用一个词来形容一个人），有的人身上的首要特质不明显。具有某一首要特质的人往往是个性非常鲜明的人。

（2）中心特质。它的概括性比首要特质低，它是有一些在某种程度上独立而又彼此联系的特质构成的，是构成个性结构的主要部分，在每个人身上大约有 5~10 个中心特质。如林黛玉的清高、聪明、孤僻、抑郁、敏感等，都属于中心特质。

（3）次要特质。没有像"中心特质"那样的一般性特点，而是限于个人在特定行动中表现出来的那些相关联的特质，如有些人虽然喜欢高谈阔论，但在陌生人面前则沉默寡言。

2. 卡特尔的人格特质理论

卡特尔（Raymond B. Cattell，1905—1998），美国心理学家，最早应用因素分析法研究人格。他对心理测验的研究，对个体差异的测量，以及对应用心理学的倡导，有力地推进了美国心理学的机能主义运动。他编制的"16种人格因素测验"应用十分广泛。

卡特尔的核心目的是为了发现究竟有多少不同种的人格特质。接受了奥尔波特的特质定义，认为特质就是人在不同时期和情景中都保持的行为的一致性。卡特尔一开始是学化学的，这对他以后的研究有两个影响：一是强调构成人格的要素；二是强调在开始研究之前不应该有先入为主的观念，因为化学家在研究之前并不首先猜测一定存在着哪些化学元素。他主张人格结构的基本元素是特质。他从大量描述人的行为特征的形容词中（4504）个词进行研究，对这些词先进行规类，再进行因素分析。经过因素分析，得到16种基本人格特质。卡特尔认为它们是构成人格的最基本的要素，称这16种特质为根源特质，是行为的决定因素，后来他根据这16个因素编制了16种人格因素测验，被称为16PF人格测验，共187个项目。因素分析是利用相关的原理，从大量的项目中找出具有相关高的项目，并把这些项目合并起来，构成一个共同的因子。如，有四个形容词缄默、孤独、冷淡、严肃之间的相关性很高，当可用一个词形容一个人时，往往也可以用另一个词来形容他，那么这些词反映的就很可能是同一个人格特质：非乐群性。我们就把这几个项目归为一个因子。同样的坦白、直爽、天真、率真这几个词也可以用一个因子来表示（世故性）。

3. "大五"人格理论

近年来，研究者们在人格描述模式上形成了比较一致的共识，提出了人格的大五模式，Goldberg（1992）称之为人格心理学中的一场革命，研究者通过词汇学的方法，发现大约有五种特质可以涵盖人格描述的所有方面。大五人格（OCEAN），也被称之为人格的海洋，可以通过NEO-PI-R评定。

（1）外倾性。好交际对应不好交际，爱娱乐对应严肃，感情丰富对应含蓄；表现出热情、社交、果断、活跃、冒险、乐观等特点。

（2）神经质或情绪稳定性。烦恼对应平静，不安全感对应安全感，自怜对应自我满意，包括焦虑、敌对、压抑、自我意识、冲动、脆弱等特质。

（3）开放性。富于想象对应务实，寻求变化对遵守应惯例，自主对应顺从。具有想象、审美、情感丰富、求异、创造、智慧等特征。

（4）随和性。热心对应无情，信赖对应怀疑，乐于助人对应不合作。包括信任、利他、直率、谦虚、移情等品质。

（5）尽责性。有序对应无序，谨慎细心对应粗心大意，自律对应意志薄弱。包括胜任、公正、条理、尽职、成就、自律、谨慎、克制等特点。

（五）智力理论

智力研究在争论对峙的过程中一步步地趋于科学。回溯历史，不难发现，有关智力理论的研究好似一片神秘的绿洲，充满着新鲜和挑战。在这片绿洲上，许多心理学大师都留下了坚实的足迹和时代的强音。智力理论主要有以下几种：

1. 斯皮尔曼的二因素论

斯皮尔曼是英国心理学家和统计学家。他在20世纪30年代提出智力是由一般因素（G）和特殊因素（S）组成的理论，被称为二因素论。G因素是人的全部认识机能共有的能力，S因素是关于特殊机能的能力。

2. 塞斯顿的群因素论

塞斯顿认为斯皮尔曼过分强调一般智力的作用，他认为智力是由不同的原始能力所组成，他在1934年采用56种智力检查方法对240名芝加哥大学学生作了测验，经过统计处理没有发现斯皮尔曼所提出的G因素，他概括出了其中7种基本因素，这就是：计算能力、词语理解和了解语文意义的能力、词的流畅性，快速使用语言能力、空间知觉能力、知觉速度，即迅速分辨图形细节及异同能力、记忆力和推理能力。

3. 吉尔福特的智力结构模型

美国心理学家吉尔福特用因素分析探讨智力结构，把所发现的智力因素划分为三个方面（维度），并画成长、宽、高三个维度的一个方块智力结构模型。

第一个维度是心理操作，即指个体对于原始信息材料的处理过程，其中包括认识（了解和发现事物）、记忆（储存已知信息）、发散思维（沿着多种方向去思考和探索）、聚合思维（在思想上将全部信息引向最合理的答案）和评价（作出定论）等五种。

第二个维度是心理操作的内容，他指在各种心理操作时，所处理信息的种类，包括图形（指具体的东西）、记号（数字、字母）、意义（词句意义）和行动（人际交往中的能力）等四种。

第三个维度是产品，指心理操作的结果，包括单元（一个词或一个图形）、种类（个别的归类）、关系（事物间的关系）、系统（按一定关系组织起来的事物系统）、转化（从对一个事物的认识转换到另一个事物）和含义（寓意）等六种。

把这三个维度结合起来，可以得出 $5 \times 4 \times 6 = 120$ 种组合，每一种组合都是一种智力因素，每一种智力因素都是一种独特的能力。

（六）统计理论

1. 数据类型

在心理测量和调查中获得的数据可以根据是否有相同单位和绝对零点分为四种：

（1）类别变量（名称变量）：不构成量，只是编号，如男、女。

(2) 等级变量：不能进行运算，如名次，只能排序。

(3) 等距变量：有相等单位，没有绝对零点，如温度，心理测验多是如此，可做加减运算。

(4) 比率变量：既有绝对零点，又有相等单位，如长度，重量可做加减乘除运算。

不同的数据类型在进行统计时所运用的方法是有区别的，而且有些统计方法较高级的数据可以运用，有些就不可以运用。如类别变量和等级变量就不可以求平均数。

2. 统计学的研究内容

(1) 描述统计。用来描述一组数据的全貌，表达一件事物的性质。对于一组数据来说，最常用的统计量有两类，一类是表现数据集中性质的（中心位置），一类是表示分散程度的（分散程度），如描述一个班级期末考试的数学成绩（你最想知道什么？）。

(2) 推论统计。我们在做研究时，总是选取一定的样本，从样本推断全体的情况，如研究武汉市企业进行绩效管理的情况，我们是选取一定的企业作为研究对象，从而推断出总体情况。

(3) 实验设计。如何科学地、经济地以及更有效地进行实验和研究。

这三者是有密切联系的，描述统计是推论统计的基础，描述统计只是对数据进行一般归纳分析，如果不进一步应用推论统计对事物做进一步分析，有时会使统计结果失去意义。同样，只有良好的实验设计才能使所获得的数据具有意义。

3. 相关分析

在自然界当中有很多现象存在一定的相关。两种现象在发展变化的方向与大小方面存在一定的关系，这种关系存在以下两种情况：一种是两列变量变化方向相同，如数学与物理，称为正相关；另一种是两列变量变化方向相反，称为负相关，如年龄与体力。相关有两列数据之间的相关（如语文与历史），也有多列数据之间的相关（如有五个评分者，求这五个评分者之间的相关）。相关的程度用相关系数表示（-1~1之间），相关系数的求法根据数据类型、总体分布的不同而必须运用不同的公式。如果两列变量都是比率数据，两个变量的分布都是正态的，可以运用皮尔逊积差相关。

4. 随机现象

做同一件事，每一次都不会完全一样，造成这种上下波动的原因是一些偶然的不可控制的因素——随机因素。在相同条件下进行实验或观察，其可能的结果不止一个，事先无法确定，这种现象称为随机现象。这是客观世界存在的一种普遍现象。它们产生于随机误差或偶然误差。在心理测验中，这种随机现象更为普遍，因为不可控制的误差因素更多。

我们在实际中获得的数据就是带有这种偶然因素影响的数据，如何利用这些数据，找出有规律性的东西呢？这就需要运用统计学的原理。心理统计学就是专门研究如何搜集、整理、分析在心理方面由实验和调查所获得的数字资料，并如何根据这些资料所传递的信息，进行科学推论找出客观规律的一门科学。

5. 研究随机现象的理论基础

研究随机现象的理论基础是概率论。概率是指对随机事件进行 n 次观测时，其中某一事件出现的次数 m 与 n 的比值。当 n 趋于无穷时，这一比值稳定在一个常数 p 上，这一常数称作频率，是概率的近似值。我们对随机现象进行分析，作出有规律性的结论往往是在一定概率的基础上，根据事物分布的规律作出的。

6. 正态分布

正态分布也称为常态分布，是一种非常重要的理论分布，在自然界，人类社会，心理中大量现象均按正态形式分布，如能力的高低、学生成绩的好坏等。

正态分布的特征：

（1）正态分布的形式是对称的，它的对称轴是过平均数点的垂线。

（2）正态分布的中央点最高（即平均数点），然后逐渐向两侧下降，曲线的形式是先向内弯，然后向外弯，拐点位于正负 1 个标准差处，曲线两端向靠近基线处无限延伸，但终不能与基线相交。

（3）正态曲线下的面积为 1，由于它在平均数处左右对称，故过平均数点的垂线将正态曲线下的面积划分为相等的两部分，即各为 0.5。

（4）在正态分布曲线下，标准差与概率（面积）有一定的数量关系：正负一个标准差，面积为 68.26%；正负 1.96 个标准差之间，面积为 95%；正负 2.58 个标准差之间，面积为 99%。

7. 因素分析

因素分析的主要目的是浓缩数据，它是将多个实测变量转换为少数几个不相关的综合指标的多元统计方法，这几个综合指标被称为"因子"。而因子与因子之间相关性就很低，相关性为 0 最好。

（七）量化理论

一般将测量理论分为经典测量理论、概化理论和项目反应理论三大类，或称三种理论模型。

1. 经典测验理论

人们将以真分数理论（True Score Theory）为核心理论假设的测量理论及其方法体系，统称为经典测验理论（Classical Test Theory，CTT），也称真分数理论。

真分数理论是最早实现数学形式化的测量理论。它从 19 世纪末开始兴起，20 世纪 30 年代形成比较完整的体系而渐趋成熟。20 世纪 50 年代格里克森的著作使其具有完备的数学理论形式，而 1968 年洛德和诺维克的《心理测验分数的统计理论》一书，将经典真分数理论发展至巅峰状态，并实现了向现代测量理论的转换。

所谓真分数是指被测者在所测特质（如能力、知识、个性等）上的真实值，即（True Score）真分数。而我们通过一定测量工具（如测验量表和测量仪器）进行测量，在测量工具上直接获得的值（读数），叫观测值或观察分数。由于有测量误差存在，所以，观察值并不等于所测特质的真实质，换句话说，观察分数中包含有真分数和误差分数。而要获得对真实分数的值，就必须将测量的误差从观察分数中分离出来。为了解决这一问题，真分数理论提出了三个假设：其一，真分数具有不变性。这一假设其实质是指真分数所指代的被测者的某种特质，必须具有某种程度的稳定性，至少在所讨论的问题范围内，或者说在一个特定的时间内，个体具有的特质为一个常数，保持恒定。其二，误差是完全随机的。这一假设有两个方面的含义。一是测量误差的平均数为零的正态随机变量。二是测量误差分数与所测的特质即真分数之间相互独立。不仅如此，测量误差之间，测量误差与所测特质外其他变量间，也相互独立的。其三，观测分数是真分数与误差分数的和。即 $X = T + E$。

经典测量理论在真分数理论假设的基石上构建起了它的理论大厦，主要包括信度、效度、项目分析、常模、标准化等基本概念。

（1）信度（Reliability）。信度是测量理论中最重要的核心概念，指测量果的一致性程度，亦称可靠性程度。在经典测量理论中信度被定义为：一组测量分数的真分数的方差（变异数）在总方差（总变异数）中所占的比率。

（2）效度（Validity）。测量的效度是指测量结果的有效性程度，也就是已测到的质和量与主试者欲测的质和量相符合的程度，有的也称效度为正确性。效度是任何一种测评必须解决的首要问题，因为有效性决定了一种对测量效度的考查是一个很复杂的问题，特别是对人的潜在特质的测量，因为潜在特质并不是一个看得见摸得着的物质实体，而是一种观念构想。

（3）项目分析（Item Analysis）。为了提高测验的信度和效度，CTT 理论特别注重测验项目的质量，除了深入研究试题的类型和功能及编制技巧外，还发明一系列筛选、甄别项目的方法，统称为项目分析，其中最主要的是难度分析和区分度分析。项目难度的主要指标是通过率，即在该题上答对的人数与全体被试的比率（或平均得分与该题满分的比率）。仅难度还不足以说明题目质量的优劣，CTT 还提出以题目对被试水平区分鉴别能力作为评价试题质量的区分度概念。

（4）常模（Norm）。CTT 理论认为，仅从测验试卷上的得分不能获得被试个体确切地位的信息。为了对测验的分数进行合理的解释，提出常模的概念。所谓常模即是从某一总体中抽取的被试样本在该测验上得分的分布，以常模团体的平均数（或中位数）为参照点，将个体的分数标定在高或低于参照点的某一位置以确定该被试在团体中的相对地位。

（5）标准化（Standardization）。所谓标准化是指对测验实施程序、对象范围、施测环境、测试方式、测验时限、分数解释（常模）作了统一的规定，使测验能够在异时、异地、不同的条件下进行，并能得到同等有效的测验结果。标准化的思想主要来自于自然科学中对实验条件进行严格控制以降低测量误差，其方法主要源自实验心理学中对无关变量和干扰变量控制的方法。

2. 概化理论

凡测量都有误差，误差可能来自测量工具的不标准或不适合所测量的对象，也可能来自工具的使用者没有掌握要领，也可能是测量条件和环境所造成，也可能是测量对象不合作所引起。总之产生测量误差的原因是多种多样的，而 CTT 理论仅以一个 E 就概括了所有的误差，并不能指明哪种误差或在总误差中各种误差的相对大小如何。这样对于测量工具和程序的改革没有明确的指导意义，只能根据主试自己的理解去控制一些因素，针对性并不强。鉴于此种情况，20 世纪六七十年代初，克伦巴赫（Cronbach）等人提出了概化理（Generalizability Theory）简称 GT 理论。

GT 理论的基本思想是，任何测量都处在一定的情景关系之中，应该从测量的情景关系中具体地考察测量工作，提出了多种真分数与多种不同的信度系数的观念，并设计了一套方法去系统辩明与实验性研究多种误差方差的来源。并用"全域分数"（Universe Score）代替"真分数"（True Score），用"概括化系数，G 系数"（Generalizability Coefficient）代替了"信度"（Reliabilty）。

概化理论认为，测量的总方差可以分解为代表目标测量的方差成分和构成误差的种种方差成分。测量工作中要加以认识和予以应用的心理特质水平是测量目标。

GT 在研究测量误差方面有更大的优越性，它能针对不同测量情景估计测量误差的多种来源，为改善测验，提高测量质量有用的信息。其缺陷是统计计算相当繁杂，如果借助一些统计分析软件可以解决这一问题。

3. 项目反应理论

任何一种理论都不可能是完美无缺的，作为测量初期发展起来的理论更是不可避免地存在着一些缺陷。项目反应理论（Item Response Theory，IRT）则是在反对和克服传统测量理论的不足之中发展起来的一种现代测量理论。无论是 CTT 还是 GT，其测验内容的选择、项目参数的获得和常模的制定，都是通过抽取一定的样本（行为样本或被试样本），因此可以说二者都建立在随机抽样理论基础之上。它们的局限性主要表现在以下四个方面：

（1）测量结果的应用范围有限。一般来说，对测量误差的控制有三种方法：配对或标准化、随机化、统计调整。

（2）测量分数赖性于具体的测验（内容）。经典测量理论控制误差应用标准化技术，但其标准化的对象是测验的各种外部变量，对测验的内部变量即测验的项目的"性质"这一变量却没有也不可能实现标准化。

（3）测量参数依赖于被试样本。经典测量理论构造了一个完整的理论体系，同时设计了一套参数指标来刻画测量各方面的特性。如测验的信度、效度、项目的难度、区分度等。但是这些参数的估计对样本的依赖性是很大的。

（4）信度估计的精确性不高。测量的重要目标就是降低测量误差，提高测量的精度。在经典测量理论中，信度被定义为真分数的变异在总变异（观测分数）中所占的比率。然而，真分数的方差是无法求取的，误差的方差也无法计算。

上述三种测量理论构成了现代人员测评的理论基石。三种理论各有长短，经典理论容易理解、操作简单，体系完整，在现实中更易于被接受，因为适应面很广。GT 理论主要解决测量误差的问题，对于分析测量的信度有一定优势。IRT 理论数理逻辑严密，测量精度高，但对使用者的素质和客观条件都有很高的要求，故应用的范围受到限制。在人员测评实践中，要根据具体的测评对象、目的和具备的条件选择恰当的理论来指导测评工作。当然如果能将几种测量理论的优势结合起来则会获得更好的测评结果。

二、人员测评理论

（一）基本模型

构建人员测评标准体系要解决两个基本问题（基本模型）：一是对需要测评的人员素质的要素进行分解，并列出相应的项目，即横向结构；二是将每一项素质用规范化的行为特征进行描述与规划，并按层次细分，即纵向结构。人员测评标准体系的基本模型如图 2-1 所示。

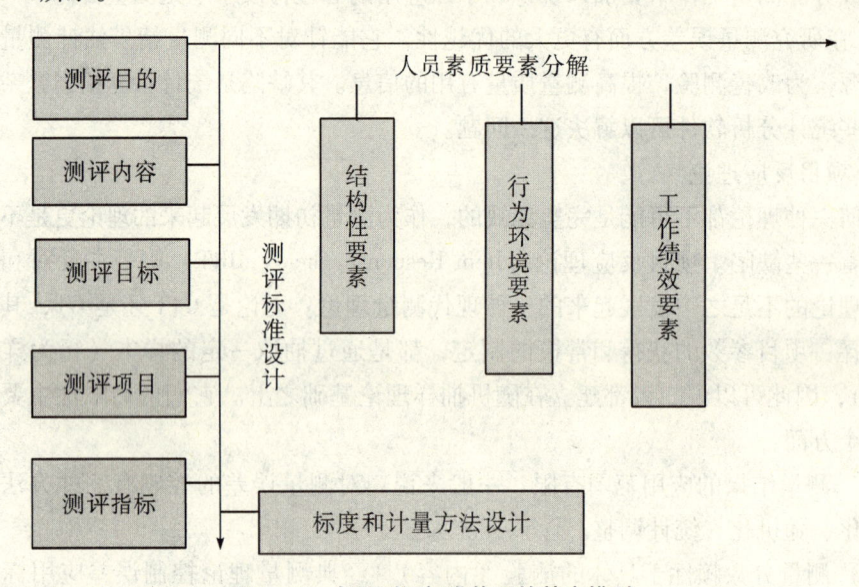

图 2-1 人员测评标准体系的基本模型

1. 人员测评标准体系的横向结构

（1）结构性要素。结构性要素包括身体素质：生理方面—健康状况、体力状况等；心理素质：智能素质、品德素质、文化素质。

（2）行为环境要素。行为环境要素包括内在和外在环境对员工素质及功能行为的影响。

（3）工作绩效要素。工作绩效要素包括工作数量、工作质量、工作效率、工作成果、群众威信、人才培养等。

2. 人员测评标准体系的横向结构

(1) 测评内容。测评内容指测评所指向的具体对象与范围，具有相对性。如：对领导干部的考核：德、能、勤、绩、廉；航天员选拔：生理状况、心理特点、政治素质、理论水平、操作技能等。

测评内容的确定以测评目的和客体特点为依据（考核性、诊断性、区分性测评）。

测评内容的选择步骤一般是先分析被测评对象的结构，找出所有值得测评的因素，然后根据测评目的和职位要求进行筛选，可借助内容分析表。如表 2-1 及表 2-2 所示。

表 2-1　　　　　　　　　　　个体素质测评内容分析表

形式 结构	知识	能力	思维方式	操作行为	日常表现	绩效表现
德						
智						
体						

表 2-2　　　　　　　　　　　岗位知识测评内容分析表

形式 结构	记忆	理解	评价与运用
基础知识			
专业知识			
相关知识			

(2) 测评目标。测评目标是对测评内容筛选综合后的产物，是人员测评中直接指向的内容点。如：品德——诚实、正直、谦虚；管理能力——号召能力、协调能力、决策能力。

测评目标的确定主要依据测评目的和工作职位要求。

测评目标的选择方法：德尔菲咨询、问卷调查、层次分析、多元分析等方法相结合。

(3) 测评项目。测评项目是对测评目标的具体规定。如英语能力指听说读写四个方面。

(4) 测评指标。测评指标是测评目标操作化的表现形式，是对测评项目的具体分解。

单个的指标反映测评对象某一方面的特征状态，而由反映测评对象各个方面特征状态的指标所构成的有机整体或集合，就是测评指标体系。

3. 人员测评标准体系的类型

（1）效标参照性标准体系。效标参照性标准体系是根据测评内容与测评目的而形成的测评标准体系，一般是对测评对象内涵的直接描述或诠释。一般与测评客体本身无关。如飞行员选拔标准来自于对飞机驾驶工作本身的直接描述。

（2）常模参照性标准体系。常模参照性标准体系是对测评客体外延的比较而形成的测评标准体系。与测评客体直接相关。如干部选拔标准由参加干部选拔的所有候选人的一般水平决定。

4. 人员测评标准体系的要素

人员测评标准体系的要素包括标准、标度、标尺三个要素。

（1）标准。指测评标准体系的内在规定性，常表现为各种素质规范化行为特征或表征的描述与规定。

（2）标度。标度是对标准的外在形式划分，常常表现为对素质行为特征或表现的范围、强度或频率的规定。通常用1、2、3；A、B、C等表示。

（3）标尺。标记是对应于不同标度（范围、强度、频率）的符号表示，通常用字母、汉字、数字来表示，它可以出现在标准体系中，也可以直接说明标准。

（二）基本原则

1. 针对性原则

根据人员素质测评的目的、对象、情景的不同，应当设计不同类型的人员测评指标体系和不同复杂程度的计量方法。

对不同类型的人员进行测评时，测评指标体系中的每一项指标应该有所不同，要根据不同人员的具体特点来进行指标设计。对不同类型的人员进行测评其指标是不同的，即使是相同的指标，其内容是不同的。

在应用不同的目的和情景时，应该采取不同复杂程度的计量方法。

2. 完备性原则

完备性是指处于同一个标准体系中各种标准相互配合，在总体上能够全面地反映工作岗位所需具备的素质及功能的主要特征，使整个测评对象包括在评价标准体系的内容之中。在获得被测评者素质结构完备信息的基础上，以尽可能少的指标来充分体现测评的目的。

3. 简洁性原则

测评指标的设计应尽量简单，不要繁琐，只要能达到既定目标又能获得所需要的信息就行。如果拖沓冗长，不仅费时费力，而且难以掌握，降低测评的效果。简单、就练的测评指标体系可以方便人员掌握和使用，减少测评人员的工作量，提高测评工作的工作效率。

4. 明确性原则

测评指标应该分解成最小的单位，尽量避免太大的、综合性太强的指标。测评指标应该具有明确的含义，不要使人产生误解，从而造成测评目的和测评结果不一致，无法得到被测评人员详细、真实的信息。无论从哪个角度进行描述，都不可能完整地表达被测人员的真实情况，使测评结果出现较大的偏差。因此，通常要用工作质量和工作数量来加以区分，以满足指标含义唯一性原则。

5. 独立性原则

测评指标的设立在同一层次上应该相互独立，没有交叉。

6. 操作性原则

人员测评设立的标准应该可以辨别、比较和测评，也就是说评价标准的标志可以直接观察计算或能够通过一定的方法辨别、计量的。因此，在进行评价标准设计时，要充分考虑操作性，评价标准应当通俗易懂，尽量避免使用专业术语，表达要简明扼要，减少测评人员出现的误差。

7. 量化性原则

在为每个指标确定测评标度时，能用数量化的形式表示就尽可能用数量化表示，尽可能采用客观性的数据和结果，其目的使每个要素的评价都易于操作和客观，尽量避免主观评价标准的不一致。

（三）基本方法

1. 工作分析法

（1）工作分析法的概念。工作分析是采用科学的方法收集工作信息，并通过分析和综合所收集的工作信息找出主要工作因素，为工作评价与人员录用等提供依据的管理活动。是指通过实施工作分析或采用工作分析技术来获取所需信息的方法。

素质测评标准体系制定中工作分析的关键是：分析从事某一职位工作的人需要具备哪些素质条件；分析履行职责与完成该项工作任务应该以什么指标来评价；分析并提出这些素质条件与评价指标哪些更重要，哪些相对不重要。

（2）工作分析制定测评标准体系的步骤。

第一，根据测评目的和要求，确定调查的职位范围，制定调查提纲与计划；

第二，采用一定的方法广泛收集有关某职位任职者主要素质条件与绩效指标的素材；

第三，通过一定方法筛选形成内容全面的素质调查表；

第四，在更大范围内进行调查，要求被调查者对调查表的内容进行评价与补充，并对调查结果进行统计分析（因子分析和相关分析），形成职位素质测评标准体系；

第五，对所制定的素质测评标准体系进行测试并修改。

（3）工作分析的方法。

第一，观察法。观察法是工作人员在不影响被观察人员正常工作的条件下，通过观察将有关的工作内容、方法、程序、设备、工作环境等信息记录下来，最后将取得的信息归纳整理为适合使用的结果的过程。采用观察法进行岗位分析时，应力求结构化，根据岗位分析的目的和组织现有的条件，事先确定观察内容、观察时间、观察位置、观察所需的记录单，做到省时高效。

观察法的优点：可以了解广泛的信息，取得的信息比较客观和正确。

观察法的缺点：它要求观察者有足够的实际操作经验；主要用于标准化的、周期短的以体力活动为主的工作，不适用于工作循环周期长的、以智力活动为主的工作；不能得到有关任职者资格要求的信息。

第二，访谈法。访谈法是访谈人员就某一岗位与访谈对象，按事先拟定好的访谈提纲进行交流和讨论。访谈对象包括：该职位的任职者、对工作较为熟悉的直接主管人员、与该职位工作联系比较密切的工作人员、任职者的下属。为了保证访谈效果，一般要事先设计访谈提纲，事先交给访谈者准备。

访谈法通常用于工作分析人员不能实际参与观察的工作，其优点是既可以得到标准化工作信息，又可以获得非标准化工作的信息；既可以获得体力工作的信息，又可以获得脑力工作的信息；同时可以获取其他方法无法获取的信息，比如工作经验、任职资格等，尤其适合对文字理解有困难的人。其不足之处是被访谈者对访谈的动机往往持怀疑态度，回答问题是有所保留，信息有可能会被扭曲。因此，访谈法一般不能单独用于信息收集，需要与其他方法结合使用。

第三，问卷调查法。问卷调查法是根据工作分析的目的、内容等事先设计一套调查问卷，由被调查者填写，再将问卷加以汇总，从中找出有代表性的回答，形成对工作分析的描述信息。问卷调查法是工作分析中最常用的一种方法。问卷调查法的关键是问卷设计，主要有开放式和封闭式两种形式。开放式调查表由被调查人自由回答问卷所提问题；封闭式调查表则是调查人事先设计好答案，由被调查人选择确定。

设计调查问卷要求：提问要准确；问卷表格要精炼；语言通俗易懂，问题不可模棱两可；问卷前面要有指导语。

问卷调查法的优点是费用低、速度快、调查范围广，尤其适合对大量工作人员进行工作分析；调查结果可以量化，进行计算机处理，开展多种形式、多种用途分析。但是，这种方法对问卷设计要求比较高，设计问卷需要花费较多的时间和精力，同时需要被调查者的积极配合。

第四，工作日志法。工作日志法是指任职者按照时间顺序详细记录下来自己的工作内容和工作过程，然后经过工作分析人员的归纳、提炼，获取所需工作信息的一种工作分析方法，又称工作活动记录表。根据不同的工作分析目的，需要设计不同的"工作日志"格式，这种格式常常以特定的表格体现。通过填写表格，提供有关工作的内容、程序和方法，工作的职责和权限，工作关系以及所需时间等信息。

工作日志法的优点：对工作可充分地了解，有助于主管对员工的面谈；采逐日或在工作活动后记录，可以避免遗漏；可以收集到最详尽的资料；经济、方便。其缺点：员工可能会夸张或隐藏某些活动；费时、费成本且干扰员工；适用任务周期短，工作状态稳定的工作；获得的记录和信息比较凌乱，难以组织。

第五，实践法。实践法是指工作分析人员从事所研究的工作，由此掌握工作要求的第一手资料。例如为了了解工人的工作状况

实践法的优点：可于短时间内由生理、环境、社会层面充分了解工作。如果工作能够在短期内学会，则不失为好方法。缺点：不适合须长期训练者及高危险工作。

第六，典型事例法。典型事例法是对实际工作中特别有效或无效的工作者行为进行描述的方法。

典型事例法的优点：针对员工工作上的行为，故能深入了解工作的动态性；行为是可观察可衡量的，故记录的信息容易应用。缺点：需花大量时间收集、整合、分类资料；不适于描述日常工作。

2. 调查访谈法

（1）调查访谈法的概念。调查访谈法又称调查咨询法，是通过广泛的调查与咨询来构建与筛选素质测评目标与指标。

（2）调查访谈法的种类。根据具体方法的不同，可以分为专题访谈法、问卷调查法和胜任特征法。

第一，专题访谈法。专题访谈法是研究者通过面对面的交谈，通过口头信息沟通的途径直接获取有关专题信息的研究方法。

专题访谈的形式有个别访谈和群体访谈两种。个别访谈具有轻松、随便、活跃，快速获取信息。群体访谈以座谈会的形式进行，具有集思广益、团结民主等优点。一种常用的群体访谈法被称为头脑风暴法。采用头脑风暴法组织群体决策时，要集中有关专家召开专题会议，主持者以明确的方式向所有参与者阐明问题，说明会议的规则，尽力创造在融洽轻松的会议气氛。一般不发表意见，以免影响会议的自由气氛。由专家们"自由"提出尽可能多的方案。

专题访谈法的优点：简单、易行、研究内容集中、迅速取得第一手资料。缺点：缺乏统一规范、信息的获取受研究者个人条件影响。

第二，问卷调查法。问卷调查法是以书面形式，围绕研究目的设计一系列有关的问题，请被调查者作出回答，然后通过对答案的回收、整理和分析，获取有关信息的一种研究方法。

问卷调查法是我们开展研究学习时，最常用、最有效的研究方法之一。

问卷调查法的优点：简便易行；数据客观、真实可靠；调查广泛、有代表性。缺点：调查对象要有一定的文化水平；适用于对现实问题的调查；适用于较大样本的调查；适用于短时间的调查。

问卷的形式按答案的标准化程度分为"开放式问卷"和"封闭式问卷"两类。其中"开放式问卷"没有标准化答案和回答程序，由被调查者对问题自由作答。"封闭式问卷"是问题的答案已经列出，被调查者只需根据自己的情况作出选择即可。常见的封闭式问卷的方法有：是非法、选择法、等级排列法、计分法、表格法等。

第三，胜任特征法。胜任特征法是指能将某一工作中有卓越成就者与表现平平者区

分开来的个人深层次特征，它可以是动机、特质、自我形象、态度或价值观、某领域知识、认知或行为技能，任何可以被可靠测量或计数的并且能显著区分优秀于一般绩效的个体的特征。

胜任特征法的要素包括技能、知识、社会角色、自我概念、动机、特质等。

3. 理论推导法

理论推导法又称素质结构分析法，是指从某些理论出发，从素质结构的本身分析，来确定素质测评的内容、目标与指标。

4. 典型分析法

典型分析法是通过少数典型的人员素质或工作角色特征的剖析研究来编制素质测评的标准体系的方法。典型分析法的操作，首先要明确测评的目的与对象，其次依据测评的目的与对象特征来选择典型。

5. 历史概括法

历史概括法是指把历史上那些成功和失败的且被证实过的一些人员素质收集起来作为正向测评指标与反向测评指标的方法。

6. 文献查阅法

文献查阅法是从相关的文献资料中寻查有关的测评要素，利用前人的研究成果来构建我们所需要的测评目标。

目前，不少国家都有《职业分类大典》《专业技术鉴定标准》等专门资料可供查阅。

三、体系构建方法

（一）明确测评的客体与目的

素质测评体系的建立，首先必须要求以一定的测评客体为对象，以一定的测评目的为依据。测评客体的特点不同，测评标准体系就不同。即使是相同的测评客体，若测评的目的不同，则制定的标准体系也不相同。

（二）确定测评的项目或参考因素

工作分析是测评内容标准化的重要手段。工作分析在测评内容标准化过程中的具体形式：① 工作目标因素分析法；② 工作内容因素分析法；③ 工作行为特征分析法。

（三）确定测评标准体系结构

在测评内容标准化的过程中，工作分析是按一定的层次进行的，作为工作分析结果的素质测评标准体系，也具有一定的层次结构。第一分析层次的各个项目称为一级指标，表示测评对象的总体特征，第二分析层次的各个项目称为二级指标，反映一级指标的具体特征；第三分析层次的各个项目称为三级指标，说明二级指标的具体内容。

（四）筛选与表述测评指标

对每一个素质测评指标必须认真分析家研究，界定其内涵与外延，并给以清楚、准确的表述，使测评者、被测评者以及第三者都能明确测评指标的含义。

如何筛选那些优良的素质测评指标？一般要依据两个问题逐个检查指标：一是测评指标是否具有实际价值；二是测评指标是否切实可行。

（五）确定测评指标权重

每个测评指标相对不同的测评对象有不同的地位和作用，因此要根据测评指标对测评对象反映的不同程度而恰当地分配与确定不同的权重。

1. 权重

所谓权重是指测评指标在测评体系中的重要性或测评指标在总分中应占的比重。其数量表示即为权数。加权的类型有三种基本形式：纵向加权、横向加权、综合加权。

（1）纵向加权。纵向加权即对不同的测评指标给予不同的权数值。纵向加权的目的是使不同的测评指标的得分可以进行纵向比较。

（2）横向加权。横向加权即给每个指标分配不用等级分数。横向加权的目的是使不同的客体在同一测评指标上的得分可以进行比较。

（3）综合加权。综合加权即纵向加权与横向加权同时进行。综合加权的目的是测评客体在不同的测评指标上的得分可以相互比较。

权数的形式有两种：绝对权数、相对权数。绝对权数：即分配给测评指标的分数，也称为自重权数，它常常为绝对数量。相对权数：指某个测评指标作为一个单位，它在总体中的比重值。

2. 确定权重的方法

（1）德尔菲法。特尔斐法又称专家咨询法，德尔菲法是 20 世纪 40 年代由赫尔姆和达尔克首创，经过戈尔登和兰德公司进一步发展而成。德尔菲这一名称起源于古希腊有关太阳神阿波罗的神话，传说中阿波罗具有预见未来的能力。因此，这种预测方法被命名为德尔菲法。1946 年，兰德公司首先使用这种方法进行预测，后来这种方法被迅速广泛采用。

德尔菲法的特点是：匿名性、多轮反馈、统计性。

运用这种技术的关键是：选择好专家，这主要取决于决策所涉及的问题或机会的性质；决定适当的专家人数，一般不超过 20 人；拟定好意见征询表，因为它的质量直接关系到决策的有效性。

（2）层次分析法。层次分析法是一种多目标决策方法，是把专家的经验知识和理性的分析结合起来，并且两两对比分析，直接比较，使比较过程中的不确定因素得到很大程度的降低。它是确定权重的一种常用方法。

(3) 多元分析法。确定权重也可以利用多元分析中的因素分析、主成分分析和多元回归分析来计算各个测评指标的权数。

(4) 主观经验法。对于某一测评对象非常熟悉而有把握时，也可以直接常用主观经验来加权，但必须注意的原则是：权重分配合理性原则、权重分配变通性原则、权重数值模糊性原则和权重数值的归一性原则。

（六）规定测评指标的计量方法

素质测评是相当复杂的，它的测评指标是由多方面的属性和因素构成的复合体，在这些测评指标中，大多数的内涵是模糊的，其外延也是无法界定的。任何一个测评指标的计量是由两个因素决定的，一是计量等级及其对应的分数，二是计量的规则或标准。

（七）试测并完善测评指标体系

由于在工作中受到许多因素的干扰，因此尽管主观上按着科学方法办事，尽了很大的努力，但实际效果不一定如愿。因此，测评标准体系在大规模实施之前，还必须在一定范围内试测一下，同时还要对整个测评标准体系进行分析、论证、检验并不断修改，进一步充实和完善，最终达到客观、准确、可行，以保证大规模测评可靠性与有效性。

四、常用测评工具

人员测评方法包含在概念自身中，即人才测量和人才评价。人员测评的具体对象不是抽象的人，而是作为个体存在的人其内在素质及其表现出的绩效。人员测评的主要工作是通过各种方法对被试者加以了解，从而为企业组织的人力资源管理决策提供参考和依据。人才测评的工具主要有以下几种。

（一）评价中心技术法

评价中心技术在第二次世界大战后迅速发展起来，它是现代人员测评的一种主要形式，被认为是一种针对高级管理人员的最有效的测评方法。一次完整的评价中心通常需要两三天的时间，对个人的评价是在团体中进行的。被试者组成一个小组，由一组测试人员（通常测试人员与被试者的数量为1：2）对其进行包括心理测验、面试、多项情景模拟测验在内的一系列测评，测评结果是在多个测试者系统观察的基础上，综合得到的。

严格来讲评价中心是一种程序而不是一种具体的方法；是组织选拔管理人员的一项人事评价过程，不是空间场所、地点。它由多个评价人员，针对特定的目的与标准，使用多种主客观人事评价方法，对被试者的各种能力进行评价，为组织选拔、提升、鉴别、发展和训练个人服务。评价中心的最大特点是注重情景模拟，在一次评价中心中包含多个情景模拟测验，可以说评价中心既源于情景模拟，但又不同于简单情景模拟，是多种测评方法的有机结合。

评价中心具有较高的信度和效度，得出的结论质量较高，但与其他测评方法比较，评价中心需投入很大的人力、物力，且时间较长，操作难度大，对测试者的要求很高。

（二）履历分析法

个人履历档案分析是根据履历或档案中记载的事实，了解一个人的成长历程和工作业绩，从而对其人格背景有一定的了解。近年来这一方式越来越受到人力资源管理部门的重视，被广泛地用于人员选拔等人力资源管理活动中。使用个人履历资料，既可以用于初审个人简历，迅速排除明显不合格的人员，也可以根据与工作要求相关性的高低，事先确定履历中各项内容的权重，把申请人各项得分相加得总分，根据总分确定选决策。

研究结果表明，履历分析对申请人今后的工作表现有一定的预测效果，个体的过去总是能从某种程度上表明他的未来。这种方法用于人员测评的优点是较为客观，而且低成本。但也存在几方面的缺点，比如：履历填写的真实性问题；履历分析的预测效度随着时间的推进会越来越低；履历项目分数的设计是纯实证性的，除了统计数字外，缺乏合乎逻辑的解释原理。

（三）情景模拟法

情景模拟是通过设置一种逼真的管理系统或工作场景，让被试者参与其中，按测试者提出的要求，完成一个或一系列任务，在这个过程中，测试者根据被试者的表现或通过模拟提交的报告、总结材料为其打分，以此来预测被试者在拟聘岗位上的实际工作能力和水平。情景模拟测验主要适用于管理人员和某些专业人员。常用的情景模拟测验包括：

1. 文件筐作业

文件筐作业将实际工作中可能会碰到的各类信件、便笺、指令等放在一个文件筐中，要求被试者在一定时间内处理这些文件，相应地作出决定、撰写回信和报告、制订计划、组织和安排工作。考察被试者的敏感性、工作独立性、组织与规划能力、合作精神、控制能力、分析能力、判断力和决策能力等。

2. 无领导小组讨论

安排一组互不相识的被试者（通常为6~8人）组成一个临时任务小组，并不指定任务负责人，请大家就给定的任务进行自由讨论，并拿出小组决策意见。测试者对每个被试者在讨论中的表现进行观察，考察其在自信心、口头表达、组织协调、洞察力、说服力、责任心、灵活性、情绪控制、处理人际关系、团队精神等方面的能力和特点。

3. 管理游戏

以游戏或共同完成某种任务的方式，考察小组内每个被试者的管理技巧、合作能力、团队精神等方面的素质。

4. 角色扮演

测试者设置一系列尖锐的人际矛盾和人际冲突，要求被试者扮演某一角色，模拟实际工作情境中的一些活动，去处理各种问题和矛盾。

情景模拟测验能够获得关于被试者更加全面的信息，对将来的工作表现有更好的预测效果，但其缺点是对于被试者的观察和评价比较困难，且费时。

（四）心理测验法

心理测量是通过观察人的具有代表性的行为，对于贯穿在人的行为活动中的心理特征，依据确定的原则进行推论和数量化分析的一种科学手段。心理测验是对胜任职务所需要的个性特点能够最好地描述并测量的工具，被广泛用于人员测评工作中。

1. 标准化测验

标准化的心理测验一般有事前确定好的测验题目和答卷、详细的答题说明、客观的计分系统、解释系统、良好的常模以及测验的信度、效度和项目分析数据等相关的资料。通常用于人员测评的心理测验主要包括：智力测验、能力倾向测验、人格测验、其他心理素质测验，如兴趣测验、价值观测验、态度测评等。标准化的心理测验同样具有使用方便、经济、客观等特点。

2. 投射测验

投射测验主要用于对人格、动机等内容的测量，它要求被测试者对一些模棱两可或模糊不清、结构不明确的刺激做出描述或反应，通过对这些反应的分析来推断被试者的内在心理特点。它基于这样一种假设：人们对外在事物的看法实际上反映出其内在的真实状态或特征。投射技术可以使被试者不愿表现的个性特征、内在冲突和态度更容易地表达出来，因而在对人格结构、内容的深度分析上有独特的功能。但投射测验在计分和解释上相对缺乏客观标准，对测验结果的评价带有浓重的主观色彩，对主试和评分者的要求很高，一般的人事管理人员无法直接使用。

投射测验具有测评目的的隐蔽性、内容的非结构性与开放性、反应的自由性等特点。投射可以分为联想投射、构造投射、完成投射、选择排列投射、表演投射、他人动机态度描述投射和逆境对话投射等。

（五）面试法

面试是通过测试者与被试者双方面对面的观察、交谈，收集有关信息，从而了解被试者的素质状况、能力特征以及动机的一种人事测量方法。可以说，面试是人事管理领域应用最普遍的一种测量形式，企业组织在招聘中几乎都会用到面试。

面试具有对象的单一性、内容的灵活性、信息的复合性、交流的直接互动性和判断的直觉性等特点。但是同时也具有主观性强、成本高、效率低等弱点。

面试按其形式的不同可以分为结构化面试和非结构化面试。

1. 结构化面试

所谓结构化面试就是首先根据对职位的分析，确定面试的测评要素，在每一个测评的维度上预先编制好面试题目并制定相应的评分标准，对被试者的表现进行量化分析。不同的测试者使用相同的评价尺度，对应聘同一岗位的不同被试者使用相同的题目、提问方式、计分和评价标准，以保证评价的公平合理性。

2. 非结构化面试

非结构化面试则没有固定的面谈程序，评价者提问的内容和顺序都取决于测试者的兴趣和现场被试者的回答，不同的被试者所回答的问题可能不同。

从近几年面试的实践来看，面试的发展出现了以下几个趋势：形式多样化、内容全面化、试题的顺应化、程序规范化、考官内行化、结构标准化等。

（六）纸笔考试法

纸笔考试主要用于测量人的基本知识、专业知识、管理知识、相关知识以及综合分析能力、文字表达能力等素质及能力要素。它是一种最古老、而又最基本的人员测评方法，至今仍是企业组织经常采用的选拔人才的重要方法。

纸笔考试在测定知识面和思维分析能力方面效度较高，而且成本低，可以大规模地进行施测，成绩评定比较客观，往往作为人员选拔录用程序中的初期筛选工具。

人员测评方法在许多场合广泛使用，也经常见诸报纸，杂志，可以说在人事工作领域到了言必称"测评"的程度。而当前的人事工作在很多管理环节都不同程度地借鉴、引用人员测评方法，小到小型公司录用新员工，大到机关录用干部、公务员竞争上岗、人员招聘考核等方面都在利用人员测评技术。

案例

全球零售巨头管理人员晋升选拔测评

近年来，有越来越多的跨国公司开始意识到本土化选拔的问题，他们开始将目光投向本土的测评咨询机构。诺姆四达曾经已经为好些大型跨国企业的本土化人才的选拔项目提供过服务，如法国欧尚超市、美国的3M公司、美国亨斯迈聚氨酯公司、佳通轮胎、中美施贵宝、三得利、瑞士弗兰卡、海格电器等。其中以某全球超市巨头的案例最为典型（以下简称该公司）。

1. 项目背景

该公司在亚洲的发展始于20世纪90年代中期。经过一系列的筹划和详细的市场调研，该公司将亚洲发展的重点放在中国。1997年4月进入中国，1999年7月，在上海开设了中国第一家、世界上第209家特大型综合超市，从而揭开了该集团公司在中国发展的序幕。

至2004年年底，该集团公司已在中国开出十三家分店。在未来，该公司希望能在华东、华北、西南等大区开设更多的分店。从长期来说，该公司希望在上海周边的一些卫星城开设分店，以便在相对集中的地区内更好地利用各分店间的协同优势（共享一些服务中心：财务、物流、采购、培训等）。

在发展的过程当中该公司面临的最大挑战是管理人员本地化的问题，一方面外派人员成本过高成为以低价取胜策略的一大压力，在该公司，一个外派经理人员的费用相当本土经理人员8倍。在公司进入中国的早期，派往中国的外方经理包括店长和处级经理，每个店大约需要8～10人。这些外派经理把该公司的先进管理理念和制度方法带入到中国公司，他们对于中国本土员工的成长起到了很好的教练作用。随着中国员工对先进管理制度和方法的掌握，外派经理的示范引导作用逐渐下降，而且外派人员对本地市场的熟悉程度往往不如本土的经理人员。另一方面，随着该公司在全球的迅速发展，从母国寻找外派经理到中国越来越多的店已经是越来越困难了。因此实行管理人员的本土化是该公司别无选择的选择。

为了使该公司能够在中国快速而稳定的发展，该公司高层在进入中国之初就有了管理人员本土化的战略考虑。他们采取的措施是：第一，大量地从现有员工中选拔有潜力的人员补充到新的管理岗位。在该公司，除了先开的几个店大规模从外部招聘管理人员外，从2002年就开始在已有店中选拔新店的管理人员。采用此种方式的优点是对基础员工有很强的激励作用，每一个员工只要自己努力都有向上发展的机会，而该公司在中国的迅速发展也为内部员工的快速提升提供了机会。第二，建立第三方独立评价机制。有了好的制度还必须有好的机制和方法流程才能够达到预期的效果。该公司管理层认为，仅有制度还不够，还必须从流程上做到公平、公正，在方法上讲求科学。为此，在该公司的管理传统中，内部人员的晋升选拔他们都是聘请外部的测评咨询公司进行第三方的独立评价，他们最后根据测评咨询公司的评价结论与自己掌握的信息进行综合判断。这种管理传统从该公司总部一直推广到该公司在世界的其他地区，在中国也不例外，他们延聘了法国一家测评咨询公司在上海的代表处作为他们在中国的人才测评服务商。这家测评咨询公司一直是该公司的战略合作伙伴，帮助该公司建立起了一套人员选拔的流程和工具方法，并一直为法国该公司提供测评服务。这家公司的上海的代表处，引进了法国公司的全套测评工具方法，从2001年开始为该公司（中国）提供服务，总计做过三次测评。测评结果在公司被使用后，人力资源部门的管理人员以及各个分店的高层管理人员都感觉到这家测评公司提供的测评结果与实际的情况有较大的差异。通过分析，他们开始意识到，这种测评误差的来源可能文化差异造成的，因为这家测评公司没有对他们的测评工具和标准进行适合于中国的本土化改造。这时他们开始把视野投向中国本土的测评咨询公司。通过调研他们了解到，中国诺姆四达是一家本土化的测评咨询公司，于从2003年8月起就聘请诺姆四达作为他们本土管理人员内部晋升选拔的服务提供商。

2. 该公司本土管理人员选拔研究

该公司的本土化管理人员选拔评估研究经历了三个阶段，即需求分析及前期准备阶段，评估过程实施阶段，评估结果的反馈与应用阶段。

(1) 需求分析

承接项目后的第一项工作是进行需求分析，该公司的组织结构是什么样的？各级管理层的权限和相互关系如何？需要评估的对象包括哪些？他们的工作内容和职责范围各有什么特点？成功的本土管理人员与失败的本土管理人员有何差别？在需求分析的过程中，我们采用了访谈法。访谈的对象包括三部分。一是该公司（中国区）人力资源总监，人力资源经理。二是部分店店长，包括长阳店、苏州店、杭州店等店的外籍店长。第三部分是时任各店的处经理8位。最后通过分析得出，需要选拔评估的对象包括：①由处经理（Division Manager, DM）晋升店长；②由部门经理（Section Manager, SM）晋升处经理（DM）。

(2) 拟定评估模型

在访谈调研的基础上形成了初步的评估模型，在形成模型的过程中，我们没有参考他们在法国的评估模型，而当我们的初步确定后，再与外方沟通交流讨论。这一模型通过双方进行充分的沟通和讨论最后确定下来的。两种类型的评估人员分别有两种评估模型。

(3) 技术准备

技术准备是指测评工具和方法以及测评所用的道具材料的准备。根据拟定的评估模型，我们决定采用包括标准化测验、评价中心和投射测验三大类评估方法。在标准化测验中，主要选用了我们自行研究开发的标准化测评工具，如基本潜能测验，个性测验，核心能力测验（包括创新能力测验、沟通能力测验、合作能力测验、学习能力测验、问题解决能力测验），管理能力测验。在评价中心方法中，我们采用的形式主要有无领导小组讨论，行为事件面谈，公文处理（只在DM评估中采用），案例分析。评价中心的方法所用的材料都是我们根据该公司的实际而设计的，可以说是完全本土化的。而投射测验我们采用的是经过修订的主题统觉测验（TAT）和句子完成测验（SC）。另外，在评估DM至店长时，我们还采用了活动测验法（UK）来评估被试者的注意稳定性和精力水平及耐力状况。

(4) 实施测评

对这些对象的评估是分期分批进行的，最多时25人，最少时6人，如果测试人数多，就分组进行，一般以6人为一个小组，主要是以小组讨论的方便而设计。测评的流程一般是先做小组讨论，然后是文件筐和案例分析，BEI面谈和标准化测试及投射测验则根据场地及评委情况进行灵活安排。测评的地点则以对象相对集中为原则，曾测试过的地点包括：上海、北京、杭州、成都，以及诺姆四达公司。具体实施的形式主要分为四种：小组讨论，一般有五位左右的专家作评委，对各位测评对象在讨论过程中的表现进行评分；BEI面谈，时间在1个小时到一个半小时之间；标准化测验则完全采用电脑人机对话的方式测试；公文处理测验和案例分析采用笔试的方式进行。

(5) 数据处理

现场测试完成后，接下来就是对测试过程中采集到的数据进行综合处理。数据处理包括文件筐和案例分析笔试的评分，小组讨论的分数计算，人机测试原始分数的整理。专家组还要根据被试的得分情况和岗位对能力素质的要求进行匹配度评估，给每个被评的对象给出推荐等级。推荐的等级包括五个等级：五级是优秀级，即被评者的素质和能力远高于岗位的需求；四级为优良级，即被评者的素质和能力略高于岗位的需求；三级为合格级，即被评者的素质和能力与岗位的需求基本匹配；二级为有慎重使用级；一级是拒绝级。

(6) 撰写报告

我们要把测评的结果以书面报告的形式呈现给该公司的决策层，这份报告要有明确的推荐任用建议。该公司的评估报告有以下几个特点：①报告要采用中英文对照方式书写，方便外方阅读。②要用图表将测验结果直观而形象地表示出来，便于他们对测验结果的理解。③要分成总报告和分报告两个部分，总报告即指按评估模型的评价结果。分报告是指按测试内容和方式获得的数据及其解释。④要有个人反馈报告和对公司高层反馈报告现两种。

(7) 结果反馈

结果反馈对象有三种，第一种是该公司中国区的人力资源总监和人力资源经理。他们需要了解测评对象的整体情况，以及他们重点关注对象的测评结果，为他们的作用决策提供支持。第二个对象是各个门店的店长和该店的人力资源经理，以及被评估对象的直接上司。他们获得测评对象的测评结果有两种考虑，一方面是检验测评结果与他们的实际观察有吻合度，即考察测评结果的有效性；另一个方面他们也想通过测试所获得的信息来了解他们不了解的方面，为他们培养和使用下属作为参考。对他们的反馈由我们测评专家亲自进行，一方面利用专家的权威性来解释测验的结果可以给他们提出改进的意见，也对针对他们提供合适的发展建议，并能解释一些测试和工作的中的一些疑惑，利用心理咨询的技术缓释他们内心的压力。另一方面，把结果直接反馈给被试可以营造一种公开透明的文化气氛，让员工感觉到公司对他们的尊重和爱护，如果他们对此测评结果有异议，也有一个沟通申诉的渠道。所以，员工们对这种反馈方式特别欢迎，他们对测评的结果都给予肯定，而且认为测评结果对于帮助他们自己认识自己提供了更为科学、更为全面的信息，对他们个人确定人生发展目标有很大的帮助。

(8) 任用决策

截至2004年年底，该公司共有62人接受了测评，其中有29人（占47%）已经根据测评的结果提拔到了新的高级岗位，这些人在岗位上发挥了很好的作用，公司对他们的表现都很满意。这说明，这种方法对于该公司选拔本土化的人才是有效的。

问题：

1. 为了管理人员本土化的战略，本公司采取了哪些措施？
2. 本公司采取了什么方法进行测评？测评的对象是什么？
3. 本公司要想在东道国取得经营的成功，其关键是什么？

项目三 招聘与甄选

引导案例

微软的选聘

微软公司每年接到来自世界各地的求职申请达12万份左右,面对如此众多的求职者,比尔·盖茨认为,许多令人满意的人才没有注意到微软,因而会使微软漏掉一些最优秀的人。为了找到这些人,微软公司主要是依靠现有员工的推荐。微软40%的员工是由内部推荐来的。在国外的分支机构中,微软尽量雇用当地人,而不是采用外派人员的办法。

微软公司有220多名专职招聘人员,他们每年会访问130多所大学,举行7400多次面谈,而这一切仅仅是为了招聘2000名新员工。不论世界上哪个角落有他满意的人才,比尔·盖茨都不惜代价地将其弄到微软公司。他安排的很多面试,不像在考人家,倒像在求人家。微软研究员副院长杰克·马利斯称之为推销式面试。

微软公司面试采取一对一的考官轮流会见的方式。因为微软文化讲究公平对等,所以不让一个应试者同时面对一大堆考官。在面试的过程中,并不是单向的问和答,应试者还可以有足够的时间向考官提问,了解微软。主考官分别是某个方面的专家,每个人都有一套问题,考题通常并不经过集体商量,但有四个问题是考官们共同关心的:是否足够聪明?是否有创新的激情?是否有团队精神?专业基础怎样?

微软认为,大学成绩并不是衡量一个人的最重要的标准,一个人的大学考试成绩只要没有差到平均线以下,就有资格走进微软进行面试。大学时分数第一,却通不过微软面试的大有人在。微软更愿意雇用有潜质的人,而不是有经验的人。

微软的笔试更是特别。试题稀奇古怪,有的是判断时钟打点所需要的时间,有的是判断一个人所戴帽子的颜色,不仅和计算机毫不搭界,而又没有一点科技含量。微软认为这些题目虽然和计算机没有什么直接关系,但考察了一个人的逻辑能力,则会对于编程非常重要。

在招聘人才时,微软还注重人才的情商因素,即除了考虑人才的专业背景外,还考虑其心理和情感因素。通常面试时的考官由招聘经理、人事经理和应聘者所报部门的经理等5~6人组成,他们均要经过专门的招聘训练,以保证人才选择的客观性。面试的问题包括:"你认为自己在过去的工作中哪件事最值得骄傲?""你来微软的目的是什么?"对这些问题的回答会表现出应聘者的心理特征和思维模式。两个学历背景非常相似的人，往往会因其性格和心理特点不同而在工作中表现得截然不同。

微软公司要在激烈的市场竞争中站住脚，必须不断超越自己，超越竞争对手，所以微软非常重视人才的心理素质。在微软，优秀人才的标准不仅要有很高的专业技能，还要能承受巨大的工作压力，并勇于接受新的知识，不断创新。

人员招聘工作是一个有计划的管理过程，由一定的工作程序构成，其中招聘需求分析、招募渠道选择、招聘信息发布、应聘人员甄选和人员录用手续，是招聘工作的五个基本环节，以招聘需求分析为基础环节。

一、招聘需求预测

（一）招聘需求预测的目的

对于企业来说，最理想的状况是，其内部的人力资源供给能够满足所有未来发展对人员的需求。但实际上，这是不太可能实现的。企业通过人力资源盘点发现不是人员过多，就是人员不足。企业内部人员过多时，就产生制订削减人员的计划的必要；人员不足时，就产生制订招聘人员计划的必要。为了保持人员配备的有效性，人力资源部门需要随时向企业决策层提供企业内部可资利用的人才的信息和外部市场中人力资源供给状况的信息。尽管预测不是一门准确度很高的科学，在进行人力资源决策时，预测所提供的资料还是有参考价值的。它能够帮助企业管理者在劳动力市场的波动中做出更快更好的决策。

预测的目的是很简单的，在计划阶段对需求所进行的分析，主要是要通过预测，将企业对人力资源的需求转变成具体的数量和质量上的要求。在决定了未来空缺职位的数目和性质（需求）以及现有的人力资源（供给）后，企业就可以将必须的资源配备到人力资源的活动之中了。

（二）招聘需求预测的方法

在预测时，企业可以选择不同的预测技术。预测人力资源需求的技术大致可以分为三种：一是由企业的最高决策层来预测整个企业的总体需求，即自上而下的方法。二是由基层经理对各自部门的需求进行预测，然后对各部门的预测进行加总，得出企业的总体需求，即自下而上的方法。三是前面两种方法的结合。

1. 预测企业的发展

对企业的发展有几种不同的预测方式。不同的企业关注的指标是不同的。如有的企业关注总销售收入，有的企业关注投资回报，有的关注产品生产总数，而有的企业关注产品增加值。在实践中，一般说来，在财政计划、市场计划和生产计划中使用的方法就应该是在就业计划中使用的方法。这样才能保证就业计划与商业发展计划相吻合。而且这些资料也常常是现成可得的。对总收入和总产量的预测常常是从对企业的总体商业计划中产生出来的。因此，常常被作为人力资源预测的指标。

2. 预测生产率

生产率是就业计划中使用的一个重要的指标。生产率可以在几个不同层次上进行衡量。在企业层次、车间层次、生产线层次或者其他合乎逻辑的层次都可以。一般说来，生产率是每一个单位投入所得到的产出。产出可以用总收入或总产量来计量。而人力资源的投入可以以雇员的数量和工资数量来衡量。

3. 决定企业人力资源需求的特殊技术

决定企业人力资源需求的特殊技术包括趋势分析法、比率分析法、散点坐标分析法、雇员和计算机预测法等。

（1）趋势分析法。趋势分析法，是通过分析企业过去一定时期的就业需求情况来预测未来需求的方法。一般分析的年限为 5～10 年。在企业人力资源需求的预测中趋势分析并不占重要地位，但趋势分析却用得比较普遍。因为它能够提供一个有一定参考价值的初始估计，即得出如果按照过去的趋势发展，未来会有多少需求。当然，未来的人力资源很少会仅仅依照过去的趋势变动，往往其他因素如未来的销售量和生产率变化的影响会更大一些。

（2）比率分析法。比率分析法，是一种利用销售量和需要雇员数量之间的比率来预测未来企业人力资源需求的方法。例如，一个销售人员一般的年销售额为 50 万元，而过去两年企业的销售额为 500 万元，企业为此雇用了 10 名销售人员。假设明年企业需要将销售额增加到 800 万整，后年增加到 1000 万元，那么，如果销售收入与销售人员比率不变，则明年仍需要 6 名新的销售人员（他们每个人年销售额仍为 50 万元），而后年还需要 4 名新的销售人员，以完成再增加 200 万的销售额。

（3）散点坐标分析法。散点坐标分析法是进行企业人力资源预测的又一种选择。我们可以运用散点坐标分析法来确定两个因素是否是相关。如在一个商业活动指标与雇佣水平之间有无关系、如果它们之间存在关系，而又可以预测商业活动的变动，那么就可以根据商业活动的变动来预测人力资源的需求。

（4）用计算机预测人力资源需求。现在企业越来越多地利用计算机来预测人力资源需求。一般的预测程序是，人力资源专家与直线经理一起积累计算机化的人力资源预测所需要的信息。所需要的典型的资料包括生产每一个单位的产品所需要的直接劳动时间（生产率的一种衡量方式）和三种不同水平的销售预测——最小的、最大的和适中的预测。在这些资料的基础上，就可以用事先编制好的程序计算满足生产需求需要的雇员水平，还可以分别预测出满足未来不同生产需求所需要的一线生产工人的数量、生产服务人员的数量和管理人员的数量。利用计算机进行预测的好处在于，这一系统能够很快地将不同预测水平的生产率和销售收入"翻译"成对人力资源的需求水平，因此很容易衡量不同生产水平和销售额对人力资源的不同需求。

（五）管理者判断法

不管在预测企业人力资源需求时采用什么方法，管理者的判断都会发挥重要作用。在实践中，过去的趋势、比率或者关系很少有一成不变地继续到未来的可能。因此，必须依靠人的主观判断来对未来可能发生的变化进行估计，对可能发生变化的因素进行修正。

二、招聘渠道

（一）招聘渠道分类

根据申请者来源的不同，招聘渠道可以分为内部招聘与外部招聘。这两种渠道各自有相应的途径与方法，不同的途径与方法需要制定不同的实施方案。

内部招聘是指通过吸引企业在职员工填补企业空缺职位的过程。它是企业充分利用和开发现有人力资源的一种方式，这种方式需要企业以往的人力资源测评和绩效考评等为辅助，以达到更加充分开发、利用企业现有人力资源的目的。

外部招聘是指企业从外部寻找、吸引求职者，以填补空缺职位的过程。虽然内部招聘有很多优点，但是它的一个最明显的缺点就是招募范围狭小，仅局限于本企业内部，容易形成企业的不良风气和由于企业缺少新鲜血液而显得死气沉沉。特别是当企业处于创业初期或快速发展的时候，需要大量各种各样的人才，此时仅仅依靠内部招聘是远远不够的，必须充分利用企业外部的人力资源，采用外部招聘的方式来为企业获得所需的人才。

（二）招聘渠道的优缺点

1. 内部招聘的优缺点

（1）内部招聘的优点。忠诚度高。从企业文化角度来分析，员工与企业在同一个目标基础上形成的共有价值观、信任观和创造力，体现了企业员工和企业的集体责任及整体关系。企业不仅仅是他们的"事业共同体"，而更为重要的是他们的"命运共同体"。员工在企业中工作过较长一段时间，已融入到企业文化中去，认同企业的价值观念和行为规范，因而对企业的忠诚度较高。

可信性高。从选拔的有效性和可信度来看，管理者和员工之间的信息是对等的，不存在"逆向选择"问题、甚至是"道德风险"问题。因为员工的历史资料是有案可查的，管理者也对内部员工的性格特征、工作态度、沟通能力、工作能力、工作动机、业绩评价以及发展潜能等方面都有比较客观、准确的认识，使得对内部员工的全面了解更加可靠，提高了人事决策的成功率。

激励作用大。内部招聘不仅可以形成竞争局面，出现积极的企业氛围；它还能够给员工提供一系列晋升机会，使员工成长与企业成长同步，激励员工积极进取。

招聘费用低。与外部招聘相比，内部招聘可以省去大量广告费用、简历筛选费用、甄选费用以及招聘小组的差旅费用等。同时还可以省去大量上岗培训费用，为企业节省成本。

适应能力强。从运作模式看，现有员工更了解本企业的运作模式，与从外部招聘的新员工相比，他们能更好地适应新工作。

效率高。从企业的运行效率来看，现有的员工更容易接受指挥和领导，易于沟通和协调，易于消除边际摩擦，政策也容易得到贯彻执行，易于发挥企业效能。

许多企业都特别注重人才的内部招聘，尤其是企业的高级管理人才。如著名的通用电气原总裁韦尔奇就是从企业内部选拔出来的。通用电气（中国）董事长曾坦言："韦尔奇的接班人肯定是从内部产生的，因为外部人员根本不了解通用电气的企业结构和管理系统……"后来的事实也证明了这一点。

（2）内部招聘的缺点。加剧企业内部的紧张气氛。在进行晋升性内部招聘时，每个员工都希望自己能够成功，而在晋升名额有限的情况下，会形成内部竞争的情况，气氛可能很紧张，甚至导致冲突的产生。这时员工的工作积极性会下降。

不利于企业创新。内部招聘容易产生近亲繁殖现象，久而久之，企业可能死气沉沉。在同一文化的影响下，企业不能接受和容纳不同观点，也就没有了创新能力。

容易产生政治行为。激烈的内部竞争下，有些员工为了晋升可能会向决策者"打小报告"以贬低竞争者，甚至会出现行贿现象，等等。决策者也可能受到候选人的不恰当影响，甚至会受政治活动的影响而做出不公决策。

2．外部招聘的优缺点

内部招聘虽然拥有诸如可信度高、忠诚度高等种种好处，但企业若过分依赖内部招聘往往也会发生失误，外部招聘则可以弥补内部招聘的缺点。

（1）外部招聘的优点。有利于招到优秀人才。外部招聘的人才来源广泛，选择余地充分，能引进许多杰出人才，特别是某些稀缺的复合型人才，这样可以节省大量的内部培养和培训费用。

有利于带来不同的价值观和新观点、新思路、新方法。通过从外部招聘优秀的技术人才、营销专家和管理专家，这种技术知识、客户群体和管理技能并不是可以从书本上直接学得到的，它是一种沉没知识，须得言传身教才能获得，这种与人同在的特有人力资本有时对企业来说是一笔巨大的财富。由于新进员工个人与企业之间的新的关系，在工作中就没有了诸多的存在于内部员工的人情网络等因素的影响，对于其工作的开展是很有利的。

有利于树立企业形象。外部招聘也是一种十分有效的交流方式，外部招聘有利于发挥广告效应。在外部招聘的过程中，企业可以借此在潜在的员工、客户和其他外界人士中树立积极进取、锐意改革的良好企业形象，从而形成良好的口碑。

有利于平息和缓和内部竞争者之间的紧张关系。内部竞争者由于彼此机会均等，可能在同事之间产生互相竞争的局面，进而可能因为同事的晋升而产生不满情绪，消极懈怠，不服管理，从而不利于企业的运作和管理，外部员工的引入可能对于此种情况产生平衡的作用，避免了企业成员间的不团结。

有利于优化人力资源配置。从宏观意义上说，外部招聘可以在全社会范围内优化人力资源配置，促进人才合理流动，加速全国性的人才市场和职业经理市场的形成，节约整个社会的教育和培训成本，具有明显的外部经济性，具有巨大的社会效益。

（2）外部招聘的缺点。筛选时间长，难度大。企业希望能够比较准确地测量求职者的能力、性格、态度、兴趣等素质，从而预测他们在未来的工作岗位上能否达到企业所期望的要求。而研究表明，这些测量结果只有中等程度的预测效果，仅仅依靠这些测量结果来进行科学的录用决策是比较困难的。为此，一些企业还采取诸如推荐信、个人资料、自我评定、工作模拟等方法。这些方法各有各的优势，但也都存在着不同程度的缺陷，这就使得录用决策耗费的时间较长。

进入角色状态慢。外部招聘的员工需要花费较长的时间来进行培训和定位，才能了解企业的岗位职责、工作流程和运作方式，增加了培训成本。从外部招聘的人员还有可能出现"水土不服"的现象，其个人特质很难融入企业文化的氛围中，导致人际关系复杂，工作不顺，影响积极性和创造力的发挥。

引进成本高。外部招聘需要在媒体发布信息或者通过中介机构招募时，一般需要支付一笔不小的费用，而且由于外部应聘人员相对较多，后继的挑选过程也非常繁琐与复杂，不仅花费了较多的人力、财力，还占用了大量的时间。

决策风险大。外部招聘只能通过几次短时间的接触，就必须判断候选人是否符合本企业空缺岗位的要求，而不像内部招聘那样经过长期的接触和考察，所以，很可能因为一些外部的原因（如信息的不对称性等）而做出不准确的判断，进而增加了决策风险。

影响内部员工的积极性。外部招聘容易挫伤有上进心、有事业心的内部员工的积极性和自信心。如果企业中有胜任的人未被选用或提拔，即内部员工得不到相应的晋升和发展机会，内部员工的积极性可能会受到影响。

外部招聘人才之间、外部招聘人才和内部人才之间容易存在复杂的矛盾。外部招聘人才之间、外部招聘人才和内部人才之间存在的相互不服气以及"盲目排外"的情结等容易引发部门之间的矛盾，使得个人行为上升到企业行为，导致部门之间协调配合不够、相互拆台，战略措施、方针政策不能很好地贯彻执行。

3. 选择招聘渠道需考虑的因素

在选择内部招聘渠道还是外部招聘渠道时，通常需要考虑的因素主要有以下六个方面。

（1）企业经营战略。当企业处于发展阶段，根据未来发展战略和业务拓展的要求，需要大量人才，此时内部招聘已无法满足需求，因而应采取外部招聘的方式获得人才。若企业采取的是稳定型战略，在出现空缺职位时，从外部招聘可能会增加较多的人工成本，若内部有较合适的人选，则应从内部招聘。

（2）企业现有的人力资源状况。如果空缺职位比较重要，企业内现有人员中没有合适人选，又暂时没有可培养的对象，或者有培养对象但培养所需成本较高时，可以从外部招聘。如果现有人员中有可培养的对象且培养成本不高，则可通过内部招聘填补空缺。

（3）招聘的目的。当招聘的目的不仅仅是为了找到合适的人来填补空缺，更重要的是希望通过招聘增加企业的新鲜血液，提高员工的积极性，转变经营观念和工作方式，改变工作态度和行为时，则宜采用外部招聘方式。

（4）人工成本。当空缺的是高级职位时，外聘人员可能要价很高。在这种情况下，从企业长远的发展角度以及外聘人员的贡献与作用来看，更适宜外聘；但是，倘若企业规模较小，短期内担负不起这种高人工成本，企业适宜从内部寻找合适人选。

（5）领导的用人风格。领导的用人风格对一个企业的招聘渠道的选择有着很大的影响。有些企业领导人喜欢从外部引进，而有的企业领导人则倾向于内部培养。

（6）企业所处的外部环境。企业所处的外部环境主要包括人才市场的建立与完善状况、行业薪资水平、就业政策与保障法规、区域人才供给状况、人才信用状况等。这些环境因素决定了企业能否从外部招聘到合适的人选。若企业所处区域的人才市场发达、政策与法规健全、有充足的人才供给、人才信用良好，在不考虑其他因素的情况下，外部招聘不仅能获得理想的人选，且方便快捷。反之，则宜从内部选拔培养，这样既可以节约招聘成本，又可以避免招聘风险。

三、招聘方法

（一）内部招聘

1. 方法

（1）员工推荐。员工推荐是一种传统的内部招聘方式。当企业出现职位空缺时，企业内部员工可以推荐他们认为合适的人选应聘。在国外，员工推荐被认为是最有效的招聘渠道，尤其适用于招聘具有特殊要求或专业性强的人员，此外中小企业使用此种方法的也很多。员工推荐有利于降低招聘成本，提高所招聘人员质量、降低离职率，且容易招到稀缺人才。但是，员工推荐也容易形成裙带关系，还可能引起违反平等就业法的质疑。

除了员工推荐外，还有供应商、客户以及其他各种关系的推荐，它们是获得高级优秀人才的有效途径。

（2）提拔晋升。一方面，向员工提供升职、发展的机会是激励企业内部员工非常有效的方式之一。另一方面，内部提拔的员工对本企业的业务工作比较熟悉，能够较快适应新的工作。然而内部提拔也存在一定的弊端，例如内部提拔的人员不一定是最优秀的，还有可能在少部分员工心理上产生"我比他强"的想法，容易引发人际冲突与矛盾。因此，许多企业在出现职位空缺后，往往采用从内部和外部同时寻找合适人选两种方式。

（3）工作调换。工作调换又称为"平调"，是在企业内部寻求合适人选的一种基本方法。工作平调的作用除了可以填补职位空缺之外，实际上它还有许多其他作用。比如可以使内部员工了解企业内其他部门的工作，与企业更多的员工有更加深入的接触与了解。这样，一方面有利于员工今后的晋升，另一方面可以使上级对下级的能力有更进一步的了解，从而为日后的工作安排做好准备。

（4）工作轮换。工作轮换和工作调换有些相似，但又有些不同。如工作调换从时间上来讲往往较长，而工作轮换则通常是短期的，有时间界限的。另外，工作调换往往是单独的、临时的，而工作轮换往往是两个以上的、有计划进行的。工作轮换可以使单位内部的管理人员或普通人员有机会了解单位内部的不同工作，给那些有潜力的人员提供以后可能晋升的条件，同时也可以减少部分人员由于长期从事某项工作而带来的烦躁和厌倦等感觉。

（5）人员重聘。由于某些原因企业存在一些长期休假人员（如曾因病长期休假，现已康复但由于无位置还在休假）、已在其他地方工作但关系还在本单位的人员（如停薪留职）下岗人员以及退休人员等。在这些人员中，有的素质较高，恰好符合企业内部空缺职位的任职资格要求，重聘向他们提供为企业尽力的机会。另外，企业再次聘用这些人员可以使他们尽快上岗，减少培训费用。

（二）外部招聘

1. 职业中介机构

当前社会上的职业中介机构各种各样，除了人事部门开办的人才交流中心外，还有劳动部开办的职业介绍所以及商业性质的职业介绍机构。职业中介的优点在于拥有的信息量大；作为第三方，能够做到公正地为企业甄选人才；查询费用低廉。其缺点是无法对职业中介机构的工作进行全程监督，从而可能使素质较差的求职者进入企业工作，使得企业遭受因选人不当造成的损失。

2. 人才招聘会

人才交流中心或其他人才机构每年都要举办多场人才招聘会，在招聘会中，用人单位的招聘者和求职者可以直接进行接洽和交流，节省了企业和求职者的时间。随着人才交流市场日益完善，招聘会呈现出向专业化方向发展的趋势，如中高级人才交流洽谈会、应届生双向选择会、信息技术人才交流会等。人才招聘会的优势是由于求职者比较集中，企业的选择余地较大，同时也利于节省企业和求职者的时间。但是，人才招聘会也存在不可忽视的劣势，即招聘高级人才还是较为困难。

3. 校园招聘

校园招聘是针对应届毕业生的人才招聘会。它有利于招聘到具备充满活力、工作热情高、可塑性强等高素质的优秀毕业生。校园招聘也有自身的缺点，即应届毕业生没有工作经验，大多数拥有不切实际的期望，需要经过较长时间的培训才能胜任岗位工作。

4. 网络招聘

随着网络的日益普及，越来越多的企业选择网络招聘的方式。依托强大的网络功能，招聘企业可以发布招聘信息，进行简历管理，并可以按照企业设定的关键词，直接从网络中搜索符合条件的简历，大大加快了招聘的进度，节省了招聘时间。目前，企业利用网络招聘主要有两种形式：一种是通过职业招聘网站。求职者可以通过相应的搜索条件找到符合自己要求的岗位，企业也可以通过设定关键词找到符合要求的求职者。当前，我国有很多这样的职业招聘网站，如前程无忧、智联招聘。二是通过企业自己的招聘网站。目前，越来越多的企业建立了自己的网站，在企业的网页中设置人才招聘一项。求职者可以点击进去关注该企业发布的招聘，寻求是否有自己感兴趣的岗位，从而决定是否要投递简历。

网络招聘的优点主要有覆盖面广，有利于打破时间和空间的限制；传播速度快、效率高；成本低廉、费用低。网络招聘存在诸如人才层次具有局限性，即网络招聘主要适用于企业中层以下人才的招聘，尤其是文职类、财务类和IT类等人才；信息处理的复杂性；虚假信息大量存在等缺点。

5. 猎头招聘

猎头公司是一种与职业介绍机构类似的职业中介机构，但是由于它们有特殊的运作方式和特殊的服务对象，所以经常被看作一种独立的招聘渠道。猎头公司专门为雇主物色和推荐高级主管人员和高级技术人员，他们设法诱使这些人才离开正在服务的公司。

6. 传统媒体

在传统媒体如报纸、电视、广播刊登招聘广告可以减少招聘的工作量，广告刊登后，用人单位只需等待求职者上门即可。利用传统媒体招聘的优势在于容易体现企业形象，劣势在于花费成本较高。

7. 海外招聘

海外招聘主要用于招聘高级管理人才或一些尖端技术的专业人才。海外招聘的好处不言而喻，候选人的数量及质量都与局限于国内的招聘不可同日而语。但是也存在着诸多困难：如何证明和核查外国人的各种证书；对其背景调查也很困难；招聘录用手续也很烦琐；是否能融入国内企业文化也是一个问题。

四、员工甄选

（一）员工甄选的含义和意义

甄选是指企业在招聘工作完成后，根据用人条件和用人标准，运用适当的方法和手段，对求职者进行审查鉴别和选择的过程。

员工甄选是招聘工作中关键的一步，也是技术性最强的一步。员工甄选必须遵循科学性、有效性、简明性、可行性的原则,要选择科学的测试方法,聘请相应的专家指导,以降低员工上网培训费用,提高员工在企业中的稳定性。

人力资源管理活动按其程序分为三大环节:进、管、出。"进"是指员工的招聘,甄选和录用;"管"是指对员工在履行其职责过程中进行的指挥、控制、协调和监督等活动;"出"则是办理员工退出职工队伍的活动。"进"、"管"、"出"三大环节紧密相连,相互依存。人员甄选属于"进"的环节,它在整个人力资源管理活动中占有极为重要的地位。

(二) 员工甄选的程序

一般而言,员工甄选程序如下:

1. 接见申请人

若申请人基本符合空缺岗位的资格条件,就办理登记,并发给岗位申请表。

2. 填写岗位申请表

为了取得求职者的有关资料,应该要求求职者填写申请表。申请表所列内容一般包括:申请岗位名称、个人基本情况(包括姓名、性别、住址、电话、出生年月、籍贯、婚姻状况、人口以及住房情况等)、学历及专业培训情况(包括读书和专业培训的学校名称、毕业时间、主修专业、证书或学位等)、就业记录(包括就业单位名称、地址、就业岗位、工资待遇、任期、职责、离职原因等)、证明人(包括证明人姓名、工作单位、联系方式等)

3. 初步面试

由企业的面试人员与求职者进行短时间的面谈,以观察了解求职者的外表、谈吐、教育水平、工作经验、技能和兴趣等。如果不符合空缺岗位的资格条件要求则予以淘汰;如果大致符合,则通知进行下一程序——测验。

4. 测验

最常用的测试是笔试和实际操作,现代的测试是人员素质测评。通过测验可以客观地判断求职者的能力、学识和经验。

5. 深入面试

求职者测验合格后,要再做一次深入的面谈,以观察和了解求职者的态度、进取心以及应变能力、适应能力、领导能力、人际关系能力等。

6. 审查背景和资格

对经过上述程序的合格者,人力资源部门要对其背景和资格进行审查,包括审查其学历和工作经验的证明文件,如毕业证书、专业技术资格证书等,通过查阅人事档案或向求职者过去的学习、工作单位调查等途径来了解其各方面表现和业务能力等。

7. 主管决定录用

一般情况下,人力资源部门在完成上述初选程序后,就把候选人名单送给直接用人的主管,由该主管决定录用人选。

8. 体检

经过体检，来判断内定录用者在体能方面是否符合岗位工作的要求。体检合格者，则发录取通知书。体检程序之所以放在最后，是因为在大批不合格者被淘汰之后，只对少数内定录用者进行体检可以大大节约费用。

9. 安置、试用和正式任用

经过上述程序，被录用者报到后，就可将其安置在相应的空缺岗位上。为观察新进员工与岗位的适应程度，企业新员工一般都有一定时间的试用期，试用期长短视工作性质和工作复杂程度而定。试用期满，经考核合格者，则予以转正。

值得注意的是，上述程序不是绝对的。由于企业规模不同，工作要求也不同，因此采用的甄选程序也会有所不同。比如，如果企业规模比较小，或是空缺岗位要求的员工甄选，就不一定采用笔试程序，而主要采用填写岗位申请表和面试等程序即可。

（三）员工甄选的方法

1. 初步筛选

初步筛选是对求职者是否符合职位基本要求的一种资格审查，目的是筛选出那些背景和潜质都与工作说明书所列条件相当的候选人，并从合格的求职者中选出参加后续筛选的人员。最初的资格审查和初选是人力资源部门通过审阅求职者的求职申请表或个人简历进行的。

（1）筛选求职申请表。求职申请表是求职者所填写的由企业提供的表格。编制申请表目的是对求职者做初步了解，收集关于求职者背景和现在情况的信息，以评价求职者是否能满足最起码的工作要求，通过对求职申请表的审核，剔除一些明显的不合格者。一张好的求职申请表可以帮助企业减少招聘成本，提高招聘效率，尽快找到合适的人选，所以在人员招聘前应准备好合适的求职申请表。

筛选求职申请表需要注意以下方面：

第一，判断求职者的态度。在筛选求职申请表时，首先要筛选出那些填写不完整和字迹难以辨认的材料，为不认真的求职者安排面试，纯粹是浪费时间，可以将其首先筛选掉。

第二，关注与职业相关的问题。在审查求职申请表时，要核实背景材料的可信程度，要注意求职者以往经历中所任职务、技能、知识与应聘岗位之间的联系。如求职者是否表明了过去单位的名称、过去的工作经历与现在申请的工作是否相符，工作经历和教育背景是否符合申请条件，是否经常变换工作而这种变换却缺少合理的解释等。在筛选时要注意分析其离职的原因、求职的动机，对那些频繁离职人员需要加以关注。

第三，注明可疑之处。不论是简历还是求职申请表，很多材料都会或多或少存在虚假内容。在筛选材料时，应该用铅笔标明可疑之处，在面试时作为重点提问内容加以询问。如在审查求职申请表时，通过分析求职岗位与原工作岗位的情况，要对高职低就、高薪低就的求职者加以注意。为了提高应聘材料的可信度，必要对应该检查求职者的各类能证明其身份及能力的证件。

（2）筛选个人简历。应聘简历是求职者自带的个人介绍材料。对于如何筛选应聘简历，实际上并没有统一的标准，因为简历的筛选涉及很多方面的问题。目前的简历大多是打印而成，没有办法从字体上来加以判断。下面列出一些筛选简历常用的技巧。

第一，分析简历结构。简历的结构在很大程度上反映了求职者的企业和沟通能力。结构合理的简历都比较简练，一般不超过 A4 纸两页。通常求职者为了强调自己近期的工作，书写教育背景和工作经历时，采取从现在到过去的时间排列方式，相关经历通常被突出表述。书写简历并没有一定格式，只要通俗易懂即可。

第二，重点关注客观内容。简历的内容大体可以分为主观内容和客观内容。在筛选简历时注意力应放在客观内容上。客观内容主要包括个人信息、受教育经历、工作经历和个人成绩四个方面。个人信息包括姓名、性别、民族、年龄（出生年月）、学历等；受教育经历包括上学经历和培训经历等；工作经历包括工作单位、起止时间、工作内容、参与项目名称等；个人成绩包括学校、工作单位的各种奖励等。主观内容主要包括求职者对自我的描述和评价。

第三，判断是否符合职位技术和经验要求。在客观内容中，首先要注意个人信息和受教育经历，判断求职者的专业资格和经历是否与空缺岗位相关并符合要求。如果不符合要求，就没有必要再浏览其他内容，可以直接筛选掉。在受教育经历中，要特别注意求职者是否用了一些含糊的字眼，比如没有注明大学教育的起止时间和类别等。这样做很有可能是求职者在混淆专科和本科的区别，或者是全职、业余、成教等的差别。

第四，审查简历中的逻辑性。在工作经历和个人成绩方面，要注意简历的描述是否有条理，是否符合逻辑。比如一份简历在描述自己的工作经历时，列举了一些著名的单位和一些高级职位，而他所应聘的却是一个普通职位，这就需要引起注意。又比如另一份简历中，求职者称自己在许多领域取得了成绩，获得了很多证书，但是从他的工作经历中分析，很难有这样的条件和机会，这样的简历也要引起注意。如果判断出简历中有虚假成分，可以直接将这些简历筛选掉。

第五，对简历的整体印象。通过阅读简历，看简历是否给人留下了好的印象。另外，可标出简历中不可信以及感兴趣的地方，面试时可询问求职者。值得注意都是，由于求职申请表和个人简历所反映的信息不够全面，决策人员往往凭信个人的经验与主观臆断来决定甄选结果，带有一定的盲目性，经常发生漏选的现象。因此，初选工作在费用和时间允许的情况下应坚持甄选面广的原则，尽量让更多的人员参加复试。

2. 笔试

笔试是人才甄选中较常用的技术之一，也是最为基础的技术之一。即使在日益发展的现代人才甄选技术中，笔试的方法和技术仍然受到世界各国的重视，发挥着重要的作用。

笔试主要用于测量求职者的基本知识、专业知识、管理知识以及综合分析能力、文字表达能力等方面的差异。

笔试技术在形式上表现为用笔在试卷或问卷上回答，对此一般称为"纸笔作答"，"纸笔作答"也不能仅仅理解为传统论述题型，而应包括现代人才甄选中选择、判断是非、简述、案例分析、改错、计算、写作、匹配、论述等丰富多样的笔试题型。

笔试的优点在于它花费时间少、效率高、成本低，对求职者的知识、技术、能力的考查信度和效度较高，成绩评价比较客观，因此笔试至今仍是企业使用频率较高的人才甄选方法。

笔试缺点在于它不能全面考查求职者的工作态度、品德修养以及其他一些隐性能力，因此笔试技术往往作为其他人员甄选方式的补充或是初步筛选人法。

3. 心理测验

（1）心理测验定义。心理测验实质上是行为样组的客观的和标准化的测量。可以从以下几方面对心理测验概念进行理解：

第一，心理测验是对行为的测量。这些行为主要是心理方面的而不是反射性的生理行为，是外显行为而不是内部心理活动，是一组行为而不是单个行为。

第二，心理测验是对一组行为样本的测量。即所测量的行为组是有代表性的一组行为。任何个体在不同时间、空间与条件下的行为表现是不尽相同的，如果所测评的行为抽样不同，所得到的结果就会不同。

第三，心理测验的行为样组不一定是真实行为，而往往是概括化了的模拟行为。例如投射测验，答题行为均不是真实的行为，而是一种间接的行为反映。

第四，心理测验是一种标准化的测验。所谓标准化，在这里指测验的编制、实施、记分以及测验分数解释程序的一致性。这是测验的内在要求。因为要使测验的最后结果具有可比性，那么测验的条件必须具有等同性或统一性。

第五，心理测验是一种力求客观化的测量。这些测验所采用的种种技术，都要尽可能排除人为主观影响，然而值得注意的是，不能完全客观化。

（2）心理测验的类型。心理测验根据不同的标准，可以划分不同的类别。

第一，根据测验的具体对象，可以将心理测验划分为认知测验与人格测验。认知测验测评的是认知行为和认知能力，而人格测验测评的是人作为社会成员的心理特质。认知测验又可以按其具体的测验对象，分为成就测验、智力测验与能力倾向测验。成就测验主要测评人的知识与技能，这是对认知活动结果的测评，智力测验主要测评认知活动中较为稳定的行为特征，是对认知过程或认知活动的整体测评；能力倾向测验是对人的认知潜在能力的测评，是对认知活动的深层次测评。

第二，根据测验的材料特点，可以将心理测验划分为文字性测验与非文字性测验。文字性测验即以文字表述，被测评者用文字作答。典型的文字性测验即笔纸测验。非文字性测验，包括图形辨认，图形排列、实物操作等方式。

第三，根据测验的质量要求，有标准化与非标准化心理测验。

第四，根据测验的实施对象，有个别测验与团体测验。

第五，根据测验中是否有时间限制，有速度测验、难度测验、最佳行为测验，典型行为测验。

第六，根据测验应用的具体领域，有教育测验、职业测验、临床测验、研究性测验等等。

(3) 心理测验的方法技术。

第一，知识测评。心理测验在知识测评中的应用形式，实际是教育测验，亦称笔试。用笔试测评知识，可从记忆、理解、应用三个层次上进行。

试题编排是试卷关键的工作。目前试题编排的方法有三种：一是按难度编排，先易后难；二是按题型编排，同类试题放在一起，先客观性试题后主观性试题；三是按内容编排，同类内容放在一起，并按知识本身的逻辑关系编排，先基本概念后方法原理。比较可取的方法是第一种方法与后两种方法结合使用，将第一种方法与第二种方法结合使用可以先按题型编排，在同一题型内再按先易后难的顺序排列。将第一种方法与第三种方法结合使用可以先按内容编排，在同一内容中再按难度排列，先易后难。

第二，技能测评。技能测评是对人的技能素质的测评。这里介绍智力测验和能力倾向测验两种心理测验方法。

智力测验是对人的一般认知能力进行测试，测验结果常用 IQ 来表示。据研究证明，同一种职业，智力水平高的人比智力水平低的人做得好。不同的职业对智力水平的要求不同，复杂的、以脑力劳动为主的职业需要有较高的智力水平才能从事，而简单的、重复性的、以体力劳动为主的职业对从业者的智力水平要求相对较低。智力测验一般包括知觉、空间意识、语言能力、数字能力和记忆力方面的内容，要求被测试者运用比较、排列、分类、运算、理解、联想、归纳、推理、判断、评价等技能来解答测试题。

所谓能力倾向，是一种潜在的、特殊的能力，是对于不同职业的成功在不同程度上有所贡献的一系列心理因素。它与经过学习训练而获得的才能是有区别的，它本身是一种尚未接受教育训练前就存在的潜能。能力倾向是事业成功的可能性条件，而才能是事业成功的现实性条件。因此，能力倾向测验具有诊断功能和预测功能，可以判断一个人的能力优势与成功发展的可能性，为人员甄选、职业设计与开发提供科学依据。

第三，品德测评。随着高科技的发展，许多职业与职位对任职者的体力和智能要求降低了，但品德素质要求却提高了。如商场的售货员不再要求高超的心算速算能力，却要求更高的服务质量上主动热情、耐心周到、举止文雅、工作认真。因此，品德测评在人员甄选中日趋重要。

第四，气质测评。气质是个体中那些与神经过程的特性相联系的行为特征，是个体心理活动和外显行为中所表现的某些关于强度、灵活性、稳定性与敏捷性等方面的心理特征综合。它表现在情绪和情感的发生速度、向外表现的强度以及动作的速度与稳定性等方面。

神经活动类型学说根据神经活动的方向和特征，把人的气质划分为活泼型（多血质）、兴奋型（胆汁质）、安静型（黏液质）和抑制型（抑郁质）四种。古希腊的医生希波克拉底和罗马医生盖仑认为人体内有四种体液：血液、黏液、黄胆汁和黑胆汁。他认为这四种液体的含量决定了人的气质，分别形成了多血质、黏液质、胆汁质和抑郁质四种气质类型。

4. 面试

（1）面试，可以说是一种经过精心设计，在特定场景下，以面对面的交谈与观察为主要手段，由表及里测评应试者有关素质的一种方式。

在这里，"精心设计"的特点使它与一般性的面试、交谈、谈话相区别；在"特定场景下"的特点使它与日常的观察、考察测评方式相区别。

以"面对面的交谈与观察为主要手段，由表及里测评"的特点，不但突出了面试问、听、查、觉、析、判的综合性特色，而且使面试与一般的口试、笔试、操作演示、情景模拟、访问调查等人才素质测评的形式也区别开来。

"有关素质"说明了面试的功能并非是万能的，在一次面试当中，不要面面俱到、包罗万象去测评人的一切素质，要有选择地针对其中一些必要的素质进行测评。

（2）面试的内容。

第一，仪表风度。指求职者的体格状态，穿着举止，精神风貌等。

第二，求职的动机与工作期望。判断本单位提供的岗位和工作条件是否能满足其要求。

第三，专业知识与特长。从专业角度了解其特长及知识的广度。

第四，工作经验。了解求职者以往的经历及其责任感、思维能力、工作能力等。

第五，事业心、进取心。事业的进取精神，开拓精神。

第六，语言表达能力。口头表达的准确性。

第七，综合分析能力。分析问题的条理性，深度。

第八，精力与活力。精、气、神的表现。

第九，兴趣与爱好。知识面与嗜好。

（3）面试的优点主要有：

第一，适应性强。面试可以在许多方面收集有用的信息，面试官可以根据不同的要求，对求职者提各种各样的问题，有时在某一个方面可以连续提多种问题，全面深入地了解求职者。

第二，可以进行双向沟通。在面试时，面试官可以向求职者提问，求职者也可以向面试官提问。面试官在了解求职者的同时，求职者也在了解面试官，这样对招聘工作有积极意义。

第三，有人情味。因为面试往往是面对面地进行心理沟通，所以比较容易产生一种良好的心理气氛，使求职者感到面试官对他的种种关心、理解等。

第四，可以从多种渠道获得求职者的有关信息。面试不但可以通过提问来了解有效的信息，还可以通过观察，包括看、听、问等各方面的渠道来获得有关应聘者的信息，以便正确地了解应聘者的心理素质。

(4) 面试的缺点主要有：

第一，时间较长。一次面试短则几分钟，长则半天，因此如果企业在大规模的人员招聘中运用面试，效果就不理想。而如果面试时间太短，不容易了解到足够的信息，面试也就失去了意义。

第二，费用比较高。因为面试需要聘请专家，而且花费时间长，这样面试的费用就不得不增加。

第三，可能存在各种偏见。不管面试的专家如何高明，总有一定的偏见，因此偏见在面试中是不能完全排除的障碍。

第四，不容易数量化。面试数据往往可以定型，但不容易定量，因此在统计的时候比较困难。

(5) 面试的类型如下：

第一，结构化面试。结构化面试是在面试时，主考官提前准备好各种问题和提问的顺序，严格按照这一事先设定好的程序对每个求职者进行相同内容的面试，这种面试的最大的优势就在于面试过程中采用同样的标准化的方式，每个求职者面临相同的处境和条件，因此面试结果具有可比性，有利于人员选拔。

第二，非结构化面试。非结构化面试是指面试中允许求职者在最大自由度上决定讨论的方向，而主考官则尽量避免使用影响求职者的评语，也称为"非引导性面试"。从某种意义上，这种面试是主考官和求职者进行的一种开放式的、任意的谈话，它没有固定的模式和事先准备好的问题。根据面试的实际情况即兴提问。非结构化面试是一种随意性较强的面试过程，它将求职有的信息、态度、情感都摆在主考官的面前，有经验的面试主考官可以从细微之处获取对求职者隐性素质的判断。而且出于灵活性较强，主考官可以针对某一问题深入询问，但正是由于这种灵活性的存在，使得非结构化面试的信度与效度都大打折扣，面试的结果往往存在大量的"弃真"错误，造成人才的流失，而且面试效果的好坏与主考官的经验和技术水平有一定的关系。好的主考官能够充分引导求职者展现自己，而不偏离方向；经验不足的主考官则容易使面试成为"审判式"的对白，压抑求职者表现自我的欲望。由于非结构化面试的优缺点相对明显，因此非结构化面试往往作为其他甄选方式的前奏或是补充，发挥"补漏"的作用。

第三，情景面试。情景面试是根据面试内容对面试进行的分类，情景面试是结构化面试的一种特殊形式，它的面试题目主要由一系列假设的情景构成，通过评价求职者在这些情景下的反应情况，对求职者进行评价。情景面试的试题多来源于工作，或是工作所需的某种素质的体现，通过模拟实际工作场景，反映求职者是否具备工作要求的素质。

第四，压力面试。典型的压力面试是事先给应试者造成一种紧张的气氛，使应试者一进门便位于"恐怖"的气氛中，接着面试官穷追不舍地追问到底，不但问的切中要害而且使应试者处于进退两难的境地，甚至应试者处于无法回答的地步。其目的是要把应试者考倒，以此考查其机智程度、应变能力、心理承受能力及自我控制能力等心理素质。

第五，小组面试。小组面试，是指应聘者在两人以上，一般共同面试、当场打分、当场讨论。普通的面试通常是出每位主考官重复的要求求职者谈论同样的问题。但是小组面试允许每位主考官从不同的侧面提出问题，要求求职者回答，类似记者在新闻发布会上的提问。相对于普通面试，小组面试能获得更深入、更有意义的回答，这种面试提问时会给求职者增加额外的压力。

第六，逐步面试。逐步面试是一种个人面试形式，不是小组面试。先是基层小组面试，侧重考查职位专业技能与知识，合格后再推荐给中层领导人接受能力与品德等素质的面试，合格者再由中层领导推荐给高层领导进行全面考查性面试。这种面试设计于重要职位人选的面试。

（6）面试的过程。不同的企业对面试过程的安排也会有所不同，但是为了保证面试的效果，一般来说都要按照下面几个步骤来进行面试：

第一，面试准备阶段主要工作。

选择面试者。这是决定面试成功与否的一个重要因素，有经验的面试者能够很好地控制面试进程，能够通过对求职者的观察做出正确的判断。面试者一般要由人力资源部门和业务部门的人员共同组成。

明确面试时间。这不仅可以让求职者充分做好准备，更重要的是可以让面试者提前对自己的工作进行安排，避免与面试时间发生冲突，以保证面试的顺利进行。

了解求职者的情况。面试者应提前查阅求职者的相关资料，对求职者的基本情况有一个大致的了解，这样在面试中可以更有针对性地提出问题，以提高面试的效率。

准备面试材料。这包括两个方面的内容：一是面试评价表，这是面试者记录求职者面试表现的工具，一般由求职者信息、评价要素以及评价等级三个部分组成；二是面试提纲，对于结构化和半结构化面试来说，一定要提前准备好面试提纲，即使是非结构化面试，也要在面试之前大致思考一下准备提问的主题，以免在面试过程中离题太远。面试提纲一般要根据准备评价的要素来制定。

安排面试场所。面试场所是构成面试的空间要素，企业在安排面试场所时应当尽可能让求职者易于寻找；此外，面试场所应该做到宽敞、明亮、干净、整洁、安静，为求职者提供一个舒适的环境。

第二，面试实施阶段主要工作。

热身阶段，此阶段也是关系建立阶段。首先考官要向被面试者做一些必要的说明，包括对考官成员的介绍，交代面试流程以及持续的时间等。同时，面试的开始通常围绕一般性社交话题，问题多为友善、客套、比较随便的话题，建立轻松的气氛，目的在于打破隔膜，减轻被测试者的紧张情绪，以便发挥正常的水平。

熟悉阶段。面试官将围绕求职者所填报的各项资料有针对性地发问，进一步了解熟悉求职者个人的背景信息。因此，要求求职者面试前一定要再次熟悉个人简历内容，努力找出求职者的疑点。提问疑点的目的就是设法搞清事实真相。一般来说，疑点有以下几条：

首先，工作时间是否存在空白段。要问求职者，在"空白段"时间里做了什么？是"充电"，还是休息；是调查市场，还是回顾总结。从这个"空白时间段"可以反映出求职者的求职心态，是迫切要求上岗，还是带着无所谓的心态。

其次，为什么频繁跳槽。在一个公司工作一年，应该算是"初级阶段"，这一年时间，公司花了成本培训员工，锻炼员工，而员工刚熟悉了业务，却要远走高飞，用意何在？对此，一定要问出个一五一十，切忌含糊其辞。

最后，追问离职的真正原因。离职的原因很多，但实践表明，许多求职者不愿说出离职的真正原因，往往以"谋求个人发展"或"身体不适"等原因搪塞。

此时，你一定要刨根问底：你如何规划你的职业生涯？身体怎么不舒服？是不是不适应公司的文化？是不是与老板吵架了？等等。总之，面试官要想方设法问出求职者的真正离职原因。因为，这个问题可以或多或少地反映出求职者的性格特征。

除了以上简历上反映的问题以外，还可以针对笔试试题上反映出来的专业问题进行发问。

核心考察阶段。这一阶段，面试官集中提出若干问题，了解求职者对拟招聘机构的业务范围、岗位结构、工作性质内容以及职业发展前景的了解，了解求职者的求职动机、个人愿景、具体的专业技术能力、知识水平以及个性特征等信息。这些考察可以使面试官根据事实做出正确的录用决定。

收尾阶段。这一阶段，面试官可能还会提一两个比较尖锐或敏感的问题，以便彻底了解求职者的情况；面试官也会给求职者留有自由发问的时间，以实现双方信息的互动。求职者应当抓住机会，重申自己的任职资格、求职意愿，配合面试官自然地结束面试，礼貌地向面试官告辞。

第三，面试结束。面试谈话结束以后，并不意味着面试就结束了，在面试结束阶段还有一些工作需要完成，主要是由面试官对面试记录进行整理，填写面试评价表等，以便全部面试结束后进行综合评定，做出录用决策。

（7）面试的技巧。

第一，观察技巧。通过观察人的外部行为特征来评价其内在心理状态。外部行为特征主要是语言行为和非语言行为。

语言行为是指一个人的言词表达，包括言词表达的逻辑性、准确性、清晰性和感染力。另外，还包括非语言行为，如音质、音量、音调、节奏变化等。对语言行为的观察可获得个体的态度、情绪、知识水平、能力、智力等方面的情况。

非语言行为是指一个人的表情和身体动作，包括仪表、风度、手势、体态变化、眼神、面部表情、身段表情、言语表情和生理反应现象等。心理学研究表明：体态动作常常是了解一个人内心的更可靠的线索。所以，招聘面试人员需要具备心理学的基本知识，还要在大量的面试实践中不断积累经验，才能熟练地掌握该项技巧，提高自己的观察和判断能力。

第二，提问的技巧。

封闭式提问。封闭式提问是指只需要回答"是"或者"不是"。一般封闭式提问表示面试官对求职者答复的关注，或者想让求职者结束某一话题的谈论。如：你喜欢上一份工作吗？

开放式提问。开放式提问可以让求职者自由发表意见或看法，以获取信息。一般在面试刚开始的时候运用，可以缓解紧张气氛，让求职者充分发挥自己的水平。如：当客户对你的回答感到不满意的时候你会怎么做？请举一个亲身经历的例子。

假设式提问。提供给求职者一个与未来工作环境相关的假设情景，让求职者回答他在这种情景中会怎么做，可以判断被面试者的价值倾向、态度、逻辑思维能力和工作风格。当然，对于假设性问题，求职者有可能为了迎合面试官而给出虚假答案。所以应尽量少用假设性问题，多用行为性问题，在得知被面试者没有此方面的经历时，可将问题转换成假设性问题。例如，问：举例说明你是怎么处理员工经常上班迟到的？（行为性问题）答：我还没有遇到过这样的事。问：那么，如果你的某个员工经常上班迟到，你会怎么处理？（假设性问题）

重复式提问。对求职者回答的答复可以让面试官知道对方已经接受到他的信息，从而达到检验获得信息准确性的目的。

确认式提问。确认式提问可以鼓励求职者继续与面试人员交流，如：我明白你的意思！我接受这个原因！

举例式提问。它又称为行为描述式，让被面试者讲述一些过去的行为事例，在其过去的经历中探测与职位关键胜任特征有关的行为，以过去的行为预测未来。人的行为特征具有稳定性，以求职者过去的行为方式推测在未来岗位上的行为，具有很高的可靠性。

举例式提问可以采用 Star 方法：S—situation，事件发生的情景；T—target，行为的目标；A—action，被面试者做了什么；R—result，行为的结果。把这四个方面问清楚了，被面试者过去在某方面的行为表现就很清楚了。例如：针对被面试者说"我非常善于与客户打交道"，面试官可以问：能不能举个处理客户纠纷的例子？……当时是什么情况？……目标是什么？……你是如何做的……结果如何？

第三，倾听的技巧。面试中，考官说与听的时间比例大约是 1∶5，也就是说有 80% 的时间是倾听的时间。

怎样运用非语言性暗示。适当的眼神接触。考官与被面试者适当的眼神接触，可以使对方感觉到考官对他的叙述很感兴趣，使他能够更加放松自如地发挥出真实水平。反之，如果在回答问题的过程中，考官大部分时间没有看对方，被面试者就容易产生紧张情绪，以为自己说错了，或者不能集中精力思考问题。

用自然的手势鼓励或控制对方说话。有些被面试者比较拘谨，不善言谈，考官可以用自然的手势鼓励对方说话，手心向上轻抬的动作表示希望对方继续说下去；当对某个问题的问答已经达到目的而被面试者还要继续说下去时，为了控制时间，考官也可以用自然的手势控制对方说话,手心向下轻压的动作表示"这个问题到此为止了",这样比用语言打断对方更礼貌。身体前倾。

考官在倾听对方的回答时身体前倾表示尊重对方,对对方的回答很感兴趣。考官切忌把身体靠在椅背上,表现出居高临下的姿态,这对被面试者的自尊心是很大的伤害。

适当点头和微笑。适当的点头和微笑表示赞许和满意,会让被面试人员充满自信。同时,也表现出了考官良好的专业素质,会给被面试人员留下好印象。适当运用"嗯""好""真的吗"。考官在倾听过程中,既不能经常打断对方,又不能只听不说。考官适当地运用"嗯""好""真的吗"等语言,代表一种认可和鼓励,会收到很好的效果。

在倾听的过程中,应尽量避免以下陷阱:

忽略非语言信息。为了全面地测评被面试者的素质,除了要听他说了什么,更应观察他是怎么说的,说话时的语气与声调如何,以及说话时有哪些肢体语言。面试信息有7%来自言辞,38%来自声音声调,55%来自体态语。所以,声音声调和肢体语言往往能传递出更多更真实的信息。

打断谈话。考官由于与对方观点不一致而打断对方的谈话,甚至于想发表自己的观点。这样只能导致被面试者为了迎合考官的意图而给出虚假的答案。

显得太忙。考官常常接听电话,或者不时地有下属进入面试现场请领导(考官)在一些文件上签字。这些现象会使被面试者产生不被尊重的感觉,也表明考官缺乏必要的专业素养。

只选择想听的听。考官过分关注某个素质指标,在被面试者的谈话内容中只关注那些能体现这个指标的内容,而忽略了其他指标的测评。

(8)面试中常见的偏差。由于各种客观因素的影响,面试中面试官者常常出现以下偏差。

第一,首因效应。首因效应是对某事物产生的第一印象或看法对人们再次认识这一事物时所产生的影响或作用。在社会交往中,两个素不相识的人第一次见面所留下的印象会对以后的交往产生一定的影响。面试评分过程中也存在这种现象,面试官对应聘者产生的第一印象会对其评分产生一定作用和影响。主要表现在:应聘者的穿着打扮、行为是否得体、形体是否优美都会对面试官评分产生影响。根据第一印象来评价往往失之偏颇,简单地以貌取人或以言取人等都是不可取的。

第二,晕轮效应。晕轮效应是指某人或某事由于其突出的特征留下了深刻的印象,而忽视了其他的心理和行为品质。它有时会产生积极肯定的晕轮,有时候会产生消极否定的晕轮,这都会干扰对信息的评价。要克服晕轮效应就必须坚持客观真实,不掺杂主观成分。

第三,集中趋势效应。集中趋势效应是指评定中出现求职者得分相近而缺乏区分的现象。这种情况在大规模面试中较为明显。集中趋势效应的消极作用是使求职者分数区分过小,不同水平的求职者拉不开距离,优秀求职者也难以脱颖而出。

第四,对比效应。对比效应又称反差效应,是指面试官评价不同求职者优劣时产生的一种不平衡反差心理。这是由于人们在事物的对照比较中，常会由于选取的参照对象不同而做出不同的判断。当参照对象"完美无缺"时，其他的便有黯然失色之感；反之，在某个较差的参照对象的衬托之下，会使人对比较的对象产生良好的印象。

第五，风格偏好效应。不同的人其爱好兴趣也有不同，在对面试对象的评价上，这种爱好兴趣上的差异往往使面试官形成各具特色的评价偏好和评价风格，从而影响评分的客观性和一致性。

第六，角色效应。角色身份不同的人在评分中其评价的角度、甚至有相同的人生经历，看待同一事物，其观点也会有异。由于面试官身份角色的差别，其观点、侧重面也会不同。如面试官与求职者如果是老乡、同学，都容易使面试官产生同情心，进而打出较高的分数，出现偏差。

第七，疲劳效应。如果面试时间过长（一次或连续长时间面试），会引起面试官的疲劳，导致体能消耗、注意力下降、情绪低落，评定的客观性和一致性下降。因此，当求职者人数较多时，应先用简便易行的笔试或标准化的心理测验进行筛选后，对有限的候选人进行面试，这样才能保证面试的有效性。

7. 评价中心技术

（1）内涵与特点。

第一，内涵。评价中心技术，简称评价中心，是以测评管理素质为中心的一组标准化的评价活动。它要求多名训练有素的测评人对被测评者在特定测评情景中的行为进行观察，进而对被测评者在整个测评维度上的表现进行评价。

被测评者的管理素质是评价中心一系列测评活动所围绕的中心。围绕这个中心目标，测评者依据测评的目的采取多种评价技术对被测评者的素质进行综合考察。

评价中心主要工具包括公文处理、小组讨论、角色扮演以及管理游戏等。

第二，特点。

情景模拟性。在评价中心所用的各种测评方法中，情景模拟是其中重要的一种。因为评价中心的测评对象就是管理能力，要测评管理能力，最好的最有效的方法就是将被测评者置于拟招聘岗位之上，通过让被测评者具体处理该岗位上的工作内容来看被测评者是否能够达到该岗位的素质要求，所以评价中心的一个特点之一就是情景模拟性。

综合性。评价中心在技术运用方面来说具有综合性。与其他的素质测评相比较，评价中心最突出的特点就是综合性，因为它综合利用了多种测评方法和手段。

评价中心常用的测评方法和技术有测验、量表、小组讨论、公文处理、角色扮演以及管理游戏等。一次具体的评价中心一般不会同时运用上述所有的测评方法，它往往会根据测评目的而选择其中的几种，以取得各种评价技术之长，弥补独立使用之短。也正因为评价中心综合利用了各种测评方法，使得评价中心的测评更加准确。

标准化。评价中心是把被评价者置于一个动态的工作环境中，并模拟实际管理工作中瞬息万变的特点，不断对被评价者发出该环境下各种发生变化的信息，通过一系列的活动安排、环境布置与压力刺激来激发被评价人员的潜在素质。要求其在一定的时间内和压力情景下做出决策,在动态的环境中充分展示自己的能力和素质。

动态性。评价中心就评价过程而言具有动态性。评价中心多采用一些动态的测评手段,将被测评者置于动态的模拟情景中对其动态的实际行为进行评价。这种对实际行动的观察往往比被测评者的自陈报告更为准确有效。而且,在动态的测评中,被测评者之间可以进行相互作用,这样被测评者的某些特征会得到更清晰的暴露,更有利于对其进行评价。

全面性。评价中心在测评内容方面有全面性。由于评价中心综合运用多种人才测评技术,使它不仅能够很好地测评被试的实际工作能力,而且还可以测评其他多种能力和性格品质等素质特征。例如,在评价中心技术中,就能综合对被试的口头表达能力、沟通能力、企业协调能力、逻辑思维能力、决策能力、团队合作能力、授权能力、时间管理能力、角色适应能力、应变能力等二十余种能力素质进行评价。

形象逼真。评价中心与心理测验以及面试相比的另一个显著特点就是形象逼真。评价中心中的"试题"与实际工作有高度的相似性,它所测评的素质往往是分析和处理具体工作的实际知识、技能与品德素历,这使评价中心具有很高的效度。评价中心的每一个情景测试,都是从其工作样本中挑选出来的典型。由于评价中心的形象性与逼真性,使得整个测评过程生动活泼,不像其他的测评方法那么呆板,能激发被测评人员在被测过程中充分表现自身素质,所以评价中心显得形象直观。

预测性。评价中心是对人员各种技能的测试,具有很强的预测性。评价中心具有识才干未得之时的功能,模拟更高层次的工作环境为尚未进入这一层次的人员提供了一个发挥其才能与潜力的机会,因此它对于被评价者的素质和能力具有很强的预测作用,可以为选拔和使用人才提供重要的参考依据,并且评价中心集测评与培训功能于一体,为准确预测被评价者发展前途,有重点地进行培养训练提供了有效的手段和途径。

(2) 主要工具。

第一,公文处理。公文处理又称文件筐作业,在这种测评方式中,被评价者将扮演企业中某一重要角色(一般是需要选拔的岗位)。然后把这一角色日常工作中常常遇到的各种类型的公文经过编辑加工,设计成若干种公文等待被评价者处理。这些待处理的公文包括各部门送来的各种报告,上级下发的各种文件,与企业相关的部门或业务单位发来的信函等,其内容涉及企业经营管理的各方面,如生产原材料的短缺、资金周转不灵、部门之间产生矛盾、职工福利、环境污染、生产安全问题、产品质量问题、市场开发问题等,既有重大决策问题,也有日常琐碎小事。要求被评价者对每一份文件都要做出处理,如写出处理或解决问题的意见、批示,或直接与其他部门的人员联系,发布指示等。

被评价者应在规定的时间内把公文处理完。评价者待测评对象处理完后,应对其所处理的公文逐一进行检查,并根据事先拟定的标准进行评价。如看求职者是否分轻重缓急、有条不紊地处理这些公文,是否恰当地授权下属,还是拘泥于细节、杂乱无章地处理。被测评者处理完后,评价人员还要对其进行采访,要求求职者说明是如何处理这些公文的，以及这样处理的理由等。

通过对求职者处理过的公文的检验以及与之交谈，评委们就要根据事先拟定的标准，通过讨论，交换意见，在达成一致意见的基础上，给求职者一个评价的结果。

第二，无领导小组讨论。无领导小组讨论是在没有任何企业领导的情况下，即不指定讨论主持者，不布置议程和要求的情况下，让一组被测试者（通常 6~8 人）根据一定素材或背景资料对与职务有关的一项典型任务进行自由讨论，如制定一个计划，解决一个问题或提出一项方案等。面试官（人数一般与被测试者对等）通过对被测试者自由讨论的观察，完成对被测试者的评价。

如果说结构化面试是针对一位被测试者在静态下所进行的测评，那么无领导小组讨论则是针对一组被测试者在竞争状态下所进行的测评。无领导小组讨论主要从领导欲望、主动性、说服能力、口头表达能力、自信程度、抵抗压力的能力、经历、人际交往能力等几个方面对被测试者进行评价。也可以要求被测试者在讨论过后，写一份讨论记录或是会议决议，从中分析被测试者的归纳能力、决策能力、分析能力、综合能力和民主意识等。

这种测试方法常用于企业中高层经营管理人员以及中高级公务员的素质测评与选拔录用。

第三，角色扮演。角色扮演即让被评价者在模拟的场景中扮演各种角色并讨论各种相关的问题，主要是用以测评人际关系处理能力的情景模拟活动。在这种活动中，评价者设置了一系列尖锐的人际矛盾和人际冲突，要求被评价者扮演某一角色并进入角色情景，去处理各种问题和矛盾。评价者通过对被评价者在不同人员角色的情景中表现出来的行为进行观察和记录，测评其素质潜能。

角色扮演的评价要素一般包括以下四个方面：

角色的把握性。求职者是否能够迅速地判断形势并进入角色情景，按照角色规范的要求去采取相应的对策行为。

角色的行为表现。包括求职者在角色扮演中所表现出的行为风格、价值观、人际倾向、口头表达能力、思维敏捷性、对突发事件的应变性等。

角色的衣着、仪表与言谈举止。是否符合角色及当时的情景要求。

其他内容。包括缓和气氛、化解矛盾的技巧，达到目的的程度，行为策略的正确性，行为优化程度，情绪控制能力，人际关系技能等。

第四，管理游戏。管理游戏亦称商业游戏，是评价中心常用的方法之一。在这种活动中，小组成员各被分配一定的任务，必须合作才能较好地解决。例如购买、供应、装配或搬运。有时引入一些竞争因素，如三四个小组同时进行销售或进行市场占领，以分出优劣。有些管理游戏中包括劳动力企业与划分和动态环境相互作用及更为复杂的决策过程。通过候选人在完成任务的过程中所表现出来的行为来测评候选人的素质，有时还伴以小组讨论。管理游戏是一种以完成某项"实际工作任务"为基础的标准化模拟活动，通过活动观察与测评候选人的实际管理能力。比如，让求职者每 4~7 人组成一个小组，成为一个虚拟的"微型企业"。组员自愿组合或指派均可，但每人都要在"企业"中承担相应的责任或职位，可以每人自报也可推举或是协商决定。组内是否有分工或分工到什么程度也由各组自行确定。各组按照游戏企业者所提供的统一"原料"，在规定的工作周期时限内这种方法不仅可以测评进取心、主动性、企业计划能力、沟通能力、群体内人际协调团结能力等，还可以对这样一个集体的某些方面，如"产品"质量和数量、团结协作状况等进行评定，并对优胜队给予象征性奖励，使活动具有游戏性质。其优点在于它能够更好地再现企业中的真实情况，虽然较为复杂但更加真实。其缺点在于对被评价者的观察和评价是比较困难的，而且这种方法费时。

在这种游戏中，评价者的主要任务有：在游戏开始之前，向参加游戏的被评价者作介绍和简单的说明，以确保被评价者了解整个游戏的过程；为参与游戏的被评价者分配角色；对参与游戏的被评价者的各种行为进行系统的观察与评价。

案例

日本丰田公司的全面招聘体系

以"看板生产系统"和"全面质量管理"体系名扬天下的日本丰田公司，其招聘体系也极富特色和成效。其招聘体系分为六个阶段，前五个阶段大约持续5~6天。

第一阶段，丰田公司委托专业的职业招聘机构，进行初步的人员甄选。应聘人员会观看丰田公司有关工作环境和工作内容的录像资料、对丰田公司有个概括了解，初步了解工作岗位的要求，这也是应聘人员自我评估和选择的过程。同时，应聘人员了解丰田公司的全面招聘体系，填写工作申请表，专业招聘机构对应聘人员的工作申请表及其相关能力和经验作初步筛选。

第二阶段，评估应聘人员的技术知识和工作潜能，专业招聘机构通常会对应聘人员的基本能力和职业态度进行测试，评估其解决问题的能力、学习的能力以及职业爱好。如果是技术岗位的应聘人员，还需要进行6个小时的现场实际机器和工具操作测试。通过第一阶段和第二阶段的应聘人员的有关资料转入丰田公司。

第三阶段，丰田公司接手有关招聘工作，丰田公司主要评价应聘人员的人际关系能力和决策能力。应聘人员在公司的评估中心参加4小时的小组讨论，讨论的过程由丰田公司的招聘专家即时观察评估，比较典型的小组讨论一般是应聘人员组成一个小组，讨论未来几年汽车的主要特征和实际问题的解决过程。应聘人员需要参加5小时的实际汽车生产线的模拟操作，在模拟过程中，应聘人员需要组成项目小组，负担起计划和管理的职能，有效运用人员分工、材料采购、资金运用、计划管理、生产过程等一系列生产因素。

第四阶段，应聘人员需要参加1小时的集体面试，分别向丰田公司的招聘专家谈论自己曾取得的成就，让丰田公司更加全面了解应聘人员的兴趣和爱好，更好地为其安排工作岗位和设计职业生涯。

通过以上四个阶段的应聘人员，基本上可以说被丰田公司录用了，但是应聘人员还需要参加第五阶段2.5小时的全面身体检查。丰田公司由此了解应聘人员的健康状况和有无酗酒、药物滥用等问题。

最后，在第六阶段，新员工需要接受6个月的工作和发展潜能评估，新员工将受到严格的督导和培训。

从丰田公司的全面招聘体系中，我们可以看出，首先，丰田公司非常注重团队精神，注重招聘具有良好人际关系的员工；其次，丰田公司生产体系的中心点是品质，品质是丰田公司的核心价值观之一，因此，公司寻找的就是对于工作质量有责任感的员工。

问题：

1. 丰田公司的全面招聘体系对你有何启示？
2. 如果你是丰田公司的人力资源总监，那么，你准备在哪些方面对这一全面招聘体系作进一步的完善和改进？

项目四 培训与开发

引导案例

曾经看过一个有趣的故事：笼子里养着五只猴子，然后在笼子中间挂一个香蕉。猴子因为喜欢吃香蕉，所以就争着去够，但是笼子上安装的喷水器立即喷向所有猴子，如果有哪只猴子试图去够香蕉，则所有的猴子都要遭受被淋湿的痛苦。后来，一旦有猴子蠢蠢欲动想够香蕉，其他猴子便暴打它一顿，到最后几乎所有的猴子都被打过，大家一致认为够香蕉就会带来淋湿的后果。不能试图去碰香蕉成为这个群体中的行为准则，当饲养员用一只新猴子换了一只老猴子之后，新猴子想去够香蕉的举动被所有的猴子惩罚了，它莫名其妙地看着这个群体，不知道自己哪里错了，当它有够香蕉的举动时就被暴打。饲养员逐一换掉了原来所有的猴子，但是新的猴群中每个猴子都因为试图够香蕉而被暴打过，从此，不能试图去够香蕉成为这个群体中的潜规则。

故事分析：第一批的猴子自由而活泼，它们按照自己的喜好来办事，但是制度让他们不得不收敛自己的本性，并且不成文地形成了内部生存规则：不许任何成员去碰香蕉。当新的一员加入这个组织中，大家对它肆意破坏这个维持秩序的规则感到异常愤怒，所以这只新猴子挨的打必然要比老的群体要重；当来了第二只新猴子时，第一只新猴子下手要比其他的猴子还要狠，它一方面是盲目地维持秩序，另一方面是为了发泄被打之恨。当笼子里全是新猴子的时候，大家依然墨守这不成文的规则，当有人试图去改变的时候必然遭到报复和惩罚。可是后来的猴子群体都没有被淋湿过，大家也不知道为什么不能去碰香蕉，也不知道为什么要维持这个规则，如果没有力量强大、富有说服力的猴群新领导出现并改变规则，那么这个潜规则将永远保持下去。

从心理学的角度看，如果说第一群猴子打第一只新猴子时，诸多猴子是从众心理的缘故，那第一只新猴子殴打第二只新猴子时就是报复和发泄心理了，这和现在工作环境中老员工明知新员工的行为会触犯制度或者规则，但却不愿意提前明示，许多工作技巧和方法要新员工自己去试错才能获得，这和猴子试验中老猴子的心理是一样地，他们曾因为工作失误被惩罚过，也在失误中积累了经验和技巧，但出于报复和发泄的心理，并不情愿把这些经验和技巧顺利地传授给新来者。

许多新的员工，一进单位就会发现很多不合理的规定，他们或者在公开场合，或者在私下场合，抱怨或者抨击单位的规则和制度，他们不清楚为什么不合理就在面前，那些老员工为什么不去改变它并让它存在到现在？他们就像那些新的猴子一样，不知道这些规则产生的历史，却因怕受到惩罚而墨守着，慢慢地，等他们成了老员工，对新员工的疑问也会嗤之以鼻。现在国有企业因为改革的原因不得不走向市场，在市场中依然能够叱咤风云的，必然是出现了新猴子改变老猴子的潜规则，或者是老猴子中的领导在新的环境下改变了规则；而那些走向困境或者倒闭的国有企业，就是因为许多老猴子墨守着过去的规则，即使有充满时代感的新猴子加入，也因老群体的规则压制被同化或者排斥掉了。

上面故事的规则是以惩罚的方式强制形成规则，如果改变了规则，那结果又如何呢？如果有哪只猴子够到了香蕉，那就再奖励它一个香蕉，并让它吃饱饭，而给其他猴子80%的饭量。这样猴子们就会为了够到香蕉而激烈竞争起来，甚至会大打出手，最后胜出的必然是身强力壮的猴子，而体弱的只能忍受吃个半饱的现状。

俗话说：工欲善其事，必先利其器。培训是人力资本投资的重要形式，是开发现有人力资源和提高人员素质的基本途径。招聘到合格的优秀人才并不等与你拥有了优秀的员工，作为企业的管理者，你应该清楚地认识到，如何通过组织学习来帮助学员获得成功的信息与技能提高工作的自主性与自觉性是非常重要的。正如一位专家所说：终身学习不是一种特权或权利，而是一种需要。因此，开发员工的潜力，规划员工的发展，是每一位管理者应尽的责任。本章将从培训体系构建，培训营运管理，员工职业生涯等方面来阐述培训对推进管理工作，增强企业核心竞争力，提高组织绩效的重要作用。

一、目的与意义

（一）培训的目的

我们知道，人力资源管理在"识人"的基础上，设计选人、用人、育人、留人，而每个环节都与人力资源开发密切相关。而别是"育人"环节，越来越成为高科技企业留人的基础。企业有竞争力的培训成为吸收人才的重要因素。

培训是指企业为了使员工获得或改进与工作有关的知识、技能、态度和行为，增进其绩效，更好地实现组织目标系统化的过程。培训的目的不仅仅局限在基本技能的开发上，更多的应看成是创造智力资本的途径，创造出一个有利于人与企业发展的学习型组织。

管理者们越来越体会到：对组织中的员工进行恰当的培训，投资回报率是极高的。长期以来，国际上的许多著名企业都非常重视员工的培训工作。在20世纪90年代初，美国摩托罗拉公司每年在员工培训的花费达到1.2亿美元，比1988年的培训开支增长了12%。美国联邦快递（Federal Express）公司每年花费2.25亿美元用于员工培训，这一费用占公司总开支的3%。

培训的根本目的是促进员工的学习，但并非只有培训才能达到这一目的。在美国有一个故事，说的是IBM公司的早期领导人托马斯·沃森（Thomas Watson）对公司一位经理人员辞职的态度。由于这位经理人员的一个错误，使公司花费了 200 万美元。当他找到沃森提出辞呈时，沃森说："我怎么能同意你辞职呢？我刚刚划给了 200 万美元来教育你。"美国总统克林顿在任期间，政府要求美国企业至少把工资总额的 1.5% 用于培训。法国企业的员工培训费用在 1990 年的平均水平为工资总额的 3%，2000 人以上的组织的这一比例达到 5%。法国政府要求 100 名员工以上的公司将工资总额的 1.5% 用于培训，或者把这一额度与实际花费之间的差额注入培训基金。摩托罗拉 1992 年职工教育经费增加 400 万美元，新增加的课程 100 余分钟，公司获利 5 亿美元，培训的回报是 30：1，投入 1 美元，3 年内生产力方面收回 30 美元，在完成一项全公司综合性培训规划后，1998—1993 年每一员工营业额增长、利润增加均近 50%。

总之，人员培训是指一定组织为开展业务及培育人才的需要，采用各种方式对员工进行有目的、有计划的培养和训练的管理活动，其目标是使员工不断的更新知识，开拓技能，改进员工的动机、态度和行为，是企业适应新的要求，更好的胜任现职工作或担负更高级别的职务，从而促进组织效率的提高和组织目标的实现。

（二）培训的意义

有效的企业培训，其实是提升企业综合竞争力的过程。事实上，培训的效果并不取决于受训者个人，而恰恰相反，企业组织本身作为一个有机体的状态，起着非常关键的作用。良好的培训对企业好处有几点：

1. 培训能增强员工对企业的归属感和主人翁责任感

就企业而言，对员工培训得越充分，对员工越具有吸引力，越能发挥人力资源的高增值性，从而为企业创造更多的效益。有资料显示，百事可乐公司对深圳 270 名员工中的 100 名进行一次调查，这些人几乎全部参加过培训。其中 80% 的员工对自己从事的工作表示满意，87% 的员工愿意继续留在公司工作。培训不仅提高了职工的技能，而且提高了职工对自身价值的认识，对工作目标有了更好的理解。

2. 培训能促进企业与员工、管理层与员工层的双向沟通，增强企业向心力和凝聚力，塑造优秀的企业文化

不少企业采取自己培训和委托培训的办法。这样做容易将培训融入企业文化，因为企业文化是企业的灵魂，它是一种以价值观为核心对全体职工进行企业意识教育的微观文化体系。企业管理人员和员工认同企业文化，不仅会自觉学习掌握科技知识和技能，而且会增强主人翁意识、质量意识、创新意识。从而培养大家的敬业精神、革新精神和社会责任感，形成上上下下自学科技知识，自觉发明创造的良好氛围，企业的科技人才将茁壮成长，企业科技开发能力会明显增强。

3. 培训能提高员工综合素质，提高生产效率和服务水平，树立企业良好形象，增强企业盈利能力

美国权威机构监测，培训的投资回报率一般在 33% 左右。在对美国大型制造业公司的分析中，公司从培训中得到的回报率大约可达 20%～30%。摩托罗拉公司向全体

雇员提供每年至少40小时的培训。调查表明：摩托罗拉公司每1美元培训费可以在3年以内实现40美元的生产效益。摩托罗拉公司认为，素质良好的公司雇员们已通过技术革新和节约操作为公司创造了40亿美元的财富。摩托罗拉公司的巨额培训收益说明了培训投资对企业的重要性。

4. 适应市场变化、增强竞争优势，培养企业的后备力量，保持企业永继经营的生命力

企业竞争说穿了是人才的竞争。明智的企业家愈来清醒的认识到培训是企业发展不可忽视的"人本投资"，是提高企业"造血功能"的根本途径。美国的一项研究资料表明，企业技术创新的最佳投资比例是5∶5，即"人本投资"和硬件投资各占50%。人本为主的软技术投资，作用于机械设备的硬技术投资后，产出的效益成倍增加。在同样的设备条件下，增加"人本"投资，可达到投1产8的投入产出比。发达国家在推进技术创新中，不但注意引进、更新改造机械设备等方面的硬件投入，而且更注重以提高人的素质为主要目标的软技术投入。事实证明，人才是企业的第一资源，有了一流的人才，就可以开发一流的产品，创造一流的业绩，企业就可以在市场竞争中立于不败之地。

5. 提高工作绩效。有效的培训和发展能够使员工增进工作中所需要的知识，包括对企业和部门的组织结构、经营目标、策略、制度、程序、工作技术和标准、沟通技巧，以及人际关系等知识。

（三）培训的误区

培训对企业的发展是十分重要的，然而，也必须认识到培训不可能解决公司面对的所有问题。有些管理者把经营问题错误的看成是培训问题，这必然导致对培训的种种认识上的误区，如下所示：

（1）聘用了一个技能不符合要求的人也没关系。如果雇来的人不能满足这项工作的基本要求，那便是录用的问题，而不是培训能解决的。

（2）培训能改变员工恶劣的态度。如果员工的态度影响了工作，公司就需了解产生这种态度的缘由，这与公司的组织气氛有关系，也许问题出自于公司的组织结构上。如果送去培训，只能使态度更恶劣。

（3）培训能解决所有的工作绩效问题。员工由于脾气暴躁与顾客发生争吵，如果主管不与他沟通，只是简单地送去培训，那收入甚微。其实，这是个奖惩问题，而不是培训问题。

（4）新员工自然而然会胜任工作。有些管理者错误地认为，新进员工只要随着时间推延，会逐渐适应环境而胜任工作的。国内的企业大约有80%没有对新进员工进行有效的培训，就立即分配到正式工作岗位上去了。

（5）培训支出是提高成本而不是投资行为。松下幸之助曾说：企业中各方面的钱都可以省，唯独研发费用绝对不能省。

（6）培训是企业的义务而不是员工的权利。作为企业的管理者，有责任也有义务让每一位员工明白：关心并参与培训，意味着把握自己未来发展的主动，这不仅仅是事关企业单方面利益的事，参加培训也是员工自己应有的权利。

（7）流行什么就培训什么。企业需要有目的、有步骤、系统地进行培训。

（8）培训时重知识、轻技能、忽视态度。在培训中以建立正确的态度为主，重点放在提高技能方面。

除上述以外，企业管理人员还有许多误区，例如：有什么就培训什么，效益好时无需培训，效益差时无钱培训；忙人无暇培训，闲人正好去培训；人才用不到培训，庸才培训也无用；人多的是，不行就换人，用不到培训；培训后员工流失不合算等。因此，管理者如果不消除这些培训误区就不可能对培训引起足够的重视。

二、人员配置与培训

企业的人员配置战略会在两个方面影响培训：晋升和工作分配决策（工作需求流量）的标准、为填补职位空缺获取人力资源地点偏好（供给流量）。工作需求流量与供给流量的相互作用导致了四种典型的公司：堡垒型、橄榄球队型、俱乐部型和学会型。每种类型的公司培训实践的重点都不相同。比如，有些公司（像医学研究公司）强调革新与创造性，属橄榄球队型。由于培训革新技能和创造技能非常困难，所以这些公司趋向采用从竞争对手那里挖人的办法来解决人员需求。而 IBM 公司由定位于学会型公司，完全靠内部劳动力来满足人员需求向橄榄球队转变，不断地从外部劳动力市场上招聘人才而降低了对内部人才开发的重视程度。

（一）培训角色的变化

1. 培训角色的作用

企业中参与培训的角色主要有：最高管理者、人力资源部、业务部门（一线经理）和员工。很多一线经理将培训与开发看成是他们管辖范围之外的事，这种观点有误。一线经理在其雇员的培训和开发方面起着关键的作用，发挥着教师、教练或者帮助者的作用。尤其在人员培训要求的确定上起负责作用。当然在整个培训过程中，人力资源部起主导作用。当然，如果中层管理者不参与培训过程，那么培训将会脱离经营需要。特别是业务经理们未承担保证培训有效性的责任（在工作上给受训者以反馈），培训在辅助公司实现目标方面发挥的作用就会受到局限。因为这些经理会觉得培训只是培训部门强加给他们的"恶魔"，而不是有助于实现经营目标的手段。

2. 培训角色的演变

近年来，培训的关注点从以前注重教授员工特定技能转变为更广泛意义上的注重知识的创造与共享上。许多公司相信赢得竞争优势的关键在于开发智力资本。智力资本（intellectual capital）包括认知知识（知道是什么）、高级技能（知道怎么样）系统理解力和创造力（知道为什么是），及自我激励的创新能力（关心什么是）。传统上，培训部门将精力主要放在认知知识与高级技能的开发上。但实际上培训的价值在于使雇员了解整个生产或服务过程及各部门之间的关系（系统理解力），同时激励他们进行革新并输送高质量的产品和服务（关心为什么是）。尤其对于服务行业的公司如软件开发、医疗、通讯和教育系统，系统理解力和自我激发力创造性至关重要。培训被看做是知识的创造和共享这个更大系统的一部分。例如，安德森咨询公司（Andersen consulting）因其在雇员培训上投入大量时间与金钱而闻名。安德森公司在培训上的投资占其工资总额的3%~5%。而且，它还拥有一个可将36个用来进行培训项目的共享，查找潜在客户的资料，或者在电子布告栏内将工作难题公布于众。

（二）经营战略与培训要求

经营组织常见有四种经营战略：集中战略、企业内部成长战略、外部成长战略和紧缩投资战略。而每一种战略是根据不同的经营目标制定的。集中战略（concentration strategy）侧重于提高市场份额，降低成本或者使产品和服务保持鲜明的市场定位。西南航空公司采用的就是集中战略。它注重提供短途、廉价、密集的空中运输业务。公司只使用了一种类型的飞机（波音434），并且不预留座位，不提供餐点。这使西南航空公司保持了低成本、高利润的经营业绩。内部成长战略（internal growth strategy）侧重于新的市场和产品的开发、革新与联合。例如，麦格劳-希尔（McGraw-Hill）和查理德·欧文（Richard D. Irwin）两家出版公司合并成为美国甚至国际大学教材市场上的一个实力雄厚的公司。外部成长战略（external growth strategy）强调的是通过发展更多的经销商和供应商或通过收购以使公司进入新的市场领域。例如，通用电气公司，作为照明产品和飞机发动机的生产商收购了经营电视通讯的国家广播公司（NBC）。紧缩投资战略（disinvestment strategy）强调经营的财务清算和业务剥离。例如，通用磨坊厂（General Mills）最近卖掉了其餐馆经营部。

初步研究表明经营战略与培训的数量和类型密切相关。培训活动随着战略的不同也跟着在变化。举例来说，实行紧缩战略的公司要培训雇员寻找工作技能，要注重跨专业培训，以使雇员承担更大的责任。那些注重市场定位的公司（集中战略），应该注重公司的技术交流与现有劳动力的开发。

（三）培训的一般程序

培训首先从需求分析开始到以效果评估结束，一般分为三个阶段：需求分析阶段，培训实施阶段以及培训评估阶段。

二、培训系统构建

（一）确定培训需求

确定培训需求的目的是为了确定哪些员工需要进行培训，需要进行哪方面的培训。这里的关键是要找出产生培养需求的真正的原因，并确定是否通过培训可以解决，否则不可能产生企业预想的效果。如一家企业员工的积极性。在这种情况下，如对其进行技能等方面的培训就不可能结局问题。

（二）确定培训目标

培训目标是为培训计划提供明确的方向和依据，只有有了目标才能确定培训的对象、内容、时间、教师、方法等具体内容。培训目标可划分为若干层次，主要包括以下几大类：

（1）技能培养。基层员工主要涉及具体的操作训练；高级管理者主要是思维性活动和技巧训练，如分析与决策能力、沟通能力、人际关系处理技巧等。

（2）传授知识。包括概念和理论的理解与纠正、知识的灌输与接受、认识的建立与改变等。

（3）转变态度。态度的确立或转变涉及情感因素，所以在性质和方法上不同于单独的知识传授。

（4）工作表现。指受训者经过培训后，在一定的工作环境下达到特定的工作绩效和行为表现。

（5）企业目标。培训结果应有助于实现部门或企业的绩效目标。培训目标是进行培训效果评估的依据，所以必须保证每个目标都是可测量的。

（三）拟定培训方案

培训方案就是培训目标的具体化与操作化，根据培训目标，具体确定培训项目的形式、学制、课程设置方案、课程大纲、教科书与参考教材、任课老师、教学方法、考核方式、辅助器与设施等。具体步骤如下：

（1）人力资源部门清查公司人力资源现状，将结果回报上级主管和各部门经理。

（2）人力资源部门将培训需求纲要发给各部门。

（3）各部门主管制定本年度培训目标，提交培训申请表。

（4）人力资源部们对组织和个人的培训需求、目标进行整合。

（5）人力资源部门确定培训计划，做出预算，并提交总经理办公室批准。

（6）人力资源部门在培训实施过程中，修正计划中的有关内容。

（四）实施培训

实施培训是营运管理重要方面，它指对培训计划前、计划中、计划后的各项活动进行的协调工作。良好的协调工作是保证受训者专心投入于培训，并取得良好效果的保证。具体实施步骤可分为以下几步：

（1）做好培训准备。
（2）合理安排好培训进程。
（3）发通知。
（4）组织培训。
（5）边实施边反馈。
（6）根据实施结果，修正培训计划。
（7）培训考核。

（五）效果评估

培训效果评估既是对前一段培训工作的效果进行估量个，为培训成果的运用提供标准和依据，也是改进和完善下一阶段培训工作的重要步骤。它是培训体系里的一项重要工作，如果企业没有恰当的评估就无法检验被培训者参加培训的总体效果，也就无法为将来的培训设计提供依据。

三、培训需求分析

影响培训需求的因素大致可以分为两类：常见性因素和偶然性因素。常见性因素是指在确定培训需求时需要考虑的一般性因素，主要包括：社会发展环境，企业发展目标和经营环境，同类企业培训的发展状况，员工个人职业发展生涯设计，员工考核，员工行为评估，企业资源状况对评估需求的限制等；偶然性因素是指由特殊事件决定的因素，主要包括：新员工的加入，员工职位调整，员工工作效率下降，顾客抱怨投诉，发生生产事故，产品质量下降或销售量下降，企业内部损耗升高，成本增加，发生导致员工士气低落的事件等。

培训需求分析是培训成功的关键步骤。培训需求分析的过程包括三个方面：组织分析，人员分析和任务分析。

（一）组织分析

组织分析通常考虑培训的背景，判断培训与公司的经营战略和资源是否相适应，培训者的同事与上级管理者对培训是否支持，以便他们能将培训中学到的技能、行为等方面的信息应用到实际中去。

不同层次的管理人员，在培训需求分析中关注的重点不一样。高层更从公司发展前景来关注培训与其他人力资源管理活动（如甄选，薪酬）。中层更关心培训将如何影响本部门财务目标的实现。

（二）人员分析

人员分析重在寻找证据以证实能够通过培训来解决问题，明确那些人需要培训及雇员是否具备基本技能、态度和信心，使他们可以掌握培训项目的内容。

（三）任务分析

任务分析的目的决定培训内容应该是什么，对任务进行分析的最终结果是有关工作活动的详细描述，包括员工执行的任务和完成任务所需知识、技术和能力的描述。进行任务分析，要明确任务分析的重点。任务分析包括四个步骤：

(1) 选择待分析的工作岗位。
(2) 罗列出工作岗位所需执行的各项任务的基本清单。
(3) 确保任务基本清单的可靠性和有效性，让专家组来评定。
(4) 一旦工作任务被确定下来，就要明确胜任一项任务所需的知识、技术或能力。

进行培训需求分析还需要掌握培训需求分析的方法。收集培训信息可以应用不同的方法，包括观察法、访问法和问卷调查法等来进行评估，以确定需求评估的结果。

四、培训技术与方法

（一）培训方式

培训方式的分类常以培训发生的地点为标准，分为现场培训与非现场培训。一般来说，现场培训又分为两类：在岗培训（OJT）与非在岗培训（OFT）。现场培训有利于学习的转化过程，也有利于组织工作流程的连续进行。非现场培训最明显的长处就是让受训员工在没有正常工作压力的情况下获得新的技能与知识，适用于复杂技能的培训。

（二）培训方法

在人员培训中，管理者或培训者经常需要选择一种培训方法，并对各种培训方法进行了比较，并在学习环境、培训成果的转化、成本和效果等方面评出了高、中、低的分数。

1. 设计培训计划

培训计划可以是长期计划（年度培训计划），又可指具体培训计划（一次，一天）。培训计划主要包括学习的目标、培训的方式（在岗培训与不在岗培训）、受训者的特点、培训方法（讲授法、案例分析、角色扮演等）以及培训内容的设计等。培训计划中关于培训预算（培训经费），必须要根据培训的种类、内容、培训师的水平等来确定。

（1）培训原则。在培训过程中，要注意把握好如下原则：

第一，处理好企业近期目标与长远战略的关系。企业培训即要满足当前生产经营的迫切需要，又要具有战略眼光，未雨绸缪，为企业的未来发展做好人才资源方面的战略储备。尤其对重要人才要加强培训。

第二，要做到学以致用。企业的培训要有强烈的针对性，要根据企业的实际需要组织培训，一切从岗位的要求出发，既不能片面强调学历教育，又不能追求急功近利，立竿见影。应该缺什么，补什么；学什么，用什么。

第三，要注意承认学习的原则。由于成人的生理状态与心理状态与未成年人不同，因此，成人学习的原则也与未成年人不同。企业中的员工都是成人。我们掌握了成人学习原则，就可以更好地运用各种培训方法，来达到培训的目标。

成人学习的原则主要有以下六点：

①逻辑记忆能力较强，机械记忆能力弱；②有学习欲望的才能学习，没有学习欲望时几乎不能学习；③联系过去和现在的经验较易学习；④通过实践活动较易学习；⑤联系未来情景较易学习有指导意义的内容；⑥在一种非正式的，无威胁的环境中学习，效果较佳。

第四，培训是第一把手的重要职责，第一把手要亲自抓。培训应从上至下开展，而不是从底层的主管抓起。

第五，要注意个体差异的原则。从普通员工到最高决策者，由于所从事的工作不同，创造的绩效不同，能力与应到达到的工作标准也不相同。员工培训应充分考虑他们各自的特点，做到因材施教。

第六，要注意培训效果的反馈与培训结果的强化。在培训过程中，要注意对培养效果的反馈和结果的强化。反馈的信息越及时、准确，培训的效果越好。对结果的强化，不仅应在培训结束后马上进行，还应在培训后上岗工作中对培训的效果给予强化。

第七，要注重激励原则。培训也是激励，目的是让员工参与培训，感受到组织对他们的重视，提高他们对自我价值的认识，增加他们职业发展的机会。

（2）培训对象。虽然人人都可以被培训，所有员工需要培训，而且大部分人都可以从培训中获得收益，但由于企业组织的资源有限，不可能提供足够的资金、人力、实践作漫无边际的培训。因此，不可能对所有员工培训到同一个层次或同等程度，或安排在同一时间培训，而是必须有指导性地确定企业急需的人才培训计划，根据组织目标的需求挑选被培训人员。

一般而言，组织内有三种人员需要培训：第一种是可以改进目前工作的人，目的是使他们能更加熟悉自己的工作和技术。第二种使那些有能力而且组织要求他们掌握另一门技术的人，并考虑在培训之后，安排他们到更重要、更复杂的岗位上。第三种是有潜力的人，组织期望他们掌握各种不同的管理知识和技能，或更复杂的技术，目的是让他们进入更高层次的岗位。

(3) 培训的内容。

第一，新员工定向培训。新员工定向培训也称导向培训，是培训中的重要的一环。它是指向新员工介绍企业基本情况，岗位职责及部门人员的一种培训方法。企业大多会做这样的培训，但不规范。定向培训是人力资源部门人员与新员工直接主管上级共同协作的结果。

新员工定向培训的目的在于使员工感受到尊重，形成员工的归属感，熟悉企业与工作情况，对职业发展充满信心。

具体来说，新员工定向培训主要涉及以下内容：企业概况，企业文化与经营理念，企业主要政策和组织结构，员工规范与行为守则，企业报酬系统，安全与事故预防，员工权利和工会，职能部门介绍，具体工作责任与权利，企业规章制度，工作场所与工作时间，新员工的上级、同事、下级等。培训的时间从半天到三个月不等，主要根据企业的实际需要，一般以 2~3 天为佳。培训的方法可以采用授课、研讨会、户外训练、电影等。

第二，管理人员的培训。管理人员的培训不仅包括管理岗位所需要的知识，技能的培训，还包括管理者的自我管理、管理思维，管理方法等培训，有时还需要通过小组的方式进行过程能力与行为能力的培训。

(4) 课程计划。根据培训需求，如何制订好培训课程的计划，是值得每一位培训者深思的问题。课程计划包括课程名称、学习目的、培训时间、培训教师的活动（教师在培训期间做什么）、学员的活动（如倾听、实践、提问）及其他必备事项（场地、设备、资料、教师与学员上课前须准备的内容）。

理查德·施弗博士设计了一种称为"5 个 E"的教学计划，来帮助你完成这项工作。这一教学策略有助于你设计出满意所有学员需求并适应所有学员学习风格的培训项目，它旨在鼓励学员把他们学到的新知识和技能应用于自己的工作环境中。

第一，吸引（engage your participants）。吸引就是运用各种办法激起学员的好奇心，激发他们的星期，让他们心里产生疑问，帮助他们充分调动以前的知识。

第二，探索（explain the possibilities）。探索就是让学员"心存疑问"，鼓励他们相互沟通和交流。探索活动包括调查研究、解决问题、产生问题、进行假设、产生想法这些过程。

第三，解释（explain the concepts）。解释就是鼓励学员倾听他人的看法，展开批判性分析，提出问题，解释并论证自己的看法。解释要求学习者把现在的知识与以前学到的东西进行类比，它训练人们的批判性思维，鼓励人们的准确观察。

第四，扩展（extend new knowledge and skills）。扩展就是要综合新技能，变通以前学习的知识，提出新问题和学习新信息。扩展要求学员分析论据，考察他们是否理解了自己的想法。

第五，评估（evaluate the learning）。评估用来了解学员是否真正理解了知识，通过提出开放型问题鼓励进一步调查研究。最好的证据就是可以观察行为的改变和技能的运用。

（5）培训师资。在员工培训与开发中，培训师的优劣在某种程度上决定了培训效果。因此，应重视培训师的选择与培养。

我们认为，企业的各级管理人员都应是培训者，都应该积极参与到培训中去，视培训工作为自己工作职责的一部分，而不能认为培训只是人力资源部之事。在企业，大部分培训项目与内容都可以自己解决，只有涉及人员开发，诸如领导技能、团队建设、压力管理等培训项目应优先聘用外部培训师。一个优秀的，卓越的培训师，用具备以下特色：

第一，课程知识。员工都希望培训者能熟悉他们的工作或课程。进一步而言，他们希望培训者能展现知识（专家们称之为"活跃智力"）。

第二，适应性。某些学员学习速度较快，培训者的指导应符合学习者的学习能力。

第三，真诚。受训者欣赏培训者真挚的态度。培训者应耐心对待学习者，并具备灵活应变的能力。

第四，幽默感。学习可以变成一种乐趣。可以通过故事或趣闻轶事学习。

第五，兴趣。优秀的培训者对自己讲授的课题兴趣浓厚，这些兴趣能够转移给受训者。

第六，清晰的指导。当培训者给予清晰的指导，自然而然，培训会迅速获得成功，并保持长久。

第七，个别帮助。受训员工找过一个人时，培训者应该提供个别帮助。

第八，热忱。激情的演讲和充满活力的个性表现出培训热衷于培训，受训者对热忱的氛围往往会积极地给予响应。

2．实施培训

培训的实施是培训营运管理的重要方面，它指对培训计划前、计划中、计划后的各项活动进行的协调工作，包括：

（1）将课程和培训计划通知雇员。

（2）对参与课程和培训项目的雇员进行登记注册。

（3）准备并印刷一些培训前所需的材料，如阅读资料和测试项目。

（4）准备指导过程中所需的资料（幻灯片复本、案例）

（5）安排培训设施和房间。

（6）检查指导过程中要用的设备。

（7）准备备用设备（幻灯片的文件复本、额外的幻灯机灯泡）以防设备出问题。

（8）在指导期间提供辅助支持。

（9）分发评估资料（测验、培训效果反馈表、调查问卷）。

（10）在培训当中及培训后为培训者与受训者之间的沟通提供便利（彼此间 E-mail 地址的交换）。

（11）在受训者培训记录或人事档案中记录课程结果。良好的协调工作可保证不让受训者因为其他事情（如房间不舒服或者资料组织的不好）而分心。培训项目的活动包括向受训者通报项目目标，举办地点，出现问题时的联络人及所有应由他们完成的计划内工作。还应准备教材、扬声器、手册和录像带。为保证房间和设备（如录像机）的使用做好必要的安排，结合培训要求布置培训房间。例如，小组活动时如果座位不能移动，那就很难保证"团队建设"课程的有效性。若使用视觉辅助手段，那么就要让所有受训者都能看得到，要保证房间光线充足、通风顺畅、应通知受训者上下课时间，休息时间和卫生间地点。减少注意力的转移如电话的干扰。如果想让培训者评价培训计划或参加检验学习内容的测试，应将其安排在培训结束前进行。培训结束后，应记录完成项目的受训者的名字和得分。实施培训是营运管理重要方面。

3. 培训效果评估

培训评估是整个培训营运管理工作中的最后一步，也是企业培训工作中最薄弱的环节，一则因为不知如何去操作评估；二则还是重视不够。培训工作缺少评估工作，则培训工作不能落到实处，不能有效地转化为生产力。

培训项目进行评价的作用有两个：

（1）决定是否应在整个组织内继续进行培训。

（2）对培训进行改进。

培训评估要基于培训设计和提交阶段所建立的培训目标。柯克帕特里克（Kirkpatrick）（1993）提出了培训评估的四种标准（或方法），包括受训者的反应、学习、行为和结果：

（1）反应是受训者的印象，通常在培训期结束时通过一个简短的问卷来收集。

（2）学习可以通过培训前和培训后都举行的书面考试来衡量。

（3）行为指雇员培训后在工作行为上的变化，通常由受训者自己或那些和受训者最接近工作的人，如管理员、同事或下属，进行评定。这通常借助于一系列的评估表。

（4）结果指受训者的行为带来的组织相关产出的变化。在衡量由培训产生的行为变化时还有特殊的困难。那些评定受训者行为的人通常知道他是否参加过培训，因而他们对培训效果的预期将使评分有偏见。另外，很难决定是否培训前后的自我评定行为的差异是由于行为的真正变化，或是受训者在参加培训后对评定级别（标准）有了不同的解释了。因此，培训评估通常在四个层次上进行。

案例

超级女声与员工的培训开发？

如火如荼的"超级女声"终于结束，围绕超级女生的话题却越来越多。记得在竞争达到白热化的时候，杭州的报纸上破天荒地出现了以单位名义刊登整幅广告，为"超级女声"拉票的现象。而几位"超女"火速蹿红的现象，也是众说纷纭、褒贬不一。但不管怎么说，"超女现象"一定是今年最热门的话题之一。

看多了从广告效应、眼球经济、造星工程等各方各面来研究"超女现象"的论述和观点，我倒从来没有想过"超女现象"能和自己从事的工作联系起来。有一天在给新员工做培训，讲到个人和集体、个性和制度的关系时，顺便把"超级女声"现象做例子发挥了一下。事后想想，发现"超女现象"不仅和本人从事的人力资源管理工作有着紧密的联系，而且在"超女现象"的发展过程中，无时无刻不体现了人力资源管理的基本理念。可以说，在"超级女声"故事的背后，人力资源培训与开发的基本理论一直在起着至关重要的指导作用。

人力资源培训与开发理论当中，培训的内容主要在态度、技能、技巧三个方面进行。一个人，要想在职业道路上愉快地成长，也必须从这三个方面来锻炼自己。那么，"超级女声"又是如何从这三个方面发展壮大，成为万人注目的偶像的呢？

首先，是态度。从培训发展的角度来说，一个人的成功，必须依赖一个成功的态度。这样才能够有一个坚定的目标，才能够抵制外界种种诱惑，踏踏实实地朝着自己坚持的方向去努力，才能够最终获得成功。

"超级女声"的主题和海选就非常鲜明地证明了这一点。"超级女声"的主题就是简简单单的四个字"想唱就唱"。是的，你的目标是"想唱"，那么你的态度也必须是"想唱"，这样你才有"就唱"的想法和行动，你才会参加竞选，一直唱到最后，才能获得成功。态度决定行为，行为证明态度。很多人对参加海选的人所表现的千姿百态投以嘲笑，认为有的人甚至五音不全也要赶着去参加海选，简直就是瞎胡闹。殊不知，我们非但不该对参加海选的人投以嘲笑，而是更应该对她们表示深深的敬意，因为，只要她们站在了评委的面前，大胆地唱出了自己心中的梦想，她们就通过这种方式旗帜鲜明地表达了自己渴望唱歌、渴望成功的态度。而一旦有了如此执著的态度，她们就会千方百计、不折不挠地朝着自己的目标前进。反观某些人，在这么简单的事情面前，都躲着不敢去参加评选，还能希望她在更重要的事情上取得成功吗？

有了态度，就有了明确的目标。要想实现目标，就必须具备足够的能力。这种能力，从培训发展的角度来说就是提升自身的技能。而技能体现在两个方面，一个是实务技能，一个是创新技能。只有在两方面技能都不断提升的情况下，个人才有取得成功的可能。

这一点，在"超级女声"的选拔赛中体现得尤为明显。我们可以看看"超级女声"的前三名，李宇春，就读于四川音乐学院；张靓颖，就读于四川大学；周笔畅，就读于广州星海音乐学院。怎么都是大学生？惊人的巧合吗？不是，恰恰因为她们是大学生，接受了更多的知识，培养了更高的自信，锻炼了更多的技能，才能够在层层选拔中脱颖而出。举例为证，超女的演唱歌曲中经常有英文歌曲，而完整、流畅地演绎众多英文歌曲并不是随随便便就能办到的。她们做到了，为什么呢？因为大学里有不间断的英文学习课程，她们在唱歌之外接触到了大量的英文，对英文歌曲的适应能力当然要比一般人高出很多。更何况，超女之一的张靓颖更是英文专业！这，就是平时积累的实务技能。

而作为朝气蓬勃的大学生，理解力更强、想象力更丰富，创造力才会更突出。超女演唱的歌曲，绝大多数我们都听过，但是她们不是简简单单地翻唱他人歌曲，而是别出心裁地进行了创新，加入了独一无二的个人元素。只有这样，才能打动苛刻的评委，才能抓住听众的耳朵，才能为自己的成功铺出一条星光大道。之前落选的很多人唱功也是非常不错，之所以被淘汰，就是因为仅仅依赖实务技能而没有创新，结果只是较高水平的模仿秀而已，不能代表真正的自我，只能以失败而告终。

那么，可不可以认为，有了一个执著的态度，加上坚实的技能基础，就能够获得成功呢？应该说，拥有态度和技能，是可以在一定程度上获得成功，但是，要想不断成功，还需要技巧。超女竞赛，进入决赛的可以说实力都是相当出色的，为什么只有李宇春获得了冠军呢？在一次评委的总结中，我们就能找到答案。

评委说道，在一次竞选中，要求"超级女声"由竞争对手变成合作伙伴，即要求女生们合作表演。而李宇春在合作演唱中的表现令评委们刮目相看。本来李宇春的声线属于比较特别的女中音，但是在合作中，为了配合对方，她放弃了自己最擅长的中音，改为自己不擅长的低音。在激烈的个人竞争中，还能周全地考虑团队合作，并且为了团队的成功可以放弃自己的优势。这一份风度和胸襟，是无人可以比拟的。

从培训开发的角度来看，她当时的技巧运用是恰到好处，得到了评委的一致好评，最终从容地登上冠军宝座。试想，在竞争的舞台上，人人想的都是努力展现自己的优势，希望能够压倒对方；而李宇春相反，她用自己的弱势来衬托别人的优势，最后自己获得了更大的优势，这就是"双赢"的技巧。

综上所述，"超级女声"的成功之路，在本质上体现了人力资源培训开发的基本理念。有了明确的态度，学习必备的技能，掌握灵活运用的技巧，唯有如此，才能够实现自己的理想，到达成功的顶峰。同时只有三个方面全面发展，才能获得最终的成功。"超级女声"从一开始的全国范围海选，到后来的"200进50""50进20""20进10"……直至5强、3强。所有人的态度都是一样的，但是技能不足的人逐渐淘汰，最后只有在创新能力、灵活运用技巧上出类拔萃的人才会最终获胜。也就是说，只有在态度、技能和技巧三方面同时突出的人才能笑到最后。

唱歌如此，学习如此，工作也是如此。要想在职业生涯中开创属于自己的七彩蓝图，必须从态度、技能、技巧三个方面来提升自己。态度不坚定、目标不明确、理想不切实际的情况要赶紧删除；知识面不宽广、技能不全面、操作不娴熟的情况要迅速弥补；理解不透彻、运用不灵活、技巧不熟练的情况要立即加强。哪个方面存在不足，就重点完善哪个方面，最后三方面均衡、全面发展，个人的成功，也必将指日可待。

项目五 职业生涯规划发展

引导案例

从餐厅侍应生到流行乐坛巨星
——周杰伦的职业发展之路

周杰伦是个有点沉默、家世平平的歌手，他的音乐席卷了整个华语地区，成为流行乐坛巨星。他的音乐风格灵动，开拓了流行音乐新领域，他在流行乐坛引领了"中国风"，甚至在某种程度上带动了中国古典文学的复兴。

音乐对于他而言，与其说是一种兴趣，不如说是另一个世界。在这个世界里，音乐帮助他抵挡父母离异、成绩不好等所有的青春期的常见烦恼，让他自信健康成长。

在当餐厅侍应生的日子，周杰伦坚持音乐梦想。在餐厅的工作其实很简单，把厨师做出来的饭菜送给女侍应生，再由女侍应生送给客人。即使是这样，周杰伦也没有离开自己的音乐世界，他带着一个随身听，一边工作一边听歌。在餐厅里打工和弹琴让周杰伦慢慢开始有公众演奏的机会，也慢慢开始积累起自己的听众。1997年9月，周杰伦参加了当时台湾著名娱乐主持人吴宗宪的娱乐节目"超猛新人王"。当时的周杰伦非常害羞，他甚至不敢上台唱自己的歌，只好找了一个朋友来唱，自己用钢琴伴奏。两个人的演出"惨不忍睹"。但主持人吴宗宪路过钢琴的时候，惊奇地发现这个一直连头也没敢抬的小伙子谱着一首非常复杂的曲子，而且抄写得工工整整！他意识到这是一个对音乐很认真的人。

节目结束以后，他问周杰伦：你有没有兴趣参加我的唱片公司，任音乐制作助理？真正让吴宗宪感动的是这个年轻人对自己乐谱的认真程度。打动吴宗宪的，与其说是才气，不如说是认真。很多时候，不管能力有多大，机会往往只选择那些认真对待自己工作的人，这本身是一种最重要的能力。

周杰伦在这半年里，写出来的歌不少，但曲风奇怪，没有一个歌手愿意接受。其中包括拒绝演唱《眼泪不哭》的刘德华和《双节棍》的张惠妹。吴宗宪有些着急，他决定给这个年轻人一些打击。他让周杰伦来到自己的办公室，告诉他写的歌曲很烂，当面把乐谱揉成一团，丢进废纸篓里。这是周杰伦在音乐道路上遭受的重大打击。然而，吴宗宪第二天早上走进办公室的时候，惊奇地看到这个年轻人的新谱子又放在了桌上，第三天、第四天……每一天吴宗宪都能在办公桌上看到周杰伦的新歌，他彻底被这个沉默木讷的年轻人打动了。

1999年12月的一天，吴宗宪把周杰伦叫到房间说，如果你可以在10天之内拿出50首新歌。我就从里面挑出10首，做成专辑——既然没有人喜欢唱你的歌，你就自己唱吧。10天之后，周杰伦安安静静地拿出50首歌，于是就有了周杰伦一举成名的专辑《JAY》。从这张专辑开始，周杰伦一发而不可收。

周杰伦的职业经历说来传奇，其实也普通。一直执著于自己的梦想，找一份自己能做的工作，让自己先生存，培养自己适应社会的心态。同时，注意培养进入理想工作的能力，把完美工作作为长期目标来努力。

职业生涯规划不是简单地能使我们获得一份工作，而是能使我们更好地发现自我、挖掘潜能、开发自我、实现自我。帮助我们客观分析内在素质和外在环境的优劣，帮助我们科学规划人生，从而激发学习的主动性和目的性，能有效掌控自己的生活，使人生有目标、有方向，从而充满意义。

21世纪我们所面临的挑战不是做好准备，去迎接一个工作，一次面试，或一条特定的职业道路，而是在可持续生涯所需的认知能力。我们必须能够开发和扩展自己的能力，创造机会并且建立专业联系，要成功地获得满意的职业生涯，就需要个体在整个生命活动的全过程当中不断进行思索。

一、职业生涯管理及相关理论

在20世纪初美国兴起职业辅导运动以来，职业生涯辅导建立起了一系列理论模型，为个人做出有关职业和生活的正确决定提供了支持。各种理论试图通过不同的途径来揭示个人在社会角色和生涯方面的问题。在这里，主要介绍对我们的探索和实践具有较大影响的五个理论。

（一）帕森斯（Parsons）特质因素论

特质因素论是最早的职业指导理论，也是用于职业选择与职业指导的经典性理论，1909年美国波士顿大学教授弗兰克·帕森斯（Frank Parsons）在其《选择一个职业》的著作中提出了人与职业相匹配是职业选择焦点的观点。这一理论的基本假设是：个人和职业都有稳定的特征，而适当的职业选择就是要在这二者之间进行匹配。帕森斯明确阐述了职业选择的三大要素：①特质，即应清楚地了解自己的态度、能力、兴趣、智谋、局限和其他特征；②因素，即应清楚地了解职业选择成功的条件、所需知识和在不同职业工作岗位上所占有的优势、劣势、机会和前途；③上述两者的平衡。

根据这个理论，帕森斯提出了"职业选择中的三大原则"：

原则一：了解自我。即对自我进行探索，包括了解个人的兴趣、能力、资源、优势、劣势等。

原则二：了解工作。了解职业的能力素质要求、知识经验、工作环境、薪酬、晋升机会及发展前途等。

原则三：匹配。将上述两类资料进行综合并找出与个人特质匹配的职业。帕森斯认为个人选择职业的关键就在于个人的特质要与特定职业的要求相匹配，只有这样，个人才能更加适应职业，并使个人和用人单位同时受益。

（二）霍兰德（Holland）职业类型理论

20世纪60年代，在帕森斯观点的基础上，美国著名职业指导专家霍兰德（Holland）提出了职业类型论。经过50年的发展，现已成为影响最大的理论。主要原则为：①职业选择是个人人格的延伸和表现，个人的兴趣即是人格；②同一职业团体内的人具有相似的人格，因此他们对很多情景和问题会有类似的反应方式，从而产生类似的人际环境；③人可以分成六种人格类型：现实型、研究型、艺术型、社会型、企业型和传统型，人所处的环境也可以相应地分为六种类型：即现实型、研究型、艺术型、社会型、企业型和传统型，每一特定类型人格的人，会对相应的职业类型中的工作或学习感兴趣；④个人的人格与工作环境之间的适配与对应，是职业满意度、职业稳定性与职业成就的基础。

无论是人格，还是职业的六种类型，都不是并列划分，界线清晰的。这六种类型，按实用型、研究型、艺术型、社会型、企业型、事务型的顺序围成一个正六边形，存在三种关系：相邻、相隔、相斥，三种关系在一致性上由高到低，再到相反。

职业生涯规划就是要寻求这种人格与职业类型的适配性或高一致性，即最理想的情况就是现实型的人进入现实型的职业。这样，个人在职业生涯中就能获得职业满足感、持久性和职业成就。

（三）舒伯（Super）的生涯发展理论

20世纪50年代起，舒伯（Super）以新的方式对生涯发展进行思考，提出了生涯彩虹理论。该理论很好地概括了人的一生的职业发展历程，认为职业发展是人生成长的一部分，除了职业角色外，个人在生活中还扮演着其他角色，有孩子、学生、休闲者、公民、持家者、配偶或伴侣、退休者、父母或祖父母。他把人的职业生涯发展分为成长、探索、建立、维持与衰退五个主要阶段。

成长阶段：由出生至14岁。该阶段孩童开始发展自我概念，开始以各种不同的方式来表达自己的需要，且经过对现实世界不断地尝试，修饰他自己的角色。

这个阶段发展的任务是：发展自我形象，发展对工作世界的正确态度，并了解工作的意义。这个阶段共包括三个时期：一是幻想期（4~10岁），它以"需要"为主要考虑因素，在这个时期幻想中的角色扮演很重要；二是兴趣期（11~12岁），它以"喜好"为主要考虑因素，喜好是个体抱负与活动的主要决定因素；三是能力期（13~14岁），它以"能力"为主要考虑因素，能力逐渐具有重要作用。

探索阶段：15~24岁。该阶段的青少年，通过学校的活动、社团休闲活动、打零工等机会，对自我能力及角色、职业作了一番探索，因此，选择职业时有较大弹性。

这个阶段发展的任务是：使职业偏好逐渐具体化、特定化并实现职业偏好。这阶段共包括三个时期：一是试探期（15~17岁），考虑需要、兴趣、能力及机会，作暂时的决定，并在幻想、讨论、课业及工作中加以尝试；二是过渡期（18~21岁），进入就业市场或专业训练，更重视现实，并力图实现自我观念，将一般性的选择转为特定的选择；三是试验并稍作承诺期（22~24岁），生涯初步确定并试验其成为长期职业生活的可能性，若不适合则可能再经历上述各时期以确定方向。

建立阶段：25~44岁。由于经过上一阶段的尝试，不适合者会谋求变迁或作其他探索，因此该阶段较能确定在整个事业生涯中属于自己的"位子"，并在31~40岁，开始考虑如何保住这个"位子"，并固定下来。这个阶段发展的任务是统整、稳固并求上进。

这个阶段细分又可包括两个时期：一是试验—承诺稳定期（25~30岁），个体寻求安定，也可能因生活或工作上若干变动而尚未感到满意；二是建立期（31~44岁），个体致力于工作上的稳固，大部分人处于最具创意时期，由于资深往往业绩优良。

维持阶段：45~65岁。个体仍希望继续维持属于他的工作"位子"，同时会面对新的人员的挑战。这一阶段发展的任务是维持既有成就与地位。

衰退阶段：65岁以上。由于生理及心理机能日渐衰退，个体不得不面对现实从积极参与到隐退。这一阶段往往注重发展新的角色，寻求不同方式以替代和满足需求。

在上述舒伯（Super）的生涯发展阶段中，每一阶段都有一些特定的发展任务需要完成，每一阶段需达到一定的发展水准或成就水准，而且前一阶段发展任务的达成与否关系到后一阶段的发展。

以后的研究岁月中，舒伯（Super）对发展任务的看法又向前跨了一步。他认为在人一生的生涯发展中，各个阶段同样要面对成长、探索、建立、维持和衰退的问题，因而形成"成长—探索—建立—维持—衰退"的循环。

通过生涯发展理论个体可以清楚看到自己处于生涯发展的哪个阶段，预期在生涯发展的探索阶段，经历了尝试期、过渡期即将迈入试验期。因此，大学生在这一阶段一定要对自己进行充分探索，同时积累足够的社会实践经验，才能在毕业时能顺利实现与职业的合理匹配。

举例来说，如一个大学一年级的新生，必须适应新的角色与学习环境，经过"成长"和"探索"，一旦"建立"了较固定的适应模式，同时"维持"了大学学习生活之后，又要开始面对另一个阶段——准备求职。原有的已经适应了的习惯会逐渐衰退，继而对新阶段的任务又要进行"成长"、"探索"、"建立"、"维持"与"衰退"，如此周而复始。

1976—1979年，舒伯（Super）在英国进行了为期四年的跨文化研究。在1981年，他提出了一个更为广阔的新观念——生活广度、生活空间的生涯发展观。这个生涯发展观，除了原有的发展阶段理论之外，较为特殊的是舒伯加入了角色理论，并将生涯发展阶段与角色彼此间交互影响的状况，描绘出一个多重角色生涯发展的综合图形。这个生活广度、生活空间的生涯发展图形，舒伯（Super）将它命名为"生涯的彩虹图"。

1. 横贯一生的彩虹——生活广度

在一生生涯的彩虹图中，横向层面代表的是横跨一生的生活广度。彩虹的外层显示人生主要的发展阶段和大致估算的年龄：成长期（约相当于儿童期）、探索期（约相当于青春期）、建立期（约相当于成人前期）、维持期（约相当于中年期）以及衰退期（约相当于老年期）。在这五个主要的人生发展阶段内，各个阶段还有小的阶段，舒伯特别强调各个时期年龄划分有相当大的弹性。应依据个体不同的情况而定。

2. 纵贯上下的彩虹——生活空间

在一生生涯的彩虹图中，纵向层面代表的是纵贯上下的生活空间，是由一组职位和角色所组成。舒伯认为人在一生当中必须扮演九种主要的角色，依序是：儿童、学生、休闲者、公民、工作者、夫妻、家长、父母和退休者。

"大周期"，包括成长期、探索期、建立期、维持期和衰退期。里面的各层面代表纵观上下的"生活空间"，由一组角色和职位组成，包括子女、学生、休闲者、公民、工作者、持家者等主要角色。各种角色之间是相互作用的，一个角色的成功，特别是早期角色的成功，将会为其他角色提供良好的基础，为了某一角色的成功付出太大的代价也有可能导致其他角色的失败。

阴影部分表示角色的相互替换、盛衰消长。它除了受到年龄增长和社会对个人发展、任务期待的影响外，往往跟个人在各个角色上所花的时间和感情投入的程度有关。从这个彩虹图的阴影比例中可以看出，成长阶段（0~14岁）最显著的角色是子女；探索阶段（15~20岁）是学生；建立阶段（30岁左右）是家长和工作者；维持阶段（45岁左右）工作者的角色突然中断，又恢复了学生角色，同时公民与休闲者的角色逐渐增加，这正如一般所说的"中年危机"的出现，同时暗示这时必须再学习、再调适才有可能处理好职业与家庭生活中所面临的问题。

（四）克朗伯兹（Krumboltz）的社会学习理论

社会学习理论由班杜拉（Albert Bandura）于20世纪70年代提出，它以行为主义、强化理论和认知信息加工理论为基础。克朗伯兹（Krumboltz）把它引入生涯辅导领域。并提出：个人的社会成熟度在很大程度上依赖于他人行为的学习和模仿，并由此决定了他们的职业导向。

克朗伯兹（Krumboltz）认为有四个因素会影响职业决策：

（1）遗传因素和特殊能力：个人的遗传特质在某种程度上决定了个人的职业表现。

（2）环境因素和实践：来自于人类的活动和自然的力量，通常在个人能力的控制之外。

(3) 学习经验：克朗伯兹认为，每个人都有独特的学习经验，并提出了两种学习类型：①工具式学习经验。②联结式学习经验。个人通过观察真实和虚构的模型，通过对人、事之间的比较来学习对外部刺激做出反应，某些环境刺激会引起情绪上积极或消极的反应。

(4) 任务取向的技能：包括解决问题的能力、工作习惯、心理状态、情绪反应和认知的历程等。

克朗伯兹认为，在个人发展的历程中，上述四种因素会相互作用，形成个人对自我与世界的推论和信念。

(五) 认知信息加工理论

职业决策理论特别强调生涯决策的模式，这种理论认为，即使个人充分掌握了自己的内在特质和外部工作世界的信息，也未必就能做好生涯决定，而人的整个生涯发展过程必须不断面临生涯决定的问题，因此决策在生涯发展中具有重要地位。这里简要介绍认知信息加工（CIP）理论。

1991年，盖瑞·彼得森（Gary Peterson），詹姆斯·桑普森（James Sampson）和罗伯特·里尔登（Robert Reardon）合著了《生涯发展和服务：一种认知的方法》一书，阐述了思考生涯发展的新方法，即认知信息加工理论。该理论提出了信息加工金字塔模型，它包含做出一个职业生涯选择所涉及的各种成分。

金字塔的中部被称为决策技能领域，包含了进行良好决策的五个步骤，即CASVE循环：

·沟通（Communication）（确认需求）：个人开始意识到问题的存在。

·分析（Analysis）（将问题的各组成部分相互联系起来）：对所有的信息进行分析。

·综合（Synthesis）（形成选项）：个人形成可能的解决方法并寻求实际的解决方法。

·评估（Value）（评估选项）：评估每种选项的优劣，评出先后顺序。

·执行（Execution）（策略的实施）：依照选择的方案做出行动。

在金字塔的顶部是执行加工领域。在这里对自身状态进行觉察、监督和调控。通过这个过程，可以思考个体处于CASVE循环中的哪一个步骤，是否需要更多关于自我或者职业的信息，是否已经完成了决策过程，该做哪些调整以及准备何时执行一个选择。

金字塔的最底层是知识领域包含自我知识和职业知识。自我知识包括了解自己的价值观、兴趣和技能，职业知识包括理解特定的职业、学校专业及其组织方式。

在认知信息加工金字塔中，知识领域相当于电脑的数据文件，需要我们进行存储。决策领域相当于电脑的应用软件，对所存储的信息进行加工处理。执行领域相当于电脑的工作控制功能，操纵电脑按指令执行程序，对其下的两个领域进行监控和调节。从这个模型可以，任何一个层次出问题，都会影响职业生涯规划决策的质量。

认知信息加工理论重点关注的是如何决策，它展示了解决职业生涯问题的过程。作为向导，它能够帮助我们认清在制定决策的过程中现在所处的位置和将来的走向，也能够帮助个体提升个人生涯发展的质量。

二、职业选择理论

没有理论指导的实践是盲目的实践，很难取得成功。大学生职业规划是严肃的人生生涯规划活动，因此，必须遵循职业生涯理论作为指导。在这里我们主要介绍四种理论：职业选择理论、职业生涯发展理论、职业适应理论和职业生涯决策理论。

职业选择理论着重从个体的角度探讨职业行为，重视个人的需要、能力、兴趣、人格等内在因素在职业选择与职业发展过程中的作用，该理论倾向于一个人在择业时要尽量做到个人特性与职业特性相匹配。代表理论主要有"特质—因素论"和"人格类型论"。

（一）特质—因素论

特质—因素论最早由美国波士顿大学帕森斯（Parsons）教授 1909 年在其《职业选择》一书中提出，后经美国职业指导专家威廉逊（Williamson）等人进一步发展而完善。理论的核心是强调个人的特质与职业选择的匹配关系（人—职匹配）。该理论基本要点如下：

首先是帕森斯提出了职业选择的三大要素：第一，自我了解：兴趣、成就、能力、价值观和人格特质等；第二，了解职业：职业所需知识、在不同职业工作岗位上所具有的优势、不利和补偿、机会和前途，以及工作薪水、职业分类系统、职业所要求的特质和因素等；第三，整合有关自我与职业世界的知识。帕森斯强调：在做出职业决策之前首先是要评估个人的能力，因为个人选择职业的关键就在于个人的特质与特定行业的要求是否相配；其次是要进行职业调查，即强调对工作进行分析，包括研究工作情形、参观工作场所、与工作人员进行交谈；最后要以"人—职匹配"作为职业指导的最终目标。

在帕森斯职业指导三要素的基础上，威廉逊将其进一步发展完善，以个性心理学和差异心理学为基础，设定每个人都具有自己独特的能力模式和人格特性，而某种能力模式和人格特性又与某种特定职业存在着相关性。基于此，特质因素论形成了著名的职业选择三原则：了解个人特质；分析职业环境；综合职我并进行匹配。

特质—因素论具有重要的理论启示意义，可以帮助我们在进行职业规划时把握好三点：①个别差异现象普遍存在于个人心理与行为中，每个人都具有独特的能力模式和人格特性；②某种能力及人格模式又与某些特定职业相关，每种模式的个人都有与其相适应的职业；③人人都有选择职业的机会，人的特性是可以客观测量的。

(二) 人格类型论

人格类型论是由美国霍普金斯大学授约翰·霍兰德（John Holland）提出的，该理论认为职业选择是个人人格在工作世界的反应和延伸，个人会被某些满足其需要和角色认同的特定职业所吸引。其理论体系如下：

(1) 基本观点。霍兰德类型理论的基本观点是：①职业选择是个人人格的延伸和表现；②个人的兴趣组型即是人格组型；③同一职业团体内的人有相似的人格，因此他们对很多的情境与问题会有相类似的反应方式，从而产生类似的人际环境；④在社会文化中，大多数人的人格都可以分为六种类型：实际型、研究型、艺术型、社会型、企业型与传统型。每一特定类型人格的人，便会对相应职业类型中的工作或学习感兴趣。人所处的环境也可以区分为上述六种类型。

霍兰德认为个人的行为取决于人格和所处的环境特征之间的相互作用，只有当人格类型与环境或职业类型相容或相近，才能达成类型与环境的"和谐"。基于以上观点，霍兰德提出了四项核心假设和三个辅助假设。

(2) 四项核心假设。

假设一：在我们的文化里大多数人可以被归纳为六种类型：现实型（Realistic Type，R）、研究型（Investigative Type，I）、艺术型（Autistic Type，A）、社会型（Social Type，S）、企业型（Enterprising Type，E）和传统型（Conventional Type，C），这六种类型按照一个固定的顺序可排成一个六边形（RIASEC）。

假设二：社会环境中有六类职业：现实型（R）、研究型（I）、艺术型（A）、社会型（S）、企业型（E）和传统型（C）。同样，这六大职业类型，按照一个固定的顺序也可排成一个六边形（RIASEC）。

假设三：人总是寻找适合个人人格类型的环境，锻炼相应的技巧与能力，从而表现出各自的态度及价值观，面对相似的问题的人群，会扮演相似的角色。

假设四：一个人的行为表现，是由他的人格与他所处的环境交互作用决定的。

(3) 三个辅助假设。

一致性：指类型之间在心理上一致的程度。譬如，艺术型 A 和社会型 S 在性格特征上比较接近，我们称这两种类型的一致性高。而传统型 C 和艺术型 A 的一致性则明显偏低。各类型的一致性程度可以用它们在六边形上的距离表示：一致性高的，它们在六边形模型上的位置是相邻的，如 RI、RC 等；一致性中等的，它们在六边形模型上的位置是相隔的，如 RA、RE 等；一致性低的，它们在六边形模型上的位置是相对的，如 RS 等。见表 5-1。

表 5-1　　　　　　　人格类型与环境或职业类型适配表

人格类型	特 征	职业类型
现实型 (R)	喜欢从事户外工作或操作机器。通常比较现实，身强体壮，擅长机械和体力劳动。具有传统的价值观，倾向于用简单、直接的方式来处理问题，不善于用言语表达自己的情感。	通常是那些对物体、工具、机器及动物等进行操作的工作，如制造、机械、农业、技术、林业、特种工程师、渔业、野生动物管理和军事工作等等。
研究型 (I)	喜欢研究那些需要分析、思考的抽象问题。如数学、物理、生物和社会科学等等。这一类型的人虽然常隶属于某一研究团体，但他们喜欢独立工作，一般会以复杂、抽象的方式看待世界，并倾向于用理性和分析的方式来处理问题。性格特征为：聪明、好奇、具有创造性和批判性。	通常是指那些对物理学、生物学或文化知识进行研究和探索的职业。主要职业有：实验室工作人员、生物学家、化学家、社会学家、工程设计师、物理学家和程序设计员等。
艺术型 (A)	喜欢自我表达，喜欢在写作、音乐、艺术和戏剧等方面进行创作。他们通常会尽力避免那些过度模式化的环境。他们喜欢将自己完全投注在自己所制定的项目中。性格特征是善于表达，有直觉力，具有想象力和创造力，具有表演、写作、音乐创作和讲演等天赋，与他人交往更富于情感和表达。	通常指那些进行艺术、文学、音乐和戏剧创作的职业。职业主要有作家、艺术家、音乐家、诗人、画家、演员、戏剧导演、作曲家、乐队指挥等。
社会型 (S)	喜欢与人合作，关心他人幸福，愿意帮助别人解决困难、传达信息。性格特征为易合作、友好、仁慈、随和、机智、善解人意。	主要是那些与人打交道的工作，如教导、培训、治疗或启发人的心智等。主要职业有教学、社会工作、宗教、心理咨询和娱乐等。
企业型 (E)	喜欢领导和控制别人，追求高出平均水平的收入，希望成就一番事业。这样的人多从商或从政；管理型的人通常精力充沛、自负、热情、自信，具有冒险精神，能控制形势，擅长表达和领导。	通常是指那些通过控制、管理他人而达到个人或组织目标的职业。主要有商业管理、律师、政治领袖、推销商、市场经理或销售经理、体育运动策划者、采购员、投资商、电视制片人和保险代理人等。
传统型 (C)	喜欢规范化的工作或活动，喜欢整洁有序，乐意在组织中处于从属地位、跟随大流。性格特征为细心、顺从及依赖、有序、有条理、有毅力、效率高等特征。	通常是指那些对数据进行细致有序的系统处理的工作，如会计、银行出纳、图书管理员、秘书、档案文书、录入、档案管理、信息组织和机器操作等。

区分性：某些人或某些职业环境的界定较为清晰，较为接近某一类型，而与其他类型相似甚少，这种情况表示区分性良好；若某些人与多种类型相近，则表示他们的区分性较低。

适配性：指人格类型与职业类型的匹配程度。适配性的高低，可以预测个人的职业满意度、稳定性及职业成就。如研究型的人需要有研究型的职业环境才适宜他发展。

三、职业发展模式

（一）职业生涯规划与职业发展战略

1. 职业生涯规划与职业发展战略的关系

职业生涯规划指的是个人和组织相结合，在对一个人职业生涯的主客观条件进行测定、分析、总结研究的基础上，对自己的兴趣、爱好、能力、特长、经历及不足等各方面进行综合分析与权衡，结合时代特点，根据自己的职业倾向，确定其最佳的职业奋斗目标，并为实现这一目标做出行之有效的安排。其实我们可以从更高的战略层面来看待人才的职业发展规划，把个人当做企业一样去经营，由此得出职业发展战略。企业发展战略的目标是获得利润与市场空间，并保持持续健康发展，而职业发展战略的目标则是赢得人才市场的空间，获得最大的价值回报，个人可以不断增值与发展。职业发展是个人成长、发展的过程，其中既包括量的变化，也包括质的变化。职业发展战略更多是考虑如何获得质的变化。可以说，职业发展战略是关于职业发展的一种谋略，它有四项本质特征：整体性、长期性、基本性、谋略性。整体性是相对于局部性而言的、长期性是相对于短期性而言的，基本性是相对于具体性而言的，谋略性是相对于常规性而言的。职业发展战略必须同时具有这四个特征。

职业发展战略不是职业生涯规划，它是职业生涯规划的方向、灵魂与纲领，指导职业生涯规划，职业生涯规划落实职业发展战略。前者是纲举目张。职业生涯规划更多考虑的是从自身状况与目前情况。职业发展战略更多的是考虑市场状况与未来情况，更具高度性与前瞻性。

2. 职业发展战略的内容与目的

职业发展战略包括三项内容：一是确定目的地。这就是职业发展的最终目标，就像是达到一座山峰的顶点。二是确定基本路线。就是通过什么路径到达山峰的顶点。三是确定职业经营模式。怎样调动与整合资源支持职业战略目标的实现，采取不同的运作模式会有截然不同的效果。

职业发展战略的目的主要是针对市场而言：一是确保市场竞争力，个人具有较高的市场价值，和较强的竞争优势，使企业愿意为之支付较高的薪酬；二是确保市场稀缺性。这种拥有特殊的才能与资源，能够创造独特的价值。我们通常会发现在某些领域做得炉火纯青、登峰造极的人才往往是阳春白雪、屈指可数。

（二）影响职业发展战略的三大维度

1. 宏观环境、宏观经济、行业发展

国内外宏观经济发展是前提性因素。比如在经济兴旺时期比经济危机时期个人的职业发展机会就明显多。另外，经济发展状况不同的区域会对职业发展也有着差异性影响。比如在沿海地区与内陆地区、省会城市与二三线城市职业机会就很不一样。把握经济大环境，做好工作区域的选择是职业发展的第一步。同样的人才在不同的环境下其得到的发展机会有着很大的区别。

其次，行业发展状况对个人职业发展也有着重要性影响，包括该行业在社会经济发展中的地位与作用，行业所处的发展周期，在未来几年内有没有重大的利好因素或发展契机等。比如通信行业处于成熟发展期，基于3G牌照的发放与TD技术的应用，在3~5年内面临着巨大的发展契机，人才需求也逆风而上。而房地产行业虽然占国家经济比重很大。但近两年处于调整期，个人发展也存在众多不确定性因素。

2. 中观环境：公司业务、管理水平，这是企业发展的原动力。一个业务快速发展的企业能够给个人创造更多的职业机会。企业是否具有较好的产品附加值与增长性，近几年产品的销售额与毛利率如何，这些都决定了企业与个人的收益状况。企业的业务是否具有市场普遍性，对于个人后续发展也有一定的影响。因为其他企业会侧重考虑从事过相同业务的人才。

其次，公司的管理水平、职业化程度，包括有战略眼光、经验丰富并且专业务实的管理层、统规范、专业严谨的流程和制度、崇尚客户导向、市场导向与结果导向、公平公正的用人环境与相对简单的人际关系等，这些内部环境影响着员工的成长发展空间。

3. 微观环境

专业前景、团队与领导。该人才所从事的专业领域发展前景如何，是否具有较高的企业价值与市场价值。该专业职位在企业内是否属于核心业务链条上的关键环节，或处在企业重视的部门中，该专业职位在社会上的可平移性如何，即随着个人专业技能与经验的提升，个人的市场竞争能力与价值能否得到提升。

其次，有没有一个专业、经验丰富并与该人才风格匹配的领导很重要。该领导在公司内的地位如果比较重要，可以为所在部门争取更多的资源，其专业水平与经验程度直接影响了下属的能力提升，其能与下属很好的沟通合作，形成优势互补就会产生1+1＞2的倍增效果。除了领导外，还要考虑所在团队风格是否适合该人才，比如有的人喜欢比较有活力与激情的环境，有的人喜欢平和稳定的环境，这会在一定程度上影响个人的工作积极性与才能的发挥。

（三）勾勒战略性的职业竞争优势轨迹

（1）三个层次的职业战略目标，职业发展战略关心的问题是职业发展过程中如何实现各阶段的核心目标，在既定的时间内达到既定的层次，形成该阶段应该具备的优势。被称为"风靡华人圈的工作圣经"的《工作DNA》一书将人的职业发展分为以下三个阶段，并用三种动物来表示：基层——小鸟、中层——骆驼、高层——鲸鱼。

基层——小鸟，小鸟代表刚进入社会不久的新人，像开始学习飞翔的小鸟，面对广阔的天地，机会无穷。这个阶段要认清发展方向，明确人才到底要如何成长，多去历练翅膀，修炼职场内功。这个阶段所处的年龄阶段是20~30岁。

中层——骆驼。骆驼代表公司或组织里的中坚干部，累积了足够的经验与能力，承担着较沉重的工作与生活负担，在茫茫的沙漠中默默行走。这个阶段，要坚持正确的前进方向，形成该人才的做事原则与风格——稳健、耐劳、沉静并享受工作。这个阶段所处的年龄阶段是30~40岁。

高层——鲸鱼。鲸鱼代表公司或组织的高层决策者、领导者，眼界与境界都大不相同。可以在海洋中恣意遨游。这个阶段要着眼长远、蓄养气势、讲究策略、预知风险并掌控全局。这个阶段所处的年龄阶段是40~50岁。

(2) 构建职业竞争优势的核心原则：延续性与相关性原则。如果人才在特定的行业、企业与专业领域付出了一定的时间与心血，就建议其不要轻易放弃，尽量沿着相关的方向去发展，逐步积累竞争优势，否则就成了沉没成本。比如一个人才在房地产行业、国有企业、销售经理职位工作了三年，工作绩效还不错，证明该行业与职业是相对比较适合该人才的，沿着这个路径发展就容易获得更高的职位与报酬。

进入一个新的领域就意味着较大的风险。所以，当考虑职业转换的时候，应沿着主轴线不变，某个别因素上进行微调，比如上面的例子，可以往规模更大的地产企业销售部经理或销售总监职位发展。如果想改变一下状态，也可以进行微调，例如民营房地产企业的营销经理或营销总监职位。

复合型竞争优势原则。盘点人才的核心优势，尽量把多重专长、能力或资源进行组合，形成该人才的特有竞争模式，并在职业发展过程中有意识地选择有利于该模式发挥的空间。举个例子，某个人才从事培训有五年的经验，并且一直在外企工作，其英语能力、人际交往能力特别强，所以其应该把"外企+英语+培训+人际交往"作为一个竞争优势组合，寻找需要类似才能组合的工作平台。在一个公司里，职业人士一定要明确自己的定位，根据自身实际确定核心竞争优势，使其淋漓尽致的得到发挥，同时培养辅助的竞争优势，最终达到竞争优势的有机组合。

一个典型的职业发展模式就是：用专业能力，或优势带动综合素质的提升。比如有的人是专业型人才，专业能力很突出，但管理能力与沟通协调能力是短板，随着其工作资历的增加，他必然面临职业发展的瓶颈。在这种情况下，他可以在借助发挥专业优势的同时多尝试一些其他工作，比如带领新人、培训授课、外部考察等，利用这些机会在综合管理能力方面得到提升，逐步走上管理岗位。

曲线上升、往高层次靠拢原则。如果职业转换后仅仅与原来的工作持平，就是不成功的职业转换。必须达到更高的职业层次，实现质的飞跃，包括在工作区域、企业规模与品牌、职位、薪酬、资源等方面形成曲线上升的发展趋势，才称得上有价值的转换。有些人离职往往是因为工作压力大、地点远、薪酬低、与领导合不来等因素，没有充分衡量离职对职业发展的长远影响。要为了更好的发展前景而转换，而不要为了不满意现状而转换。前者是着眼未来，后者是盯住过去。一般情况下，三到五年是职业的黄金分割期。即在某企业或工作职位上工作三年以上、五年以下是比较适合的。

绩效、价值与影响力为本原则。所有竞争优势的培养都是基于人才所在公司的业绩与绩效，没有业绩与绩效一切都是空谈。本职工作是人才能力提升的最好平台。要全身心地投入本职工作，在既定工作岗位上开拓更宽广的空间，创造出更多的价值，在为公司做贡献的同时实现个人的价值。

（四）构建个性化的职业竞争优势模式

1. 硬模式：纵线不变，持续提升专业能力

行业层面。如果该人才喜欢某个行业，对某个行业比较有感觉，或者认为该行业有发展前景，最好尽可能在同一个行业发展。因为对一个行业的熟悉与了解都是需要时间的。行业知识与资源的积累以及对行业发展规律的把握都是很有价值的，这是刚步入该行业的新人所不能比拟的。当然，每一个行业都有其高低潮或兴衰变化，但这个过程中行业总会有新的发展机遇出现，把握住行业发展的主旋律，就能创造出不一样的成绩。比如传统农业与高新技术的应用相结合，传统餐饮业与品牌连锁经营相结合。

企业层面。从过去的经历中分析该人才适合什么样的企业，包括企业的性质、规模、品牌等。比如有的人适合在外企，有的人适合在民营或国有企业，有的人适合在大企业，有的人适合在小企业。如果该人才在某一个企业工作时间较长，比如达到三年以上，证明该人才是比较适合该企业环境的，如果进行职业转换，应尽量选择与原公司较为接近的环境。这样转换的风险就会比较小。

专业层面。这是最为核心的要素，就是该人才所适合从事的专业领域，认准该人才的专业领域。建议其不要离开它。这个专业领域可能是与该人才在学校所学专业相关的，也可能是无关的，它可能比较精细化。比如财务、人力资源、销售或研发等。在职业发展过程中最忌讳的是贪多求全，遇到新的发展机会就跳出原来所在的专业领域，到一个从未接触的领域从零开始。这其实带有很大的风险性。建议每个人尽早锁定一个专业领域，持久的发展下去。不要离开它，除非是已经确定该领域确实不适合该人才。

技能层面。如果某些核心技能是该人才兴趣或者天赋所在，那么把它当作珍贵的树苗，用心培育它，逐渐就会成为根深叶茂的参天大树，能为该人才遮风挡雨。比如有的人英语特别好，或者计算机技术强、写作能力强、策划创意强、人际交往能力强等，尽量在能够发挥人才技能与特长的环境与平台上发展，该人才会发现自己比一般人做得更出色、更开心。

由以上几个方面，我们可以确定职业竞争优势的硬模式，及行业+企业+专业+技能。比如通信行业+民营企业+营销专业+写作水平、金融行业+上市公司+投融资专业+英文。这种硬模式体现了人才的"硬实力"往往是人才获得企业青睐的首要条件。

2. 软模式：横向变化，多方提升综合素质

当我们在行业、专业等领域的纵线上发展的过程中，还要注意在横线上的发展。也

就是我们常说的深度与广博结合的"T"字形发展方式。如果我们长时间在单一的环境下从事一成不变的工作，得到的进步是很有限的，长远发展也会受到制约。相反，如果我们把接触面扩大，在不变的基础上利用变化的机会尽可能地锻炼自己，让自身综合能力不断得到提升，形成职业竞争优势的软模式，最后达到全面发展的目标。

能力层面。能力包括一个人的通用能力与专业能力，通用能力就是一个人的综合素质，具有普遍适用性的能力。比如逻辑思维能力、学习能力、沟通能力、适应能力、人际交往能力。而专业能力是与胜任岗位工作相关的，比如人力资源职位需要人才甄选能力、销售职位需要影响能力、采购职位需要谈判能力等。

个性层面。人的个性是相对稳定的。不同个性的人适合在不同的环境、从事不同的工作、与不同的人搭配。所以，分析该人才的个性类型，寻找与该人才比较匹配的组织与团队，并从事与个性相吻合的职位很重要。比如个性外向就适合在氛围活跃的公司与团队，从事室外或与人交往较多的工作。

资源层面。在信息化年代，资源就是一个人的优势。比如人脉网络、信息渠道等，在关键的时候可能会起到重要的作用。有的人具有信息敏感度，善于整合资源，比如本行业、相关行业、专业领域的资源等，这些都有利于把工作做得更好。

由此我们可以构建职业竞争优势的软模式，即"能力＋个性＋资源"。比如，专业规划能力＋管理能力＋外向个性＋HR专业资源、人际沟通能力＋营销能力＋务实风格＋行业信息渠道。软模式体现的是人才的"软实力"。如何才能不断提升这种软实力呢，它需要一些横向的历练，包括职能的跨越、层级的跨越、企业内外的跨越。比如该人才是做人力资源招聘工作的，有机会去业务一线实习就能很快提升软实力；如果该人才的直接上司离职了，出现一个职位空缺，暂时让该人才负责上司的工作，这也是很好的锻炼机会。这种"类职位"的出现往往是个人发展的重要机遇。如果能多参加企业外部的活动，比如专业培训、研讨会、沙龙等，都会给个人带来质的变化与成长。

3. 坚持不懈地运作职业竞争优势模式

由此我们可以看出，一个人的职业竞争优势模式＝硬模式＋软模式。每个人都需要前瞻性有意识地进行构建。当我们形成自身的职业竞争优势模式以后，在工作过程中要坚持不懈地去运作与加强该模式，比如有个销售人员采取"专业能力＋管理能力＋行业资源＋个人品牌"的模式，他在销售专业方面积累了丰富的经验，在一个基层管理上锻炼管理能力，有着丰富的客户资源，在行业内已形成一定的个人品牌。他充分利用这几个方面的优势，不断去提升加强，最终形成自己独特的竞争能力。

职业竞争优势模式的构建是分析宏观经济环境、行业环境、人才市场环境与需求的基础上，结合个人的兴趣、思维特点、能力优势、个性特点、成长发展环境、结合外部环境、综合分析确定的。每个人都可以创造出个性化的竞争优势模式。比如唐骏的优势模式可以概括为：

硬模式＝综合性高利润行业＋超大型待上市企业＋职业经理人＋资本运作

软模式＝目标＋权/利观＋沟通＋心态

这种独特的模式使其形成职业经理人的标杆，企业愿意为这类高度稀缺的人才支付高薪。其他成功人士比如任正非、柳传志、史玉柱、马云、张朝阳等，都有着各自独一无二的模式。一个人的职业成功是职业模式的成功。职场竞争最本质的是职业模式的竞争，人与人的差别归根到底是人生模式的差别。

在职业发展战略与竞争优势模式的落实与实施过程中，专注是非常重要的。专注是一种强大的力量，可以积土成山、滴水穿石、跬步千里。巴菲特自己把他的成功归结为"专注"，他除了关注商业活动外，几乎对其他一切如艺术、文学、科学、旅行、建筑等全都充耳不闻，

因此他能够专心致志追寻自己的激情。海尔 CEO 张瑞敏的在一次演讲发言说："管子有句话叫'执一不失，能君万物'。'一'代表目标，只要目标不偏离，你就可以驾驭一切。"任正非在《华为基本法》第 1 条就明确了"为了使华为成为世界一流的设备供应商，我们将永不进入信息服务业"。只要我们能够站在人生的高度，以宏观的视野，用战略远见与深度的剖析，勾画出属于人才的职业发展战略轨迹，确定适合人才的职业竞争优势模式。人才若能数年如一日的用心经营该优势模式必能铸造独特的竞争优势，体现独一无二的价值，在职业发展的道路上实现自己的理想与目标。

四、员工的职业生涯管理策略

在职业生涯发展中，从员工的个人角度出发，其职业生涯发展阶段可分为早期、中期和晚期三个不同的阶段。不同的职业生涯阶段有不同的特点和问题。因此，组织在进行职业生涯管理时，应该针对员工不同阶段特征和问题进行管理，才会取得较大成效。

（一）员工早期职业生涯管理

1. 员工早期职业生涯特点

职业生涯早期主要是指进入职业前的职业选择、职业培训到进入组织这一段时期，这一阶段员工正处于 20~30 岁之间。

了解员工早期职业生涯的个人特点，是企业确立职业生涯管理办法的基础。

2. 职业生涯早期常见问题

在员工职业生涯早期，个人对组织了解不深，与上司、同事、团队之间尚不熟悉，处于相互适应期，因此，可能会引起一些矛盾和问题。上述问题的存在，有时会造成严重的消极后果，这些后果主要包括四个方面：

（1）阻碍员工个人职业生涯发展。

（2）造成企业人力资源投资的浪费。

（3）造成企业人才流失或人才被埋没。

（4）破坏组织文化。

3. 企业对员工早期职业生涯管理

从企业的角度出发，可以采用以下六种办法对员工的早期职业生涯进行管理。新员工往往缺乏实践经验，因此，为了让新员工尽快地熟悉工作，主管应该主动关心新员工，了解他们的优点和缺点，有针对性地进行引导，帮助他们取得更好的工作成绩。这样不仅可以达到融洽上下级关系的目的，而且还能为以后的合作共事奠定良好的基础。

4. 帮助员工确立职业生涯目标

主管在帮助员工设立职业生涯目标时，一方面要结合员工的表现，另一方面还要适当地观察员工工作以外的其他特点。

5. 给员工制定职业生涯规划

对员工有一定了解后，组织应着手替员工进行职业生涯规划。在替员工进行职业生涯规划时，一般可以做职业生涯规划表。

6. 进行相关培训，促进员工社会化

培训是一种有效促进员工社会化的方式，组织通常选择与员工的适应和发展相关的内容进行培训。培训的内容包括组织历史、组织使命、组织结构与组织老成员交谈等。

7. 支持员工进行职业探索

员工对自我的认识有一个探索过程，不论是专业技术人员还是管理人员都不例外。为了使工作岗位更适合员工，组织应该提供各个职位空缺的信息，并进行广泛的传播。让对职位有兴趣的员工都有机会参与职位竞争，进行发现那些有潜力的员工。

（二）员工中期职业生涯管理

1. 员工中期职业生涯特点

员工经过职业生涯早期后，必然步入职业生涯中期阶段。职业生涯中期的界定主要有两种方法。一种方法是根据个人的职业生涯发展的状况来区分，即从立业到退休的一段时期；第二种方法是根据年龄阶段来划分，即30～50岁。了解员工中期职业生涯的个人特点，是企业确立职业生涯管理办法的基础。

2. 职业生涯中期常见问题

（1）员工中期职业生涯遇到"瓶颈"。员工步入中年，职业生涯发展机会减少，而个人的发展愿望没有得到满足，企业组织结构成为制约员工发展的主要瓶颈。

（2）员工出现中期职业生涯危机。职业生涯中期阶段，是人生的关键时期。如果职业生涯不成功，就会导致人心里受挫，个人对自己的职业发展产生困惑，形成了所谓的职业生涯中期危机。

（3）工作与家庭产生冲突。在职业生涯上升期，家庭也需要投入，从而产生工作和家庭的冲突，工作和家庭的冲突表现为三种基本形式，即时间性冲突、紧张性冲突和行为性冲突。工作与家庭的冲突可以产生一些不良的后果。

（4）压力大，健康状况不佳。由于当今社会注重业绩表现，因此，经过了多年辛勤劳动的中年人，仍然要积极进取，迎接年轻人的挑战，以便巩固自己的经过辛勤劳动换来的地位。

3. 企业对员工中期职业生涯管理

企业在对员工的中期职业生涯进行管理时，必须通过一系列措施帮助员工完成自我实现，使员工充分发挥自己的潜能并获得职业生涯成功；同时企业也获得了员工做出的贡献，这有利于企业自身的发展和目标的实现。

（三）员工晚期职业生涯管理

1. 员工晚期职业生涯特点

在西方，职业生涯晚期通常是指 45~60 岁这一段时期；在我国，职业生涯晚期通常是指退休前的 5~10 年左右的时间。了解员工晚期职业生涯的个人特点，是企业确立职业生涯管理办法的基础。

2. 职业生涯晚期常见问题

（1）经济上和心理上的不安全感。

（2）面临职业生涯的终结，不适应退休后的生活。

（3）身体机能衰退和老化，抵抗力下降，疾病增多。

案例

诸葛亮的人职匹配

诸葛亮躬耕隆中，在十多年的耕读时光里，他对自己未来的生涯发展有过深思熟虑。从自身条件来讲，诸葛亮有过人的学习能力，他精通儒、法、道、杂等诸子经典，对天象、地理、土木工程、易经、兵法也有相当的研究，知识渊博，文武兼备，常常自比管仲、乐毅，这表明诸葛亮的志向是做一个规划和管理人才，因为这是他的特长。从外部环境来看，当时各路英雄豪杰中，刘备是比较特殊的一个。一方面，他有雄才大略，仁慈而注重人才；另一方面，他却连自己的根据地都没有，凭着几个肝胆相照的文武将佐寄人篱下。其颠沛流离的症结是缺乏管理型大师，而这正是诸葛亮的"对口"职业。所以诸葛亮抱定志向辅佐刘备，演绎了他富有传奇色彩的一生。

问题：

诸葛亮的故事对你有何启示？

项目六 业绩考核与评价

引导案例

A银行的绩效考评

A银行是一家民营银行，经过几年的努力，在业内已具有较高的知名度并是了较大的发展。该银行无论在对管理的重视程度上还是在业绩上，都是比较不错的。由于国内外大环境的变化，该银行面临着众多挑战。为此，银行从前几年开始，就着手从管理上进行突破。

绩效考核工业是银行重点投入的一项工作。银行的高层领导非常重视，人事部具体负责绩效考核制度的制定和实施。人事部是在原有的考核制度基础上制定出了《中层干部考核办法》。在每年年底正式进行考核之前，人事部又出台当年的具体考核方案，以使考核达到可操作化程度。

A银行的做法通常是由银行的高层领导与相关的职能部门人员组成考核小组。考核的方式和程序通常包括被考核者填写述职报告、在自己单位内召开全体员工大会进行述职、民意测评（范围涵盖全体员工）、向科级干部甚至全体员工征求意见（访谈）、考核小组进行汇总写出评价意见并征求主管副总的意见后报银行总经理。

考核的内容主要包含三个方面：被考核分行的经营管理情况，包括该分行的财务情况、经营情况、管理目标的实现等方面；被考核者的德、能、勤、绩及管理工作情况；下一步工作打算，重点努力的方向。具体的考核细目侧重于经营指标的完成、政治思想品德，对于能力的定义则比较抽象。各分支行都在年初与总行对自己部门的任务指标进行了讨价还价的过程。

对中层干部的考核完成后，银行领导在年终总结会上进行说明，并将具体情况反馈给个人。尽管考核的方案中明确说考核与人事的升迁、工资的升降等方面挂钩，但最后的结果总是不了了之，没有下文。

对于一般员的考核则由各部门的领导掌握。分行的领导对于下属业务人员的考核通常是从经营指标的完成的情况来进行的；对于非业务人员的考核，无论是总行还是分行，均由各部门的领导自由进行。通常的做法是，到了年度要分奖金了，部门领导才会对自己的下属做一个笼统的排序。

这种考核方法使得员工的参与程度较高，颇有点儿声势浩大、轰轰烈烈的感觉。银行在第一年进行操作时，获得了比较大的成功。由于被征求了意见，一般员工觉得受到了重视，感到非常满意。领导则觉得该方案得到了大多数人的支持，也觉得满意。但是，被考核者觉得自己的部门与其他部门相比，由于历史条件和现实条件不同，年初所定的指标不同，觉得相互之间无法平衡，心里还是不服。考核者尽管需访谈300人次左右，忙得团团转，但由于大权在握，体会到考核者的权威，他们还是乐此不疲。

进行到第二年时，大家已经丧失了第一次时的热情。第三年、第四年进行考核时，员工前两年考核的结果出来后，业绩差或好的领导并没有任何区别，自己还得在他手下干活，领导来找他谈话，他也只能敷衍了事。被考核者认为年年都是那套考核方式，没有新意，失去积极性，只不过是领导布置的事情，不得不应付。

现代经济理论认为，经济增长的主要途径取决于以下四个方面的因素：新的资本资源的投入；新的可利用自然资源的发现；劳动者的平均技术水平和劳动效率的提高；科学的、技术的和社会的知识储备的增加。其中后两项与人力资源密切相关，均由人力资源的质量起决定性的作用，因此，经济学家也与人力资源密切相关，均由人力资源的质量起决定性的作用，因此，经济学家也将人力资源称为第一资源。绩效考评是现代人力资源管理的核心任务之一，它是以评价作为主要的手段和方法，是任何一项人力资源开发与管理活动的基础。作为人力资源管理最重要的管理工具之一，绩效考评是员调任、升迁、加薪等在人事决定的主要参考指标来源，也是实施员工激励的重要基础。对员工进行绩效考评是发挥其能动性、主动性、积极性、创造性的重要保证，从而为员工贯彻执行领导层的决策奠定了基础。作为特殊的企业，其经营业务的特殊性及其在国民经济中所处地位的特殊性决定了其员工绩效考评制度的建立既有一般企业的共同特征，又要考虑到其作为的特殊需求。

一、绩效考核概述

（一）绩效考评的含义

从管理方面考虑，"绩效"一般包含两个方面的内容。一方面，是指员工的工作结果。其中，员工的绩效具体表现为完成工作的数量、质量、成本费用以及为企业做出的其他贡献。另一方面，是指影响企业员工工作结果的行为、表现及素质。考评是考核和评价的总称。绩效考评，就是针对每个员工履行职务的程度以及担任更高一级职务的潜力，应用各种科学的定性和定量的方法，对员工行为的实际效果及其对企业的贡献、价值进行有组织的并且是尽可能客观的考核和评价的过程。绩效考评作为一种衡量、评价、影响员工工作表现的正式系统，可起到检查及控制的作用，并以此来揭示员工工作的有效性及其未来工作的潜能，从而使员工自身、和社会都受益。简而言之，它就是由管理者或相关人员对员工的工作进行系统的评价。

（二）考评类型

（1）按考核的目的分为：培训考核、发现考核、奖励考核、晋升考核、淘汰考核等。

（2）按考核的重点分为：行为表现考核、素质要素考核、业绩考核、潜力考核等。

（3）按考核的特点分为：重点考核和全面考核。全面考核主要用于员工评优、员工考评与提拔，工作表现与业绩结果要考评；重点考核是有选择的考核某一项目，以满足特定需要。

二、绩效考评系统设计

对这一特殊行业来说，如果能有效考评员工绩效，则不仅要掌握个别员工对企业的贡献或不足，更可在整体上为人力资源的管理提供决定性的评价资料。由于这个评价体系是非孤立的、不完全固定的，并且受多种因素影响，与多种因素相互作用，我们称之为"绩效考评系统（EEPAS）"。

要建立良好的绩效考评系统，必须做到以下几点：

（1）确立的发展目标及其对人力资源管理的要求。

（2）进行工作分析，确定各项工作的职责和责任，并以此为基础开发相应的绩效考评标准。选择恰当有效的考评方法来评价员工的工作表现和工作成果。

（3）选择恰当有效的绩效评估方法来评价员工的工作表现和工作成果。

（4）在评价之前对员工传达对其工作成果的期望。

（5）建立与工作绩效相关的反馈机制。

（6）评价绩考评系统对达到既定目标的有效程度，对绩效考评系统做必要的修订。

具体来说，员工绩效考评的方案有以下几种：

1. 工作业绩考评

企业是由不同类别和层次的员工组成的，如管理人员、一线操作人员等。在管理人员当中也分不同层次，如高层管理人员、中层管理人员、专业人员、基层管理人员及一般管理人员等。他们分别承担不同的工作，具有各自不同的工作标准和规范，因此，对他们的考评就应该分层来进行。如高层管理人员工作业绩的好坏，主要通过其所管理的团队业绩来体现，而基层管理人员的工作业绩，则通过其完成本岗位的工作的数量、质量、效度、效果和难度来体现。据此，对员工工作业绩的考评，应按层次不同设定不同的考评内容，采用不同的考评办法。

（1）高层管理人员工作业绩考评。高层管理人员是企业经营决策者，其行为直接关系到所领导的团队绩效水平的高低，所以，考评高层管理主要负责人的工作业绩就可直接等同于其所在团队的考评结果。由于高层管理副职人员的工作业绩主要体现在其分管的工作上，因此，对高层管理副职人员工作进行业绩考评，就需要在考评其所在团队绩效的同时，考评其所分管工作的完成情况。

鉴于高层管理副职人员所分管工作的完成情况最终反映在所分管部门的业绩水平上，因此，对副职人员工作业绩的考评内容应加上对"所分管部门综合业绩评估平均水平"的考评。具体考评方法是：算出被考评人所分管部门参与本行各部门综合业绩评估的平均得分，再按照偏离度分析方法，计算被考评人该项实际得分。即：

被考评人所分管部门在各部门团队考评中综合业绩评估的平均得分＝该项满分分值/所分管部门在各部门综合业绩评估中平均得分为第一名的被考评人该项得分×被考评人所分管部门在各部门综合业绩评估中的平均得分。

其中，被考评人所分管部门综合业绩评估平均得分＝被考评人所分管部门综合业绩评估得分/被考评人所分管部门个数。

（2）中层管理人员工作业绩考评。中层管理人员在起着上传下达的"桥梁"作用，是经营的主要参与者，他们的工作成效直接关系到所在部门能否完成所下达的业务指标和工作任务，关系到所在部门在与同级各部门相比较得出的业绩综合评估等次的高低，也关系到完成上级银行下达的综合经营计划程度。此外，中层管理人员工作业绩的高低还反映在所在部门参加单位岗位培训以及提出合理化建议被采纳的情况等方面。中层管理副职人员工作业绩的高低还反映在完成所分管工作的工作数量、质量、效率、效益以及工作难度上。因此，考评中层管理人员工作业绩，应主要考评以下方面：

第一，所在部门团队考评结果。所在部门团队考评结果主要包括四部分内容：利润/成本核算、业绩评估、团队管理、风险控制。在考评员工人时，只需利用团队考评结果即可。依据对"所在部门考评结果"所设定的满分分值、所在部门团队考评得分和同类各部门团队考评的平均得分，计算该项得分。中层管理人员该项考评得分＝所在部门团队考评得分×该项满分分值/同类各部门团队考评的平均得分。

第二，所在部门完成上级下达的经营计划或成本节约情况。一般按职能分为两大部门，即业务管理及经营部门、行政管理部门。业务管理及经营部门的主要工作任务是完成各项业务指标，为创造利润；而行政管理部门不直接创造利润，但通过降低管理成本和费用，也可以间接创造利润。因此，对业务管理及经营部门而言，主要考评其完成上级下达的业务指标情况；行政管理部门主要考评其成本节约情况，即考评其能否有效控制成本，以最小的投入取得尽可能多的收益。

第三，所在部门参与各类岗位培训情况。随着经营种类的多样化，加大对员工的岗位培训力度，提高员工业务及知识水平，已成为银行提高竞争力的一个重要手段。对岗位培训重视与否，关系到本部门人员素质是否适应银行迅速发展的业务需求，也关系到一个部门工作业绩的好坏。因此，考评中层管理人员工作业绩，必须要考评其所在部门参与各类岗位培训情况。

第四，所在部门提合理化建议被采纳情况。合理化建议指针对本单位或本部门存在的问题，提出改进意见，或提出有利于本单位或本部门发展的见解。鼓励、提倡本部门员工提合理化建议,对促进本部门工作乃至对促进管理与经营水平的提高,都有着十分积极的意义。为创造、形成一个人人参与为发展献计献策的良好氛围,应将"所在部门提合理化建议被采纳情况"列为考评中层管理人员工作业绩的一项内容。

第五,工作数量、工作质量和工作难度考评。此项是针对中层管理人员副职人员而设置的,目的是客观、真实地反映副职人员因分管工作任务不同而导致的其工作业绩上的差异。

(3) 基层管理人员及一般员工工作业绩考评。基层管理人员及一般员工是经营发展目标的具体实现者,其工作业绩的好坏是决定所在团队业绩高低的重要因素。但是,由于基层管理人员及一般员工绩效与所在团队绩效考评结果的关系不像高、中层管理人员那样直接,分析基层管理人员及一般员工工作业绩的高低应主要从他们履行本岗位职责的情况入手。这是因为基层管理人员及一般员工工作业绩高低主要通过其履行本岗位职责以及完成本岗位工作的情况来体现。同时由于被考评人主管最清楚、最了解基层管理人员及一般员工履行本岗位职责情况;因此,应由基层管理人员及一般员工的主管,从工作数量、工作质量、工作效率、工作效果和工作难度五个方面对被考评人进行考评,考评结果与所在团队挂钩,这样得出的考评结果才比较客观、公正。

由于岗位及工作的复杂性,导致对每一考评要素的考评办法不尽相同。如:对"起草工作计划、总结"这一要素的考评办法,可定为主管每月月初布置工作任务,月底检查完成情况,并记录在册,考评期依据记录结果打分。对"合理化建议被采纳情况"的考评办法,可定为依据所提合理化建议被采纳条数打分。通过对被考评人工作数量、工作质量、工作效率、工作效果、工作难度得分累加,得出被考评人工作业绩评估得分。在此基础上,再按被考评人所在团队考评得分,采用偏离度分析的办法,确定相应权重,进行比例换算。即:

基层管理人员及管理部门一般员工工作业绩综合得分:(工作数量得分+工作质量得分+工作效率得分+工作效果得分+工作难度得分)×被考评人所在团队考评得分/同类团队考评第一名得分

(4) 业绩考核标准的特点。由于业绩考核是期望员工达到的业绩水平考核标准要具有以下特点:

公开性,业绩考核标准是为所有员工尽知的。对员工切身利益具有重大影响

合法性,业绩考核体系及其考核标准要具有特定的法律依据。

准确性,考核要准确地反映员工的实际工作业绩水平,使其可量化、客观、公平。否则,员工会对考核系统失去信任。要防止以不准确的评分为特点的雇佣评价。

相关性,要包括所有与工作相关的业绩要素,防止"标准欠缺",但不包括与业绩无关的要素;主要基于工作本身而非员工。

可变性,随着时间的推移、新技术的引进、新方法的使用等,业绩考核标准也要随着改变。

时限性,业绩考核标准只适用于规定的考核期。总体业绩水平的提高。

2. 工作能力考评

对员工进行业绩考评的同时，还必须进行能力考评。员工工作业绩的考评结果更多地表明了员工的现在，而员工工作能力及工作表现的考评结果除了表明员工的现在之外，更多地表明了员工的未来，是员工对未来的、潜在的贡献。因此，对员工的绩效考评，除了工作业绩考评之外，还应该包括对员工作能力及工作表现的考评。

所谓工作能力考评，就是要分别对被考评者这三部分内容做出评价。但是工作能力考评与单纯的能力测评不同，考评工作能力是考评职工在职务工作中发挥出来的能力，考评职工在职务工作过程中显示出来的能力，诸如某职工在工作中判断是否正确、迅速，协调关系如何等，依据他在工作中表现出来的"能力"，参照标准或要求，确定他能力发挥得如何，对应于所担任的工作、职务，能力是大是小、是强是弱等做出评定。

（1）工作能力的考评内容。一般而言，按员工所担任的工作、职务的不同，对员工工作能力的要求及考评的内容是不同的。下面我们按照员工的四类职级，对其应该具备的能力，即考评的内容加以讨论。

第一，高层管理人员工作能力的考评内容。

①组织领导能力。高层管理人员的主要职责是对整体运作进行总体决策、宏观指挥，因而考评他们的组织领导能力，应从下列几个方面进行：关于全局性、方向性问题统筹全局的思考能力；善于倾听和吸取不同意见多谋善听的探讨能力；善于权衡事物利弊在履行职责中的决断能力；平等待人、公道处事的协调能力；审时度势、不失时机地调整措施争取最佳效益的应变能力。

②业务知识能力。在的经营运作中，高层管理人员需要根据不断变化的政治、经济新环境进行经营决策和工作重点的调整，这就要求高层管理人员应具备与所担当职务相匹配的业务知识，并且能积极钻研现代管理知识，注意积累和借鉴相关工作经验，不断提高业务知识水平。因此，应从以下方面考评其业务知识能力：业务知识水平；参加现职有关理论或课程的研究或学习；对现代管理科学的学习探讨和应用；关注并研究同业的经验创新并提出工作改进的合理化建议。

③培养下属的能力。一个称职的高层管理人员，不仅要具备与其职位相应的知识水平，正确决策，还要善于培养下属，充分调动下属的积极性，因此，考评高层管理人员工作能力还必须考评其培养下属的能力。包括：激励下属发挥他们的潜能；辅导下属解决工作问题及为他们排难解忧并对下属的工作定期进行评价，向他们解释工作成果并帮助他们提高绩效；支持鼓励下属进修及参加培训，并能组织或安排他们的有关培训或讲座。

④对外交际能力。为保证所管理的能在激烈的竞争中立于不败之地，就需要高层管理人员能知己知彼，与社会各界、同业及客户保持联系与沟通，以正确决策，不断拓展业务。考评高层管理人员对外接触能力，主要包括以下内容：与各界人士保持联系并注意扩大本行对社会的良好影响；与各同业保持沟通并能及时地取得有关资讯提供给上级或有关部门；与客户（或服务对象）接触主动积极，能清楚地了解其需要并为其解决

问题；通过与外界的接触，使业务不断地扩展并有所突破。

第二，中层管理人员工作能力的考评内容。中层管理人员是进行考评的下设机构的管理人员，一般称作"部门经理"或者"处长"、"主任"，他们的工作成效直接关到所在部门能否完成所下达的业务指标和工作任务，关系到所在部门在与同级各部门相比较中总体评价等次的高低，因而也影响到完成上级所下达的综合经营计划的程度。

考评中层管理人员工作能力应包括知识能力、领导能力、开拓创新能力、分析判断能力和指导协调能力等。

①知识能力。中层管理人员要能正确领会并贯彻上级领导意图；要不断更新知识，提高工作中的应变能力；要善于实干加巧干，必须具备与其所任职务相匹配的知识水平。由此，考评中层管理人员知识能力的高低应主要考评以下内容：胜任本职工作所需的基础知识和业务水平；在岗学习效果；完成本职工作所需的工作经验和技巧；胜任本职工作所需的口头和文字表达能力。

②领导能力。中层管理人员要能领导下属齐心协力地工作，必须正确领会、认真贯彻上级指示精神；注意协调、发挥好团队精神；能用人所长。因此，考评中层管理人员领导能力高低应主要考评以下内容：正确理解工作指示和方针，制订适当的实施计划；按照下属的能力和个性合理分配工作；维护团队精神，创造良好合作的气氛，减少工作中的矛盾和阻力；运用多种措施激励员工并有成效；有足够的能力去应付及解决突发性问题。

③开拓创新能力。开拓新业务、服务品种多样化，已成为在竞争中取胜的一条重要途径。这就要求中层管理人员必须具有开拓意识，不断创新。

考评中层管理人员开拓创新能力主要应考评以下内容：能适应工作和环境的变化，及时调整行为规范；在不违反规章制度的前提下，不断改进所辖部门的工作；思维具创造性，在经营或管理中常有独特创新。

④分析判断能力。对事物及信息反应敏锐，能迅速、准确做出判断；收集资料，合理分析，预见未来产生的问题，提出改善计划；透过表面现象，抓住问题的主要矛盾，解决问题的方法正确有效；正确分析工作主次，避免不重要的事项分散过多精力。

⑤指导协调能力。激励下属发挥他们的潜能，帮助他们提高工作绩效；对下属的工作定期进行讲评，辅导解决工作问题及为他们排难解忧；支持鼓励下属进修及参加培训，并能组织或安排他们有关的培训或讲座；对下属员工的提升、转正、调配公正，并有利于业务开展。

第三，专业人员工作能力考评内容。专业人员指中具有一定的技术或行政级别但又没有担任正式领导职务的人员。对专业人员工作能力主要考评以下内容：

①知识技能。胜任本职工作所需的基础知识和业务水平，在岗学习效果，完成本职工作所需的工作经验和技巧，胜任本职工作所需的口头和文字表达能力。

②开拓创新。适应工作和环境的变化，及时调整行为规范；在改进业务工作方面提合理有效的建议；积极投身于业务创新；能协助制定各项规章制度。

③分析判断。对信息反应较快，并能及时做出判断；收集资料，合理分析，找出问题症结；能抓住问题的主要方面，较正确有效地解决；善于吸取各方面有益的经验与建议。

④协调配合。配合、帮助上级提高工作绩效；指导、辅助员工解决工作问题；发挥业务骨干作用；具有独立协调各方面业务关系的能力。

第四，基层管理人员工作能力考评内容，是实现发展目标的具体牵头人。

①督导能力。能向下属清楚地解释工作的要求及目标；有效地组织、指导下属按时、按质完成工作；有效地培训及发展下属；处处以身作则，为下属树立良好榜样。

②创新能力。经常总结本职工作，并提出改善方法；对业务的发展提出创新的建议；对新事物的理解和接受速度快；适应上级和工作环境的变化。

③分析能力。对事情分析能提出独特见解，并具良好的判断能力；对业务能经常分析并提出改进；善于听取各方面的意见；权衡事物利弊并做出正确的决定。

(2) 工作能力的考评办法。由于员工的工作能力比较抽象，难于使用定量指标加以考评，因此，我们在对员工进行工作能力考评时，不得不大量使用定性的考评办法。但在使用定性考评方法时，要注意考评标准要尽可能设计具体化，以便于考评。

考评员工工作能力可以结合员工年度工作总结，以员工完成年度工作计划和个人履行岗位职责情况为依据，采取主管考评、同事互评、下属评议相结合的方法进行考评。

主管考评：是指由被考评人的主管依据对被考评人在履行本岗位职责中的表现进行考评评定。

同事互评：是同事间对熟知了解的被考评人工作能力的具体事项进行的评议，是全方位考评被考评人的重要组成部分，由同事来参与考评，可以大大提高员工考评的全面性。

下属评议：评议是考评中不可或缺的环节之一。它是实现考评透明、开放和民主化的必要形式。下属对上级的工作能力了解得较为清楚、真实，如果采取无记名评议的方式，使下属在评议中能抛弃掉被打击报复的思想，敢于实事求是地评议上级，那么，对于真实地考评出被考评人的工作能力将大有裨益。

(3) 工作表现考核。企业的服务对象是数量众多、素质参差不齐的广大社会公众。因此，员工只有好的业绩、较高的能力，没有良好的工作表现，还不能够完全满足对客户进行良好服务的需要，也不利于银行树立良好的企业形象。

工作表现考核是连接发展战略和最终成果的关键环节。工作表现最终是由员工自己控制的，而考核标准作为期望员工实际工作表现的水平，可以通过整合工作要素对员工发挥导向作用。工作表现的考评内容：

第一，高层管理人员工作表现考评内容：

品德作风：①以爱国行为为宗旨；②维护利益和组织纪律；③作风正派；④赏罚分明。应以身作则及严格要求下属。

团队管理：①尊重员工，愿意听取和采纳他们的意见和建议；②经常与同级人员及下属沟通思想，了解情况；③与上级保持良好关系；④与相关部门协作密切。

主动负责：①主动承担工作重任；②主动向上级提出发展业务或改进管理的建议；③敢于承担责任，不推卸；④对违章行为敢于批评，及时纠正。

对外联系：①与各界人士及社团保持紧密联系，以扩大本对社会的良好影响；②与各同业保持紧密沟通，及时取得有关资讯向上级提供；③主动与客户（或服务对象）接触，较清楚地了解其需求并为其解决问题；④通过与外界联系使业务不断地扩展并有所突破。

第二，中层管理人员工作表现考评内容：

品德作风：①参与各项活动以爱国行为为宗旨；②遵守员工守则；③以身作则，严格要求下属；④作风正派，公平对待人与事，赏罚分明。

团队管理：①尊重下属，集思广益；②经常与同级及下属沟通思想；③自觉坚持请示与汇报制度，与上级保持良好关系；④与相关部门在业务中协作密切、有效。

主动负责：①主动承担突发性工作；②主动向上级提出发展业务或改进管理的建议；③对自己职责范围内的事项敢于承担责任，不推诿扯皮；④对违章行为敢于批评，及时纠正。

第三，基层管理人员工作表现的考评内容：

①爱岗敬业；②严格遵守员工行为守则；③员工明确自己工作中的成绩和不足，可以促使他在以后的工作中发挥长处，努力改善不足，使整体工作绩效进一步提高。

三、绩效考评程序

（一）制定绩效考评标准

绩效考评要发挥作用，首先要有合理的绩效标准。这种标准必须得到考评等和被考评者的共同认可，标准的内容必须准确化、具体化和定量化。为此，企业在制定标准时应注意两个方面：一是以职务分析中制定的职务证明与职务规范为依据，因为那是十员工所应尽的职责的正式要求；二是管理者与被考评者沟通，以使标准能够得到共同认可。

（二）考评绩效

将员工实际工作绩效与工作期望进行对比和衡量，然后依照对比的结果来评员工的工作绩效。绩效考评指标可以分为许多类别，比如，业绩考评指标和行为考评指标等，考评工作也需从不同方面取得事实材料。

（三）绩效考评反馈

绩效考评反馈是指将考评的意见反馈给被考评者。它包括两种方式：一是绩效考评意见认可；二是绩效考评面谈。所谓绩效考评意见认可，是银行中负责考评者将书面的考评意见反馈给被考评者，由被考评者予以同意认可，并签名盖章。绩效考评面谈则是通过考评者与被考评者之间的谈话，将考评意见反馈给被考评者，征求被考评者的看法，与其一起回顾和讨论工作绩效考评结果，通过分析，更好地理解对工作的改进，并共同探讨出勤佳的改进方案。

（四）结果综合运用

绩效考评的一个重要任务是分析绩效形成的原因，把握其内在的规律约束方法，从而使工作得以改进。

四、绩效考评方法

（一）员工绩效考评的立足点

1. 评价

重在对被评价者做出判断。一是与本人历史业绩比较，与同类型的人的业绩比较，与预先确定的目标业绩比较，与职务要求比较，与最高业绩比较。二是正确选择业绩要素和评价手段。三是业绩评价与报酬、奖励挂钩。四是业绩评价要体现文化，特别是的价值观。

2. 发展

重在确认和发掘被评价者的潜力及其未来发展能力。员工发展评估关系到发展规划和管理的延续性。一是预测被评价者的潜力、明确其发展需要和对他期望，确立合理的发展目标；二是在管理者与被评价者之间建立坦诚相见、相互信任的原和有效的反馈通道；三是管理者熟练掌握必要的评价知识、手段、方法；四要注意采用下而上对员工进行评价的方式。

（二）员工考核的方法

鉴于员工考核是对员工进行全面激励的前提、基础、依据，员工绩效考核必须可能地系统化、科学化。按照员工发展目标的不同，激励分为以选拔管理者及其晋升为主要目的的激励和以合理付酬计奖为主要目的的激励。因此，员工考核方法可以随之分为两类。

（三）管理者晋升型考核方法

晋升型考核方法是一种极其重要的考核方法。它强调考核的全面性、综合性。这种方法的步骤主要包括：设计综合考核指标体系评价表，对每一项指标都确定一个可以量化的评分等级系列；按评价者对被评价者了解的程度不同和对被评价者要求的不同分别确定加权系数；个人得分总额分列等级、确定评价结论（如90分以上为优秀、70~90分为称职，60~70分为基本称职，60分以下为不称职）。经由的直接领导、主管领导、主管部门领导、专家、群众等分别进行评分，根据预先确定的加权系数，进行评分计算，从而得出每个被评价的全面性，综合个人得分总和。最后根据得分总和，评价出优劣等级。

案例

加拿大皇家银行的"领导评估程序"

加拿大皇家银行曾为考评其300名顶层经理确定了5条标准，制定了"领导评估程序"，具体来说可分为四步：

（1）要求被考评的银行经理写一份工作设想和根据考评标准写一份自我鉴定。

（2）被考评经理提出一份7~15人的同事名单，以提供高层经理向他们了解自己的表现和工作业绩。

（3）银行主管考评的高层主管对被考评者提出一份"简评"（该简评要与个人自我鉴定一起接受总裁的最后评定）。并对被考评者进行调查，调查结果与评定结果要在"反馈会谈"时征求被考评者的建议。

（4）银行人力资源管理部门把考评结果作为管理者晋升的部分依据。

为了保证考评的公正性、科学性，对考评者应有严格的要求：没有成见与偏向的诚实正直，有商业判断上的阅历，对人才、人事有洞察力，是一流的专家学者。

问题：
加拿大皇家银行的"领导评估程序"对你的启示有哪些？

项目七 激励与控制

引导案例

知识型员工激励

银行业具有较强的专业性，属于知识密集型行业，激励知识型员工的工作积极性和创造性显得尤为重要。A君是某重点大学毕业的双学士，并且取得注册会计师资格证，进入银行后被分配到柜台工作，每天按部就班地办理业务，感到工作沉闷无聊，不久，领导安排制定相关业务管理规章的工作任务，要求一周内完成，结果一周后上交材料离领导要求较大，被训斥和责备，他反驳认为至少要一月才能完成的工作却要求一周完成，之后愤而辞职。

为什么会出现这种情况呢？大概有以下四方面的原因：

一是对所承担的工作缺乏兴趣。知识型员工喜欢承担具有挑战性并且能够充分发挥潜力的工作。枯燥乏味的或与兴趣相左的工作只能桎梏知识型员工的创造力，最终导致其离开。上述案例中，柜台工作，重复劳动显然不适合，并且领导分配工作也不能让他发挥CPA的专业知识。

二是对管理方式不满。对于知识型员工而言，其个人、知识和工作本身是合而为一的。一位知识型员工和组织的关联，不是一个层级结构中固定的职位或头衔，而是一个可以让他的专长知识发挥贡献的任务。作为领导者，不再是行使指挥和监督的权威，而是想办法使下属有意愿和能力去担当任务，为自己的绩效负责，并且能够发展新知识和新技能。

三是对团队的目标缺乏认同。团队应该具有非常清晰的短期与长期商业目标，并且经常安排领导和普通员工参加聚会，以便通过这种交流，团队上下能够就公司的目标达成共识。

四是缺乏个人成就感。知识型员工不能容忍总是默默耕耘却没有任何荣誉回报。荣誉对于每一个优秀员工来说，既是必要的酬劳，更是有效的激励，可以使他们的工作更出色。

而对知识型员工的激励，不能以金钱刺激为主，而应以满足其个人发展和挑战新工作所带来的成就感为主，主要把握以下两个原则：

一是培养员工对工作的兴趣。兴趣是一个人努力工作的最持久、最强劲的动力。为了培养及保持知识型员工对工作的兴趣，首先应实施员工内部流动制度。员工可以根据自己的兴趣爱好以及特长不定期改变自己工作岗位，一方面可以经常保持新鲜感，增强和发挥其业务能力；另一方面了解团队工作更多的环节，也有助于建立一种有益于整体的观念；特别是可以使人为的不当工作安排得到纠正，最大限度地优化配置人力资源。其次，要对员工定期实施培训，因为兴趣的培养及保持需要一定的投入。

二是创造宽松的管理体制和组织结构。知识型员工削弱了"命令—支配型"管理模式存在的基础。为了保持其竞争力，团队的组织结构将扁平化，分权和自治将更加重要。知识型员工的一个突出的特点是员工队伍年轻，知识层次高；这决定了他们创造欲望高，创造能力强，喜欢并能够自我管理。团队工作因而成为有效的工作方式让个人目标与组织目标一致。为了让每一名知识型员工都发挥自己的作用，团队必须将自己的总体目标细化，使每一个员工都有自己明确的工作目标，并以此作为对员工进行考核的标准。

制定目标要注意两点：一是符合员工的兴趣。二是要有一定的挑战性。只有每一个员工都有了自己明确的奋斗目标，他才会感到自己在团队是"有用的人"，才愿意在团队长期地工作。三是要建立合理化建议制度，建立长期与短期相结合的激励机制等。

一、激励与控制概述

（一）激励与控制

1. 激励的概念

从字面上理解，激励（Motivation）有"激发"和"鼓励"的意思，激发人的工作动机，鼓励人的工作干劲。

从心理学角度看，激励是指人的动机系统被激发后，处于一种活跃的状态，对行为有着强大的内驱力，促使人们为期望和目标而努力。美国管理学家贝雷尔森（Berelson）和斯坦尼尔（Steiner）指出，"一切内心要争取的条件、希望、愿望、动力等都构成了对人的激励，它是人类活动的一种内心状态"。

在管理实践中，激励是指组织用各种有效的方法去激发、鼓励、调动人的热情和积极性的过程，将外部适当的刺激转化为内部心理的动力，增强或减弱人的意志和行为，从而使员工努力去完成组织的任务，实现组织的目标。

虽然国内外学者都曾从多个角度对激励给出过各种定义，但至今较为普遍的定义为："激励是激发人的行为动机并使之朝向组织特定目标的过程。"其大概包含三层含义：

（1）激励是手段，是为实现组织目标服务的；
（2）激励是心理过程，因人、因时而异；
（3）激励产生自觉行动，无论在什么条件下，它都表现为"我要做"而非"要我做"。

2. 控制的概念

"控制（Control）"一词，最初运用于技术工程系统。自从维纳（Wiener）的控制论问世以来，控制的概念更加广泛，它已用于生命机体、人类社会和管理系统之中。从一般意义上说，控制是指控制主体按照给定的条件和目标，对控制客体施加影响的过程和行为。

作为管理学中的基本概念，本质上讲，管理的过程就是控制的过程，控制指的就是根据组织的计划和事先规定的标准，监督检查各项活动及其结果，并根据偏差或调整行动或调整计划，使计划和实际相吻合，保证目标实现。因此，控制既是管理的一项重要职能，又贯穿于管理的全过程。

一般说来，管理中的控制职能是指管理主体为了达到一定的组织目标，运用一定的控制机制和控制手段，对管理客体施加影响的过程。在管理中构成控制活动必须有三个条件：

（1）要有明确的目的或目标，没有目的或目标就无所谓控制；

（2）受控客体必须具有多种发展可能性，如果事物发展的未来方向和结果是唯一的、确定的，就谈不上控制；

（3）控制主体可以在被控客体的多种发展可能性中通过一定的手段进行选择，如果这种选择不成立，控制也就无法实现。

3. 激励与控制的关系

管理的基本功能是激发（或调动）员工的潜能和积极性，而激励机制则是激发或调动员工积极性最有效的工具。因此，一方面来说，激励和控制是管理的基本职能；另一方面，因为管理就是控制的艺术，而激励则是管理的高级技术，可以说，激励是人力资源关注中最有效的控制手段。

（二）激励过程

从心理和行为过程来看，激励主要是指由一定的刺激激发人的动机，使人有一股内在的动力，向所期望的目标前进的心理和行为过程。根据行为科学的观点，行为是指人们一切有目的的活动。人类的行为广义来说是由客观刺激，通过人脑内部的心理活动而引起的反应。狭义的行为则仅指外显的行为活动。而动机是一种内在的力量，是促使人们活动的直接原因。或者说，人的行为总是由一定动机引起的，虽然它无法被直接观察，但是，通过观察人们的行为，我们可以判断他人的行为是受什么动机驱使的。反过来讲，动机又是由外界刺激和内在的需要双因素相结合，使这种驱动力指向了某一特定方向，就产生了动机。因此，未满足的需要和外界的刺激是激励过程的起点，由此而引起个人生理上或心理上的激奋，导致个人从事满足需要的某种目标行动，达到了目标，需要得到满足，激励过程也就完成了。随后新的需要发生，又引起新的行为和新的激励过程。

构成激励过程的基本模式如图7-1所示：

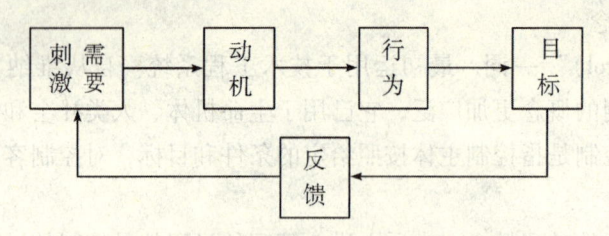

刺激需要 → 动机 → 行为 → 目标
↑_____反馈_____|

图7-1 激励过程的基本模式

一般来讲，员工需要受到三种典型的激励，即个体驱动力、他人的推动力和环境吸引力。第一，个体驱动力，来源于员工自身强烈的自我发展意识、超前的持续创新理念等都会影响你的行为。第二，他人的推动力来源于家庭、同事、上司或下属。若他们之中的任何一人使你感到了压力，你可能将压力变成推动力。第三，吸引力来自外部环境，包括直接接触的物质环境和人文环境。如和谐的人际关系或工作的挑战性，意味着你必须挣更多的钱、获得聘任或提升。因此，从这三种典型的需要激励可以看出，激励并不是管理者强加给员工的，员工是自我激励的。只有当员工认为管理者所提供的报酬和其他物质精神刺激，符合他们的需要时，这些刺激才能发挥作用，起到激励作用。

综上所述，人力资源管理中的激励就是激发员工动机的过程，把员工的需要满足与组织目标结合起来，使员工处于一种驱动力推动下的紧张状态，并通过良好正确的行为最终实现组织目标和满足个人需要。

（三）激励的特点

1. 目的性

任何激励行为都具有目的，这个目的可能是一个结果，也可能是一个过程，但必须是一个现实的、明确的目的。所以，从这个意义上讲，虽然一般来说，激励是管理者的工作，但任何希望达到某个目的的人都可以将激励作为手段。激励的目的就是通过设计科学的薪酬管理系统，来满足企业员工的各种外在性需要，从而实现企业目标及其员工个人目标。

2. 主动性

激励是对人的需要或动机施加影响，从而强化、引导或改变人们的行为。作为激励对象的人类行为都是某种动机引起的，而人类有目的的行为的动机都是出于对某种需要的追求。因此，从本质上说，激励所产生的人的行为是主动、自觉的行为，而不是被动、强迫的行为。

3. 持续性

激励是一个持续反复的过程，是导向满足某些需要或动机的行为。未满足的需要是产生激励的起点，进而导致某种行为。行为的结果可能使需要得到满足，之后再产生对新的需要的追求，而满足了一个需要可能会引起满足更多需要的愿望。因此，激励是一个由多种复杂的内在、外在因素交织起来持续发生作用和影响的复杂过程，而不是一个互动式的即时过程。

4. 引导性

激励是人们内心对某种需要的追求，所以说在激励过程中内因起着决定的作用。但人不是孤立的，而是生活在特定的社会环境中，这个环境对人的行动也起着影响作用。因此，为了引导人的行动达到激励的目的，领导者既可以在了解人的需要的基础上，创造条件促进这些需要的满足，也可以通过采取措施改变个人行动所处的环境。

（四）激励的作用

对一个企业来说，科学的激励至少具有以下几个方面的作用：

1. 吸引优秀的人才到企业来

在发达国家的许多企业中，特别是那些竞争力强、实力雄厚的企业，通过各种优惠政策、丰厚的福利待遇、快捷的晋升途径来吸引企业需要的人才。

2. 开发员工的潜在能力，促进在职员工充分的发挥其才能和智慧

美国哈佛大学的威廉·詹姆斯（W·James）教授在对员工激励的研究中发现，按时计酬的分配制度仅能让员工发挥 20%～30% 的能力，如果收到充分激励的话，员工的能力可以发挥出 80%～90%，两种情况之间 60% 的差距就是有效激励的结果。管理学家的研究表明，员工的工作绩效时员工能力和受激励程度的函数，即绩效 = F（能力×激励）。如果把激励制度对员工创造性、革新精神和主动提高自身素质的意愿的影响考虑进去的话，激励对工作绩效的影响就更大了。

3. 留住优秀人才

德鲁克（P. Druker）认为，每一个组织都需要三个方面的绩效：直接的成果、价值的实现和未来的人力发展。缺少任何一方面的绩效，组织注定非垮不可。因此，每一位管理者都必须在这三个方面均有贡献。在三方面的贡献中，对"未来的人力发展"的贡献就是来自激励工作。

4. 造就良性的竞争环境

科学的激励制度包含有一种竞争精神，它的运行能够创造出一种良性的竞争环境，进而形成良性的竞争机制。在具有竞争性的环境中，组织成员就会收到环境的压力，这种压力将转变为员工努力工作的动力。正如麦格雷戈（Douglas M·Mc Gregor）所说："个人与个人之间的竞争，才是激励的主要来源之一。"在这里，员工工作的动力和积极性成了激励工作的间接结果。

（五）激励的原则

1. 以人为本的原则

一方面，管理者应尊重员工，帮助员工进行自我激励，调整管理角色，扮演好

"帮助音、指导者和调节者"三种角色，把自己的激励目标定位在帮助别人实现自我激励方面。在现代企业中，以人为本的原则应主要体现在对人的尊重上。这种尊重至少体现在以下六个方面：①承认每个人的价值；②尊重每个人的权利；③把合适的人放在合适的岗位上；④满足人才提升的愿望；⑤为人才发挥自己才能创造有序、宽松的环境；⑥给人才充分流动的机会，尊重员工对去留的选择。

激励作为奖赏人们良好行为、调动积极因素和惩罚人们不良行为、约束消极情绪的重要手段，关键是要公平正义。一方面，使人们在激励面前享受平等的权利和义务；另一方面实施激励的领导和机关必须秉公，避免人为倾斜。创造平等的竞争环境好条件，即机会平等。

2. 目标结合的原则

在激励机制中，设置目标是一个关键环节。目标设置必须同时体现组织目标和员工需要的要求。作为人力资源载体，人的价值大体可分为自我价值和社会价值。前者是指个人在情操、知识、技能和健康等方面的追求，后者是指个人的知识、技能有着能为他人或社会创造财富的作用。任何人的价值都是自我价值和社会价值的统一。

因此，在人力资源的激励过程中，首先，要尊重员工的自我价值和作为自我价值体现的个人目标，使员工的目标设置满足员工个人的需要，提高员工对目标的认同感。其次，员工的目标设置还应将其纳入到组织目标的设置中来，使其体现组织目标的要求，把组织的目标同员工个人的目标结合起来，使组织的目标包含更多的个人目标，使个人目标的实现离不开为实现组织目标所做的努力，自我价值和社会价值的统一，才是保证良好激励效果的关键。

但是，由于各种原因，常常做不到两者的有效结合。其中一个重要的原因，是认识上的偏差，包括对于自身需要的认识偏差相对于客观条件的认识偏差。因此，帮助员工制定合理的行为目标，并帮助员工认识到这种目标的合理性，就可以激发员工相应的行为动机，调动员工的工作积极性。

3. 物质激励和精神激励相结合的原则

作为企业来说，应恰当地把握员工当前需要的状况，有哪些需要，什么需要占主导地位，之后根据员工需要来有效地选择激励的方法。物质需要是人类最基本的需要，它是精神需要的基础，因此，满足员工的需要应先从最基本的物质激励开始，没有一定的物质激励的基础，就不可能空谈精神激励。随着生产力水平的不断提高，要在物质激励的基础上，结合精神激励，并逐渐将激励的重点过渡到精神激励上。

从我国的发展实际看，目前人们物质生活水平普遍还不高，因此，物质激励在员工激励中还占主要地位，构成激励的主要内容。值得一提的是，物质激励和精神激励应根据员工的需要和企业发展的实际水平结合起来应用，避免走极端。

4. 正激励与负激励相结合的原则

根据激励的强化理论. 可以把强化（即激励）分为正强化和负强化。所谓正激励（正强化）就是对员工的符合组织目标的期望行为进行奖励，使得这种行为更多地重复。所谓负激励（负强化）就是对员工违背组织目标的非期望行为进行惩罚，以使得这种行为不再发生。正负激励都是必要而有效的，不仅作用于当事人，而且会间接地影响周围其他人。虽然这两种激励方式都能够改变员工的行为，并且通过树立榜样和相反面典型，来形成良好的风气，使组织行为更加积极、向上。

但是，从强化理论本身不提倡惩罚的内容来看，负激励具有一定的消极作用，容易使员工产生挫折心理和行为，应该慎用。因此，管理者在激励时应该把正激励与负激励巧妙地结合起来，坚持以正激励为主，负激励为辅。

5. 合理性原则

激励的合理性原则包含三层含义：第一，激励的措施要适度。要根据所实现目标本身的价值大小确定适当的激励量，过大过小都会影响激励的效果；第二，奖惩要公平。激励往往通过奖励和惩罚来实现。奖惩公平就是要坚持该奖就奖，该罚就罚，赏罚分明并且适度，不徇私情，一视同仁。同时还要反对平均主义，去掉干好干坏一个样的不良风气。第三，民主参与，公开评议。对于奖励和惩罚，应有民主评议和考核，让员工积极参与制定考评制度，提高奖惩条例的可接受性和公开性，不应以感情代替政策，以偏见代替标准，以防止不正之风，确保真正的合理。

6. 时效性原则

中国古人提倡"赏不逾时"、"罚不迁列"，即奖赏不能错过时效，惩罚不能等到士兵离开队伍的行列后再执行。所以，要把握好激励的时机，才能促进人们发挥积极性，持久强化积极行为。

"雪中送炭"和"雨后送伞"的效果是不一样的，激励在不同的时间进行，其作用和效果也是不同的。人们在做出努力取得成就以后，都有渴望得到社会承认的心理。因此，激励越及时，越能促进人们积极性的发挥，使积极的行为得到不断的强化，令积极性保持长久。如果激励滞后，使人们感到多此一举，失掉激励的意义。如果激励超前，使人们对激励的目标没有足够的认识，达不到激励的应有功效。所以，及时、准确把握激励时机进行激励至关重要。

7. 明确性原则

激励的明确性原则包括三层含义：其一，明确。激励的目的是需要做什么和必须怎么做；其二，公开。特别是分配奖金等大量员工关注的问题时，更为重要。其三，直观。实施物质奖励和精神奖励时都需要直观地表达它们的指标，总结和授予奖励和惩罚的方式。直观性与激励影响的心理效应成正比。

8. 按需激励原则

激励的起点是满足员工的需要，但员工的需要因人而异、因时而异，并且只有满足最迫切需要（主导需要）的措施，其效价才高，其激励强度才大。因此，领导者必须深入地进行调查研究，不断了解员工需要层次和需要结构的变化趋势，有针对性地采取激励措施，才能收到实效。

（六）激励的类型

不同的激励类型对行为过程会产生不同程度的影响，所以激励类型的选择是做好激励工作的一项先决条件。激励有多种类型，可从不同角度对其进行划分。

1. 从内容上，可分为物质激励与精神激励

物质激励是指对员工的物质需要予以满足，如奖金、加薪等。精神激励是指对员工的精神需要予以满足，表扬、授予称号等。物质需要是人类的第一需要，它是人们从事一切社会活动的基本动因，物质利益关系是人类社会中最根本的关系。所以，物质激励是激励的主要方式。然而，人毕竟是社会动物，不仅有物质需要，还有精神上的追求。在物质需要得到一定程度的满足后，精神需要就成了主要需要，除了基本的物质需要，人们还期望得到爱、获得尊重、得到认可、得到赞美、得到理解等，这些需要的满足更能持久、有效地激发人们的动机。

物质激励与精神激励是两种不同内容的激励形式，它们相辅相成，缺一不可，需要平衡搭配使用。随着人们物质生活水平的不断提高，低层次的需要逐渐得到满足，高层次的需要日渐强烈，因而，精神激励将成为员工激励的重要手段。

2. 从性质上，可分为正激励与负激励

正激励从鼓励的角度出发，当一个人的行为符合组织的需要时，通过奖赏的方式来支持、强化这种行为，以达到调动工作积极性的目的。负激励是从抑制的角度出发，当一个人的行为与组织期望不一致时，组织将对其采取惩罚措施，以达到减少或消除这种行为的目的。正激励起正强化的作用，是对行为的肯定；负激励起负强化的作用，是对行为的否定。

正激励与负激励作为两种性质相反的激励手段，目的都是要对人的行为进行强化，不仅直接作用于被激励的人，而且还会产生示范效应，影响周围的人，形成正面或反面的导向效果。一般来说，正激励对实现企业的组织目标效果要好于负激励。长期使用负激励将导致员工情绪低落，工作积极性减退，自信心降低，能力受到抑制，工作绩效下降。

3. 从对象上，可分为内激励与外激励

内激励是指由内酬引发的、源自于工作人员内心的激励；外激励是指由外酬引发的、与工作任务本身无直接关系的激励。

内酬是指工作任务本身的刺激，即在工作进行过程中所获得的满足感，它与工作任务是同步的。追求成长、锻炼自己、获得认可、自我实现、乐在其中等内酬所引发的内激励，会产生一种持久性的作用。

外酬是指工作任务完成之后或在工作场所以外所获得的满足感，它与工作任务不是同步的。如果一项又脏又累、谁都不愿干的工作有一个人干了，那可能是因为完成这项任务，将会得到一定的外酬——奖金及其他额外补贴，一旦外酬消失，他的积极性可能就不存在了。所以，由外酬引发的外激励是难以持久的。

（七）激励理论

按照研究的侧重点及行为关系，可将激励理论分为四类：内容型激励理论、过程型激励理论、行为修正型激励理论和综合型激励理论。

1. 内容型激励理论

内容型激励理论是指针对激励的原因与起激励作用的因素的具体内容进行研究的理论。这种理论着眼于满足人们需要的内容，即人们需要什么就满足什么，从而激起人们的动机。内容型激励理论重点研究激发动机的诱因，主要包括马斯洛（A. Maslow, 1954）的需要层次理论、赫茨伯格（F. Herzberg, 1957）的"激励—保健"双因素理论、麦克利兰（D. C. McClelland, 1961）的成就需要激励理论和奥尔德弗（Alderfer, 1972）的 ERG 理论等。

（1）马斯洛的需要层次理论。1954 年，马斯洛在《激励与个性》中把人的需要由低到高分为五个层次：生理需要、安全需要、归属和爱的需要、尊重的需要和自我实现的需要。

他还指出，只有低层次的需要得到部分满足以后，高层次的需要才有可能成为行为的重要决定因素；高层次的需要比低层次需要更有价值，人的需要结构是动态的、发展变化。这一理论表明，针对人的需要实施相应激励是可能的，但人的需要具有多样性，会根据不同环境好时期发生变化，激励的方式应当多元化。

（2）赫茨伯格的"激励—保健"双因素理论。20 世纪 50 年代末期，赫茨伯格通过调查发现，使职工感到满意的都是属于工作本身或工作内容方面的；使职工感到不满的，都是属于工作环境或工作关系方面的。他把前者叫做激励因素，后者叫做保健因素。

保健因素包括公司政策、管理措施、监督、人际关系、物质工作条件、工资、福利等。当这些因素恶化到人们认为可以接受的水平以下时，就会产生对工作的不满意。但是，当人们认为这些因素很好时，它只是消除了不满意，并不会导致积极的态度，这就形成了某种既不是满意、又不是不满意的中性状态。

激励因素是指能带来积极态度、满意和激励作用的因素，包括成就、赏识、挑战性的工作、增加的工作责任，以及成长和发展的机会。如果这些因素具备了，就能对人们产生更大的激励。按照赫茨伯格的观点，管理者应该认识到保健因素是必需的，不过它一旦使不满意中和以后，就不能产生更积极的效果。只有"激励因素"才能使人们有更好的工作成绩。

（3）麦克利兰的成就需要激励理论。麦克利兰把人的高级需要分为三类，即权利、交往和成就需要。他认为，在人的生存需要基本得到满足的前提下，权利、交往和成就是人最主要的三种需要。成就需要的高低对一个人、一个企业发展起着特别重要的作用。

成就需要激励理论更侧重于对高层次管理中被管理者的研究，因为它所研究的对象主要是生存、物质需要都得到相对满足的各级经理、政府职能部门的官员以及科学家、工程师等高级人才。因此该激励理论对具有高目标值的企业家或经理人员的激励具有更为直接的指导意义。

（4）奥尔德弗的ERG理论。"ERG"理论是"生存—相互关系—成长"需要理论的简称。奥尔德弗认为，员工的需要有三类：生存的需要（E）、相互关系需要（R）和成长发展需要（G）。

该理论认为，各个层次的需要受到的满足越少，越为人们所渴望；较低层次的需要者越是能够得到较多的满足，则较高层次的需要就越渴望得到满足；如果较高层次的需要一再受挫者得不到满足，人们会重新追求较低层次需要的满足。这一理论不仅提出了需要层次上的满足到上升趋势，而且也指出了挫折到倒退的趋势，这在管理工作中很有启发意义。

2. 过程型激励理论

过程型激励理论重点研究从动机的产生到采取行动的心理过程，其目的是对员工的目标行为选择过程施加纠偏影响，使员工在能够满足自身需要的行为时集中选择组织期望的行为。主要包括：弗鲁姆（V. H. Vroom，1964）的期望理论、亚当斯（J. S. Adams，1963）的公平理论和洛克（E. A. Locke，1968）的目标激励理论。

（1）弗鲁姆的期望理论。期望理论认为，人们之所以采取某种行为，是因为他觉得这种行为可以有把握地达到某种结果，并且这种结果对他有足够的价值。换言之，动机激励水平取决于人们认为在多大程度上人们可以期望达到预计的结果，以及人们判断自己的努力对于个人需要的满足是否有意义。

（2）亚当斯的公平理论。亚当斯指出，员工激励不仅受报酬绝对数量的影响，更受到关注报酬相对数量的影响。同等的报酬不一定获得同样的激励效果，个体只有在对报酬的横向社会比较和纵向历史比较中感到公平，才能激发工作积极性。该理论的意义在于强调激励机制的设计必须坚持公平正义原则。

（3）洛克的目标激励理论。洛克认为目标是激励因素，是影响个体工作动机的主要手段，给员工设置目标应遵循目标的具体性、挑战性和认同性三大标准，目标激励理论奠定了目标管理的理论基础。

3. 行为修正型激励理论

行为修正型激励理论重点研究激励的目的（即改造、修正行为），通过对行为结果的归因来强化、修正和改造员工的原有行为，使符合组织目标的行为持续反复出现。最有代表性的是斯金纳（R. F. Skinner，1938）的强化理论和海德（F. Heider，1958）的归因理论等。

（1）斯金纳的强化理论。强化理论是以学习的强化原则为基础的关于理解和修正人的行为的一种学说。所谓强化，从其最基本的形式来讲，指的是对一种行为的肯定或否定的后果（报酬或惩罚），它至少在一定程度上会决定这种行为在今后是否会重复发生。

根据强化的性质和目的，可把强化分为正强化和负强化。在管理上，正强化就是奖励那些组织上需要的行为，从而加强这种行为；负强化与惩罚不一样，惩罚是对一些错误的行为采取的一些使人受挫的措施，负强化是告知人们某种行为是不可取的，如果做了这种行为会受到什么惩罚，从而削弱这种行为。

（2）海德的归因理论。归因理论是探讨人们行为的原因与分析因果关系的各种理论和方法的总称。归因理论侧重于研究个人用以解释其行为原因的认知过程，亦即研究人的行为受到激励是"因为什么"的问题。

4. 综合型激励理论

综合型激励理论就是将上述几类激励理论进行结合，把内外激励因素都考虑进去，系统地描述激励全过程，以期对人的行为作出更为全面的解释，克服各个激励理论的片面性。其代表性理论有波特（L. Porter）和劳勒（E. Lawler）提出的期望几率理论。

期望几率理论认为激励力量的大小取决于多方面的变化因素，涉及当事人对该项工作的成功、所获报酬、公平性、角色意识、个人技术能力以及相关影响的认识和评价。它可进一步看作是期望理论和公平理论的结合。

上述这些理论从不同角度、不同侧面出发研究了激励问题，事实上，不存在一种理论能够解决所有各种各样复杂的实际激励问题。大部分激励理论之间并不存在矛盾，它们之间更多地具有互补性，对它们进行综合应用可能是研究和解决纷繁复杂的激励问题的有效途径。

总的来说，激励是一种理念，需要依托各种管理工具为载体来实现。激励对管理绩效和组织目标产生重要影响，任何一项管理活动都直接或间接地蕴含着激励内容。无论薪酬、绩效考核、股权、职业生涯管理、员工晋升以及精神激励等都可以产生激励效果。

二、激励方法

激励是一种力量，给人以动力，使人的行为指向特定的方向。激励的方法是实现激励目标的途径和具体形式。管理以人为本，提高管理绩效的关键之一在于运用适当的激励方法，充分调动人的主动性和积极性，使组织中的成员充分发挥出其潜在的能力，进行创造性的工作。一般地，可依据内容将激励方法划分以下为三大类12种：

（一）目标激励法

目标是组织对个体的一种心理引力，目标作为一种诱引，具有引发、导向和激励的作用。一个人只有不断启发对高目标的追求，也才能启发动其奋发向上的内在动力。所谓目标激励法是根据员工期望获得的成就或结果，通过设置科学的目标，把员工的需求与组织目标紧密结合起来，以引导其思想行为、激发工作热情的一种常用激励方式。激励目标可以是物质性的，也可以是精神的；可以是指导规划的，也可以是制度办法；可以是战略性的，也可以是战术性的。

在目标激励过程中，要正确处理大目标与小目标，个体目标与组织目标、群众目标，理想与现实，原则性与灵活性的关系。在目标考核和评价上，要按照德、能、勤、绩标准对人才进行全面综合考察，定性、定量、定级，做到"刚性"规范，奖罚分明。

（二）物质激励法

物质激励是指运用物质的手段使受激励者得到物质上的满足，从而进一步调动其积极性、主动性和创造性。物质激励的内容包括工资奖金和各种福利，它是一种最基本的激励手段，因为获得更多的物质利益是普遍员工的共同愿望，它决定着员工基本需要的满足情况。同时，员工收入及居住条件的改善，也影响着其社会地位、社会交往，甚至学习、文化娱乐等精神需要的满足情况。

1. 薪酬激励

薪酬激励是激励员工的基础。科学地设计企业员工的薪酬结构，把员工的薪酬与绩效挂钩，可以更好地激励员工的积极性。奖惩激励是对员工的成绩给予表扬，对员工的失误和错误给予适当的惩罚。

2. 福利激励

福利激励是指企业的领导者根据企业的经济效益制定有关福利待遇的发放标准，确保员工生存与发展的需要，激励员工为企业多作贡献。企业发展最重要的目的是为了赢得利润，获得可持续发展。为了吸引和留住员工，除了合理的薪资外，还需要实施与其实力相适应的福利制度，如有些企业在缴纳员工正常的养老保险、失业保险、医疗保险、公积金外，还增加了工伤保险和生育保险、每年的国内外旅游计划、教育补贴、交通补贴、员工生日聚会等，这些完善的福利制度不仅提高了企业声誉，吸引更多的人才加盟，而且还增强了内部的协作精神，激发了企业员工的创造性，营造出积极向上的竞争氛围。

3. 股权激励

企业产权结构的变化，产生了一种新的物质激励形式——股权激励。股权激励作为一种长期激励方式，是通过让经营者或公司员工获得公司股权的形式，或给予其享有相应经济收益的权利，使他们能够以股东的身份参与企业决策、分享利润、承担风险，从而勤勉尽责地为企业的长期发展服务。现代企业理论和国外实践证明股权激励对于改善公司治理结构、降低代理成本、提升管理效率、增强企业凝聚力和市场竞争力起到非常积极的作用。

通常情况下，股权激励包括股票期权（Stock Options）、员工股权计划（Employee Stock Owner Plans）和管理层收购（Management Buyout，MBO）。

(三) 精神激励法

1. 情感激励

情感是影响人们行为最直接的因素之一，任何人都有渴求各种情感的需求。情感激励就是通过加强管理者与员工的情感沟通，尊重员工、关心员工、爱护员工并使员工能够体验到平等亲切的人际关系，从而激发起员工工作的积极性、创造性的激励方法。情感激励法被管理学家称为"爱的经济学"，即无需投入资本，只要注入关心、爱护等情感因素，就能获得产出。因为员工并不仅仅满足于薪酬，他们更需要的是"心酬"——心理和情感上的满足和激励。企业领导对于下级的关怀，哪怕是微不足道但却是出自真诚的关心，对于下级来说无穷的激励。现在有些企业不仅关心员工自身，如为员工举办生日派对、生病探望、结婚送贺礼或免费房等，而且还延伸到关心员工的家属，如过年时送礼品给员工家属等，这些举措都体现了酒店对员工精神上的关爱，成为激发员工回报领导关心的动力。

情感激励应注意把握以下五个技巧：①勤于知情，善于察言观色、透视本质；②敏于动情，要把握动情的契机、场合、分寸；③巧于容情，做到情与言相符合，情与行相融合，情与事相结合；④善于用情，注意方式、对象、内容；⑤精于导情，引导积极情感，升华一般情感，派遣消极情感。

2. 荣誉激励

从人的动机看，人人都具有自我肯定、光荣、争取荣誉的需要。荣誉能体现一个人的社会存在价值，荣誉激励是满足自我实现需要、激发人们奋力进取的重要手段。对于一些工作表现比较突出，具有代表性的先进人物，给予必要的精神奖励，都是很好的精神激励方法。对各级各类人才来说激励还要以精神激励为主，因为这可以体现人对尊重的需要。在荣誉激励中，除对个人外还要注重对集体的鼓励，以培养大家的集体荣誉感和团队精神。

3. 授权激励

授权激励也属于一种精神激励。对员工的授权不仅仅是简单意义上的授予其权利，而是管理人员在将必要的权利、信息、知识、报酬赋予员工的同时，让他们能主观能动地富有创造性的工作，通过赋予员工一定的权利来发挥他们的主动性、能动性和积极性。"授权"可以实现企业内部有关信息、知识、报酬的共享，使员工对企业有较充分的了解和认识，并因此备受激励。员工这种自我负责的热情，可以成为企业保持竞争优势的有效举措之一。

在工作当中，给予员工一定的决策权，如一定的人事、资金等资源的支配权利，允许员工打破常规主动灵活地为客户做好服务工作，按照自己认为是正确的或最好的方式去行使权利，以便于出现服务差错之类的问题时，不需要再去找相关的主要负责人，及时有效地处理好问题，降低投诉率。这也使得员工在决策服务程序问题上有了延伸的发言权，这种"授权"不仅使员工工作更加投入，而且会使顾客的满意率增加。

4. 员工参与激励

员工参与激励是指管理者通过一定的制度和形式，让员工参与组织的参与决策计划的制订。在现代企业管理中，常见形式有：参与策划设计、利润分享、职工大会等。通过参与，可以让员工更好地了解本企业的一些管理模式、组织结构、发展目标，从而进一步提高员工的认同感、责任感和成就感，进而达到企业所期望的组织目标。

现代很多企业内部也有一些很好的利润分享方式，如购股计划、奖励计划，这样可让员工了解企业内部的发展情况，以使他们能最大限度地做好本职工作。最重要的是要让员工意识到自己在企业中的重要性，觉得自己得到了企业的尊重和信任，因而努力争取更好的成绩。

5. 竞争压力激励

竞争是激发员工工作干劲的有效方法之一。在一定的工作范围或环境之下，给企业的员工打造一种充实而又向上的竞争环境可以带来良好的效果。引入竞争机制，开展员工与员工、部门与部门、企业与企业之间的竞争，比如在两个或多个企业之间举行竞赛活动，使员工感受到外部压力与危机感。这样的竞争比赛也可以在员工内部形成一种气氛，从对手那里学到成功的经验和自己失败的教训。化压力为动力，化干戈为玉帛，从而就有了更高的目标，能够在关键时刻发起最强劲的冲刺。

但要注意的是，竞争要尽量在公平公正的原则及操作下运行，否则这样的竞争比赛就只能拘泥于一种形式。要用科学正确的态度对待竞争，把握好竞争的强度，还可以采取一些联谊活动或娱乐竞赛来增强彼此之间的关系。同时，企业内部的部门与部门、组织与组织也要加强沟通，以此来增强企业员工之间的团结凝聚力。通过竞争压力激励，提供员工的认同感、责任感和成就感，进而推动企业所期望的组织目标。

6. 信任激励

信任激励是一种基本激励方式。当今社会，任何组织和社会的运行都必须以人与人的基本信任做润滑剂，否则社会就无法正常有序地运转。信任是加速人体自信力爆发的催化剂，自信比努力更为重要。领导与员工之间、员工与员工之间的相互理解和信任是一种强大的精神力量，它有助于企业人与人之间的和谐共处，有助于企业团队精神和凝聚力的形成。

管理者对员工的信任体现在平等待人、尊重下属的劳动、职权和意见上，这种信任体现在"用人不疑，疑人不用"上，而且还表现在放手使用上。刘备"三顾茅庐"力请诸葛亮显出一个："诚"字；魏征从谏如流，得益于唐太宗的一个"信"字；这都充分体现了对人才的充分信任上。只有在信任基础之上的放手使用，也才能最大限度的发挥人才的主观能动性和创造性，有时甚至还可超水平的发挥，取得自己都不敢相信的成绩。

7. 榜样激励

榜样激励可以促进群体各个成员的学习积极性，把优秀员工树立为榜样，让员工向他们学习。虽然这个办法有些陈旧，但实用性很强。近朱者赤，近墨者黑。一个坏员工可以让大家学坏，一位优秀的榜样也可以改善群体的工作风气。因此榜样激励可以有效提高员工自身的职业技能和素质，对一个企业的整体发展来说，是一个很不错的方法。

8. 环境激励

倡导以人为本的激励机制必须多方了解员工的需要，包括员工对工作环境的需求。环境包括企业文化环境和客观工作环境两个范畴。满足员工的环境方面的需求：一是政策环境与企业文化激励。公司的政策环境与企业文化息息相关，企业应力求建立一种重视人力资源，把职工当作"社会人"、"决策人"甚至是"自己人"，最大限度地发挥员工的潜力，调动他们的积极性、主动性和创造性的文化氛围，并在这样的企业文化的大环境下确立本企业的政策环境。二是客观环境激励。员工的客观环境是指员工的工作环境、办公设备、环境卫生等方面，为员工创造一个优美、安静和舒适的客观环境能大大地提高员工的工作效率。

三、控制程序

（一）控制的原则

1. 反映计划要求原则

控制是实现计划的保证，控制的目的是为了实现计划，计划越是明确、全面、完整，所设计的控制系统越是能反映这样的计划，则控制工作也就越有效。确定什么标准，控制哪些关键点和重要参数，收集什么信息，采用何种方法评定成效以及由谁来控制和采取纠正措施等，都必须按不同计划的特殊要求和具体情况来设计。

2. 控制关键点原则

为了进行有效的控制，需要特别注意在根据各种计划来衡量工作成效时具有关键意义的那些因素。对一个管理人员来说，随时注意计划执行情况的每一个细节，通常是浪费时间、精力和资源，是没有必要的，也是不可能的。他们应当也只能够将注意力集中于计划执行中的一些主要影响因素上。事实上，控制住了关键点，也就控制住了全局。有效的控制方法是指那些能够以最低的费用或其他代价来探查和阐明实际偏离或可能偏离计划的偏差及其原因的措施。

3. 控制趋势原则

对控制全局的管理者来说，重要的是现状所预示的趋势，而不是现状本身。控制变化的趋势比仅仅是改变现状要重要得多，也困难得多。一般来说，趋势是多种复杂因素综合作用的结果，是在一段较长的时期内逐渐形成的，并对管理工作成效起着长期的制约作用。趋势往往容易被现象所掩盖，控制趋势的关键在于从现状中揭示倾向，特别是在趋势刚显露苗头时就觉察，并给予有效的控制。

4. 例外性原则

在控制过程中，管理者应该只注意一些重要的例外偏差，也就是说把主要注意力集中在那些超出一般情况的特别好或特别坏的情况，这样控制工作就会更有效。事实上，例外原则必须与控制关键点原则相结合，即要多注意关键点的例外情况。

（二）控制的基本程序

1. 确定控制标准

（1）确立控制对象。确立控制对象，这是在决定控制标准的前提。控制的对象一般有组织的人员、财务活动、生产作业、信息及组织绩效等。组织活动的成果应该成为控制的重点对象。

（2）选择控制重点。管理者必须选择需要特别关注的地方，以确保整个工作按计划要求执行。因此需要特别关注的控制点应当是关键性的，它们或是经营活动中的限制因素，或者能够比其他因素更清楚地体现计划是否得以有效实施。

控制原理中一条最为重要的原理——关键点控制原理，强调有效控制要求关注那些关键因素，并以此对业绩进行控制。标准大致有：实物标准、成本标准、资本标准、收益标准、计划标准、无形标准、指标标准以及作为策略控制点的策略计划。

（3）制定标准方法。最理想的是以可考核的目标直接作为标准，但更多的情况往往是将某一计划目标分解为一系列的控制标准。进一步可分为定量标准和定性标准，前者是控制标准的主要形式，后者主要是有关服务质量、组织形象等难以量化的标准。在工业企业中，最常用的定量控制标准有四种：时间标准（如工时、交货期等）、数量标准（如产品数量、废品数量）、质量标准（如产品等级、合格率）和成本标准（如单位产品成本）。组织中所有作业活动都可依据这四种标准进行控制。对于一项工作，人们总是可以近似或准确地找出数量、质量、时间及成本间的内在联系。如生产控制往往注重质量和时间控制，而销售控制更多侧重于成本和数量控制。

常用的制定标准的方法有三种：利用统计方法来确定预期结果，根据经验和判断来估计预期结果，在客观的定量发现的基础上建立工程（工作）标准。

2. 衡量实际业绩

控制活动应当跟踪工作进展，及时预示脱离正常或预期成果的信息，及时采取矫正措施。在衡量的过程中应注意以下问题。

（1）通过衡量成绩，检验标准的客观性和有效性。利用预先制定的标准去检查各部门、各阶段和每个人工作的过程，同时也是对标准的客观性和有效性进行检验的过程。

检验标准的客观性和有效性，是要分析对标准执行情况的测量能者取得符合控制需要的信息。

（2）确定适宜的衡量额度。额度是指数量，有效的控制要求确定适宜的衡量额度，即衡量频度不仅要体现在控制对象的数量上（即控制目标的数量上），而且体现在对同一标准的测量次数或频度上。适宜的衡量额度取决于被控制活动的性质、控制活动的要求。对那些长期的较高水平的标准，适用于年度控制。而对产量、出勤率等短期、基础性的标准，则需要比较频繁的控制。

（3）建立信息反馈系统。为纠正偏差应该建立有效的信息反馈网络，使反映实际工作情况的信息既能迅速收集上来，又能适时传递给管理人员，并能迅速将纠偏指令下达给相关人员，使之能与预定标准相比较，及时发现问题，并迅速地进行处置。

有两类反馈控制的形式。一类是可自我纠正的，即不需从外界采取纠偏措施进行干预就能自我调节。另一类是不能自我纠正的，即指在纠正措施发生之前需要外界干预。

从管理控制工作职能的角度看，除了要求信息的准确性以外，还要求：

①信息的及时性。及时有两层含义，一是对那些时过境迁就不能追忆和不能再现的重要信息要及时记录；二是信息的加工、检索和传递要快。

②信息的可靠性。信息的可靠性除了与信息的精确程度有关外，还与信息的完整性相关。要提高信息的可靠性，最简单的办法是尽可能多地收集有关信息。

③信息的适用性。信息适用性有两个基本要求，一是管理控制工作需要的是适用的信息；二是信息必须经过有效的加工、整理和分析，以保证在管理者需要的时候能够提供精炼而又满足控制要求的全部信息。

3. 进行差异分析

通过将实际业绩与控制标准进行比较，可确定这两者之间有无差异。若无差异，工作按原计划继续进行。若有差异，首先要了解偏差是否在标准允许的范围之内，在分析偏差原因的基础上进行改进；若差异在允许范围之外，则应深入分析产生偏差的原因。

（1）找出偏差产生的主要原因。有些偏差可能是由于计划本身和执行过程中的问题造成的，而另一些偏差则可能是由于偶然的暂时的局部性因素引起的，不一定会对组织活动的最终结果产生重要影响。在采取纠正措施以前，必须对反映偏差的信息进行评估和分析。

管理者必须把精力集中于查清问题的原因上，既要查内部的因素，也要变外部环境的影响，寻找问题的本质。评估和分析偏差信息时，首先要判别偏差的严重程度，判断其是否会对组织活动的效率和效果产生影响；其次要探寻导致偏差产生的主要原因。

（2）确定纠偏措施的实施对象。在纠偏过程中，需要纠正的不仅可能是企业的实际活动，也可能是指导这些活动的计划或衡量活动的标准。因此，纠偏的对象可能是进行的活动，也可能是衡量的标准，甚至是指导活动的计划。

计划目标或标准的调整是由两种原因决定的：一种原因是最初制订的计划或标准不科学，过高或过低，有必要对标准进行修正。另一种原因是所制订的计划或标准本身没有问题，但由于客观环境发生了变化，或一些不可控制因素造成的大幅度偏差，使原本适用的计划或标准变得不合时宜，也必要重新调整原有的计划或标准。

4. 采取纠偏措施

（1）纠偏工作中采取的主要方法。针对产生偏差的主要原因，在纠偏工作中采取的方法主要有：第一，对于由工作失误而造成的问题，控制工作主要是加强管理、监督，确保工作与目标的接近或吻合；第二，计划或目标不切合实际，控制工作主要是按

项目七 激励与控制

131

实际情况修改计划成目标；第三，若组织的运行环境发生重大变化，使计划失去客观的依据，控制工作主要是启动备用计划或重新制定新的计划。

管理人员可以运用组织职能重新分派任务来纠正偏差，还可以采用增加人员，更好地选拔和培训下属人员，或是最终解雇、重新配备人员等办法来纠正偏差。以外，管理人员还可以对工作做出更全面的说明和采用更为有效的领导方法来纠正偏差。

（2）纠偏措施的类型。具体的纠偏措施有两种：一是立即执行的临时性应急措施；另一种是永久性的根治措施。对于那些迅速、直接地影响组织正常活动的急迫问题，多数应立即采取补救措施。例如，某一种规格的部件一周后如不能生产出来，其他部门就会受其影响而出现停工待料，此时，不应花时间考虑该追究什么人的责任，而要采取措施确保按期完成任务。管理者可以凭借手中的权力，采取如下行动：要求工人加班加点，短期突击；增添工人和设备；派专人负责指导完成；等等。危机缓解以后，则可转向永久性的根治措施，如更换车间管理人员，变更整个生产线，或者重新设计部件结构等。现实中不少管理者在控制工作中常常局限于充当"救火员"的角色，没有认真探究"失火"的原因，并采取根治措施消除偏差产生的根源和隐患。长此以往，必将自己置于被动的境地。

（3）需要注意的问题。

第一，使纠偏方案双重优化。使纠偏方案双重优化的第一重优化，是指考虑纠偏工作的经济性问题。如果管理人员发现纠偏工作的成本大于偏差可能带来的损失，管理人员将放弃纠偏行动。若要纠偏，应使纠偏的成本小于偏差可能带来的损失。第二重优化是在此基础上，通过对各种纠偏方案的比较，找出其中追加投入最少、成本最小、解决偏差效果最好的方案来组织实施。

第二，充分考虑原先计划实施的影响。由于对客观环境的认识能力提高，或者由于客观环境本身发生了变化而引起的纠偏需要，可能会导致对部分原先计划、甚至全部计划的否定，从而要求对企业活动的方向和内容进行重大的调控。这种调整类似于"追踪决策"的性质。

追踪决策是相对于初始决策而言的。初始决策是指所选定的方案尚未付诸实施，没有投入任何资源，客观对象与环境尚未受到决策的影响和干扰，因而是以零为起点的决策。进行重大战略调整的追踪决策则不然。企业外部的经营环境或内部的经营条件已经由于初始决策的执行而有所改变，是"非零起点"。因此，在制定和选择追踪决策的方案时，要充分考虑到伴随着初始决策的实施已经消耗的资源，以及这种消耗对客观环境造成的种种影响和人员思想观念的转变。

第三，注意消除组织成员对纠偏措施的疑虑。控制人员要充分考虑到组织成员对纠偏措施的不同态度，特别是要注意消除执行者的疑虑，争取更多的人理解、赞同和支持纠偏措施，以避免在纠偏方案实施过程中可能出现的人为障碍。

案例
EVA 奖金计划——某银行的激励机制优化

EVA 奖金计划，对于银行经营层和员工层来说，都是一种非常有效的激励方式，是实现员工与企业双赢的最佳途径，为银行效益的提升以及员工积极性的提高发挥了巨大作用。

1. 项目背景

山西省某商业银行是一家省属大型金融企业，由地方财政、企业法人和个人投资入股的地方性股份制商业银行，于 1999 年成立，全行下设 80 余个营业网点，营业网点遍布市区。其目标是将完成省内网点布局、逐步向省外拓展辐射、择机在境内外资本市场公开上市的"三步走"发展战略。把该商业银行打造成为资本充足、内控严密、运营安全、服务和效益良好的，根植三晋、服务山西、面向全国、走向世界的，具有较强竞争力和影响力的民族品牌银行。

作为银行这样的金融企业，相比较其他行业来讲，是工作较为稳定的一个行业，员工自身无形之中有一种自豪感。员工在工作中发展平稳，但是从长远发展的角度来看，银行面临着一个非常尴尬的局面：员工工作没有激情，处于一种安于现状、不思进取的状态，整个员工队伍缺乏积极向上的朝气；员工工作中不像其他服务行业的员工那样在主动地为客户提供各项业务服务，而是处于一种等待状态。而且，柜员间的收入多是通过业务量来体现，在薪酬分配时也仅是分配到支行，然后支行内部进行二次分配，这样，每个人的水平差不多，在收入上彼此之间没有多大的差别，同时受业务内容范围的限制，有能力之人无用武之地，只是在机械地做一些日常的工作，年复一年、日复一日，激情自然被磨灭殆尽。

对于员工的有效激励，是激发员工工作积极性的重要举措。既然是激励，就不能像大锅饭一样，人人有奖，这样做不但没有让员工体现到激励的好处，反而会磨灭工作的热情，因为没有真正地体现出多劳多得的思想；对于企业来讲，只能是"出力不讨好，花了钱也不能让员工认可"。

为了更好地激励员工，极大地激发员工积极性，该银行聘请了一家咨询机构对银行目前存在的问题进行了分析，主要是对该银行的奖金分配方式进行了解读。

首先，该银行在进行奖金分配时，采取的是分配到支行，然后支行进行二次分配的方式。这种分配方法，没有具体到个人，就容易产生大锅饭的局面。如果二次分配中没有详细的分配规则，仅是领导拍脑袋似的均分一下，就会引起员工的不满，打消工作的积极性。

其次，在员工工作过程中，被动等待式的服务方式对于银行收益的增加有着严重的阻碍作用。员工仅是在按部就班地去完成任务，不会为银行是否真的盈利而考虑方法，这样就出现了领导干部愁白头、员工工作乐逍遥的状况。所以，对于员工的激励方式需要加以改变，激励的源头在与绩效，自然有效的激励方式还依赖于有效的考核方式相匹配。

2. EVA奖金计划的制订

要想真正地发挥每一名员工的工作积极性，关键就在于让员工与银行成为一个利益共同体，让员工感受到其收益是与其责任、能力、业绩的大小相挂钩的。鉴于这样的激励管理理念，该咨询机构建议引入EVA奖金计划。

(1) 将EVA与经营层以及员工的薪酬挂钩，即把EVA增加值的一个部分回报给经营层和员工，从而创造出使经营层、员工都更接近于股东的环境，使管理人以及企业的一般员工开始像企业的股东一样思考。按照EVA增加值的一个固定比例来计算经营层及员工的奖金是以EVA为核心的薪酬管理体系的思路。

(2) EVA奖励计划，实施的是红利银行制度。即将红利银行的奖金始终处于一种变动的状态，使经营层在思考方式和行为上更多的趋于股东利益，从而使他们能够着眼于公司的长期发展而做出比较好的企业规划，并不断追求持续和长期的改进。对于员工而言，让他们在工作中也积极思考如何工作才可以使得银行发展地更好，以一种双赢的模式来激发人员的能力。

(3) 与传统实行封顶的激励制度相比，红利银行制度最大的特点是将奖金计酬和奖金分开支付。它每年实际支付给经营层的红利基于更新的奖金库账户余额，并将奖金记入奖金银行中。如果奖金库账户余额为负，则没有奖金支付。本期期末余额将被结转到下一期。对于员工而言，其个人收入的增量部分与奖金库账户余额相关，当奖金库账户余额为正时，其具有相应的奖金支付分配。

(4) 在EVA奖金计划思路指导下，对于员工的工作内容设计，可以根据不同产品线来设置不同的提成比例，员工根据自己所掌握的业务技能范围及水平，进行相关业务的工作，充分体现能者多劳、多劳多得。在EVA奖金计划模式下，银行柜员可以敏锐地感觉到银行提供的各种产品的不同获利能力，这样每位员工都可以清楚地知道自己能力提高的方向和工作努力的方向，这种自发的激励效果就可以产生。

(5) EVA奖金计划，让员工看到了收入增长的方向，对于自发改变原有的工作习惯有很大促进作用，同时带动银行的运用模式转变。在传统上，银行员工一般不用走出银行，是客户去找银行，银行员工仅是接受客户的指令。实行EVA后，银行员工将变得更具有进取性，他们留住当前的客户交谈，希望获得新的业务和机会，更可取的是针对具体客户的需求作出具体安排。他们的管理责任转向为个人提供服务，使得银行的运营模式有所改变。EVA使得员工的注意力更多地集中在能够带来最多EVA的产品上。这样员工对于各种产品的获利能力熟烂于胸，这样，银行的业务拓展也会由原先的存贷业务转向其他获利更多的业务。整个银行员工将会出现"无须扬鞭自奋蹄"的工作状态。

总之，EVA奖金计划，使得激励成为员工自发工作的动力，激励不再是虚无缥缈、不再是空洞无味；这种方式使得员工会主动站在银行股东的角度去考虑问题，有助于股东收益的不断提高。

3. EVA 奖金计划的优势

EVA 作为一种新型的绩效评价方法，体现了出了以银行效益和价值为中心的经营理念，EVA 奖金计划以增量绩效对银行管理者进行考核，使管理者更关注银行效益的提高，更注意相关成本的节约，并更重视职工积极性的提高，因此，对于以资金调拨为主要业务模式的商业银行来说，EVA 奖金计划是比较合适、有效的激励方法。

首先，EVA 奖金计划改善组织的治理结构，把股东、管理者和员工三者利益在同一目标下很好地结合起来，使职工能够分享他们创造的财富，培养良好的团队精神和主人翁意识。

其次，EVA 建立了独具特色的上不封顶的奖励计划。这种没有上限的激励使管理人员去发现并成功实施可以使股东财富增值的行为。相反，传统的激励制度下，一旦奖金封顶，经营层就会去做侵蚀股东财富的行为。

最后，EVA 设置了其独特的激励系统——"奖金账户"，采用延期支付方式，以激励管理者从银行的长期发展来进行相关规划，避免即期支付引发的管理者操纵盈余和行为短期化倾向。在"奖金账户"制度下，一部分额外的奖金将被保存起来，以备以后业绩下降时补偿损失，从而防止管理层为了短期目标而牺牲长期目标的企图，同时激励管理层和员工增加工作时间，减少企业不景气时的损失。

问题：

1. 通过该案例分析，该银行在员工的奖金分配制度主要存在什么问题？
2. 为有效激励员工，该银行引入了 EVA 计划，其包括的主要内容是什么？
3. 该银行引入的 EVA 计划，其相对于以往的奖金分配方式在激励员工积极性方面有什么优势？其操作的关键是什么？

项目八 薪酬管理与员工福利

引导案例

美国员工激励的差别化策略

在美国，对高级经理人才的奖励包括以下五个部分：基本薪酬、短期奖励或奖金计划、长期奖励计划、正常雇员福利、高级经理人才的特殊福利或津贴。对经理人员的奖励可以区分为短期激励和长期激励。短期奖励通常是指年度红利，目的在于激励经理人和主管人员的短期绩效。一般来说，职位越高的主管得到的红利也越多。红利应该分为两个部分：一部分与个人绩效相联系，另一部分与组织绩效相联系。在理论上，年度和短期奖励制度可以促进资产的有效利用。这种奖励的依据是银行的盈利率，一般以现金方式进行支付。长期激励的目的是促进的长期发展，包括开辟新市场、争取新客户等，以促进管理人员重视的长期繁荣，而不仅仅是短期的盈利。长期奖励的方法主要是给予股票或给予购买股票的优惠，从而使主管人员的利益与银行的长期利益联系在一起。需要强调的是，高级经理人员的长期工作绩效不仅包括数量方面，也包括质量方面。

一、薪酬管理概述

员工工作所得到的报酬包括支付给员工的薪水及其他形式的奖励。既包括以货币形式来表现的外在报酬，也包括以非货币收入形式表现的内在报酬。在内在报酬中，包括给员工更富有挑战性的工作、晋升、对突出工作业绩的承认、培训机会、弹性工作时间和优越的办公条件等。在人力资源管理中，我们把外在报酬作为员工薪酬体系研究的重点。

从概念上讲，员工的外在报酬指的是由于就业关系的存在，员工从得到各种形式的财务收益、服务和福利。它可以分为直接报酬和间接报酬。直接报酬包括基本报酬、绩效报酬、鼓励员工进一步提高工作效率的报酬等。其中，基本报酬在大多数情况下是根据员工工作的性质支付的基本现金报酬，因此，它只反映工作本身的价值，而不反映员工因为经验或工作态度而引起的贡献的差异。在有些情况下，也可按照员工所拥有的技能或教育经历而不是员工所承担的工作的性质来决定基本报酬。薪水是基本报酬的表现形式。

在内部的目标和战略文化、员工工作的性质以及所需要的技能对员工的薪酬都有重要的影响。从理论上讲，薪酬制度与组织及其外部环境之间存在着一种依存关系，薪酬制度应支持的发展战略，这种支持的方式是通过薪酬政策向员工发出银行期望的信息，并通过薪酬政策对那些与的期望相一致的行为进行奖励来实现的。

薪酬政策通常是由人事部门按照最高管理当局的方针拟定的，它强调的是支付标准与规模相当的竞争性的相对高低和差异，包括薪酬等级、加薪基础、晋升、降级、调职、加薪的机密性、休假、工作时数和工作时间等各个方面。薪酬政策承担着多种职能。一般而言，一个有效的薪酬体系应该具有以下几个方面的效果：第一，吸引和保持组织需要的优秀人才；第二，鼓励员工积极提高工作所需要的技能和能力；第三，激励员工高效率的工作；第四，创造组织所希望的文化氛围。不过需要指出的是，每个企业的薪酬政策都有所不同，如果我们考查100家，就可能有100种薪酬政策的表述。但是总体而言，各个都普遍强调营销效率的提高，控制员工成本以保持的竞争力，并实现对所有员工的公平对待。

设定薪酬政策目标的目的是指导薪酬政策的设计。如果某企业的目标是对业绩突出的员工进行鼓励，那么薪酬政策就将是对员工绩效支付报酬。在这种情况下，应该调整报酬支付政策，力求使报酬更多地与刺激性奖励联系起来，而不是采取固定薪酬的形式。为此，可以尽量避免给员工提升薪水，而是对工作绩效优秀的员工给予奖励，目的是提高利润，使直接对银行做出贡献的员工得到更多的利益。这样一来，就能够建立一套真正由工作绩效决定报酬的支付体系。

薪酬政策的目标也可能是控制成本。当面临的局面是经营效益比较差，竞争对手很强时，为适应这种局面，管理当局就会控制员工的数量、薪酬的总额、福利开销等。一些措施是暂时性的，包括薪酬冻结、延缓提薪等。一些措施是长期性的，包括解雇一些高级管理人才或让他们提前退休，要求员工延长工作时间、缩短假期，缩小医疗保险范围或要求员工自己负担一部分医疗费用，调整差旅费支出标准，限制各种公费娱乐活动等。一般而言，在经济上升期，解雇员工的压力相对较小；而在经济衰退时期，为了控制成本，解雇员工几乎是无法避免的。一个容易被忽视的问题是为了削减管理费用，必须尽可能减少高级管理人才，因为一个高级管理人才在一年中的实际花费经常是其年薪的几倍。因此，减少一名高级管理人才对降低成本的作用相当于减少很多名普通员工。

在实践中，经常是参照其他竞争对手的做法来制订工作报酬计划的。但是工作报酬计划应该与总体战略目标结合起来。换言之，实际报酬水平不应该完全依赖市场价格，而是应该综合考虑以下三个方面：第一，能够吸引和保持所需要的员工所必须支付的报酬水平；第二，有能力支付的报酬水平；第三，实现的战略目标所需要的报酬水平。

此外，如果一个强调激励人才队伍不断学习的能力，它可能非常需要重视培和建立工作小组的技术。这时的薪酬政策就可能把薪酬水平设定在不低于自竞争者的薪酬水平上，并且根据员工技能和知识的增长来确定员工薪酬增加的标准。如果薪酬政策的主要目的是为了吸引和保持有竞争力的员工，而本有技能的员工纷纷另谋高就，那么就说明有可能是薪酬制度运转失灵,需要调整。

二、薪酬制度

(一) 年薪制

年薪制适用于的高级管理人才。主要是按照其以往的表现,以年为单位支付固定的薪水。实际上这是一种固定的工资,它将高级管理人才业绩的非直接性和长期性考虑进去。发放固定的薪水,提供比较稳定的环境和保障以有利于他们的工作。在西方发达国家有广泛的应用,近年来传入我国,在许多试用后效果不错。

(二) 项目承包收入制

这种制度与我国在改革开放初期实行的企业个人承包制有很大的不同。企业承包制是在与承包人订立合同的基础上,在一定期限内将企业的经营权给予承包人,承包人保证交纳足够合同规定的利润。由于容易引发短期效应等问题,这种制度已经基本废止了。这里的项目承包收入制是针对金融新产品开发人员和部分项目经理而言的,他们所承包的项目也仅仅是银行的部分业务。在实践中,很多银行对这部分核心员工已经取消了基本月薪或仅保留了很少一部分,而将他们的收入与所负责的开发项目相挂钩。这样一来,金融产品开发的速度快,效益好,自己的收入就高;反之,则可能收入很少,从而调动银行技术类核心员工的积极性。应当说,项目承包收入普遍要比原来的固定收入要高,否则恐怕没有人愿意承担如此大的风险和压力。

(三) 奖金制

奖金制在我国应用极为广泛,工资加奖金一般即构成人员的主要现金收入。通过月度奖金、年度奖金的发放将确定的绩效考评结果及时反馈给员工,就可以为员工整体间的竞争创造好的氛围。但是在银行业实际操作中,为了获得奖金,银行员工往往更注重短期效应而忽视企业长远的发展。而且按照绩效标准给员工发放奖金数量一般太大,不但会引起一般员工的不满,更重要的是吞噬了企业宝贵的现金流。所以,从国内外的发展趋势来看,奖金这种即时、短期的激励措施,正逐步被长期性的激励方式所代替。

(四) 佣金制

一般说来,佣金制主要用于营销类或储蓄类金融人才。佣金一般等于销售量(或销售率)与佣金率的乘积。可以是以销售量(额)作为基础,也可以用较前一段时间销售量的相对增长率或一定时间内建立新客户的数目为基础。当然,如果考虑到客观经济因素的影响,佣金制则可能设计为佣金仅仅构成营销人员收入的一部分,而另外部分以底薪(基本薪)的形式存在,还可能是以销售额(量)中扣除定额后的部分作为计算基础。

(五) 股票期权制和员工持股计划

员工持股计划是目前公认的解决委托代理机制最为有效的途径之一。简单来说，就是根据职位、能力、所负责任等因素的差别，大多数人员都持有数量不等的股份的一种长期的激励计划。而股票期权制度则是主要以高层经理人、技术骨干等核心员工为对象的薪酬激励制度。据统计，全球大多数已经对经营者实行了股票期权制度，而其中推行员工持股计划的也不在少数。这两种激励方式使员工得到了企业的股份（经营者还可得到相应的股票购买期权），这样就增强了企业与员工间的利益联系，员工不再单纯是被雇佣者，而是有了所有者的身份。这有利于队伍的稳定和工作效率的提高。另外，期限较长的股票期权计划还有利于促使核心员工放弃眼前的短期效应，真正致力于的长远发展和持续增值。

(六) 福利计划

福利计划主要有生活性福利、保障性福利、教育培训性福利等方式。其中生活性福利和保障性福利是满足员工基本生活和安全保障需要的，一般与员工的级别和职位关系不大。其具体形式有：交通性补贴或福利、医疗保健福利、国家有关规定以外的商业保险及其他生活性福利（洗澡、理发津贴、降温、取暖津贴等）。而与前者相比，教育培训福利更具有激励的性质，对于高层经理人员更为明显。教育培训性福利主要包括在职或脱产培训、企业之外的公费进修、报刊订阅补贴、专业书籍购买补贴等。这一方面满足了高层管理人员希望进一步提高的需求；另一方面提高了员工能力反过来应用于本企业，又会对企业的生产和管理效率产生积极的影响。

三、员工福利

(一) 福利的概念和定义

福利是员工的间接报酬。一般包括健康保险、带薪假期或退休金等形式。这些奖励作为企业成员福利的一部分，奖给职工个人或者员工小组。福利必须被视为全部报酬的一部分，而总报酬是人力资源战略决策的重要方面之一。从管理层的角度看，福利可对以下若干战略目标作出贡献：协助吸引员工，协助保持员工，提高企业在员工和其他企业心目中的形象，提高员工对职务的满意度。与员工的收入不同，福利一般不需纳税。由于这一原因，相对于等量的现金支付，福利在某种意义上来说，对员工就具有更大的价值。

(二) 福利的适用范围

福利适用：所有的员工，而奖金则只适用于高绩效员工。福利的内容很多，各个企业也为员工提供不同形式的福利，但可以把各种福利归为以下几类：补充性工资福利、保险福利、退休福利、员工服务福利。

根据福利的范围可以分为：

（1）国家性福利：在全国范围内以社会成员为对象而举办的福利事业。

（2）地方性福利：在一定地域内以该地区的居民为对象的福利事业。

（3）家庭性福利：在家庭范围内商定的为家庭成员对象的福利事业。

根据福利的内容可以分为：

（1）法定福利：政府通过立法要求企业必须提供的，如社会养老保险、社会失业保险、社会医疗保险、工伤保险、生育保险等。

（2）企业福利：用人单位为了吸引人才或稳定员工而自行为员工采取的福利措施。比如工作餐、工作服、团体保险等。

企业福利根据享受的范围不同：

（1）全员性福利：全体员工可以享受的福利，如工作餐、节日礼物、健康体检、带薪年假、奖励礼品等。

（2）特殊群体福利：指能供特殊群体享用，这些特殊群体往往是对企业做出特殊贡献的技术专家、管理专家等企业核心人员。特殊群体的福利包括住房、汽车等项目。

（三）员工福利的特点

与其他形式的报酬相比，员工福利有四个主要特点：

（1）补偿性。员工福利是对劳动者为企业提供劳动的一种物质性补偿，也是员工工资收入的一种补充形式。

（2）均等性。企业内履行了劳动义务的员工，都可以平均地享受企业的各种福利。

（3）集体性。企业兴办各种集体福利事业，员工集体消费或共同使用共同物品等是员工福利的主体形式，也是员工福利的一个重要特征。

（4）多样性。员工福利多样性，包括现金、实物、带薪休假以及各种服务，而且可以采用多种组合方式，要比其他形式的报酬更为复杂，更加难以计算和衡量，最常用的方式是实物给付形式，并且具有延期支付的特点，这与基本薪酬差异较大。

（四）员工福利计划的影响

1. 对企业的影响

（1）企业调控人工成本和生产基金关系的重要工具。

（2）树立企业良好的社会形象。

（3）提高企业美誉度。

2. 对员工的影响

（1）保护劳动者的积极性。

（2）有助于员工全身心地投入到工作中。

(3) 提高员工素质。
(4) 留住人才。

四、员工福利计划与管理计划

(一) 分配公平性的特性

1. 主观性

它完全凭当事者主观臆断，没有客观的统一标准，与当事者的能力、经验、教育背景和价值观等个性因素关联很大。因此，对同一种分配，不仅公平判断可能因人而异，就是同一个人在不同的时间、地点或涉及的有关人物不同，都可能会有所不同。

2. 相对性

公平是比较出来的：把实际所得和期望得到的比，把自己所获得和别人所获得的比，把自己目前所获得和自己过去所获得的或"未来"（假想状态）可能所获得的去比等。总之，公平感是人们通过横向或纵向的，自身不同状况间的或人际的比较而产生的。

3. 扩散性与行为倾向性

这是指一旦某一员工对某项分配产生了不公平感，他便会气愤、焦虑、心理失衡，波及他在工作和生活各方面的情绪和态度。不仅如此，他还会要去改变他认为不公平根源的意向。在他认为自己可以控制的范围及可行的条件下，他便会见诸行动，例如怠工等，以减少自己的贡献或制造"负贡献"；去和领导争吵，要求增加给自己的奖酬以增大自己的收获；或要求把参照者所获奖酬拉下来与自己一样，以减少对方的收获等。若自己不能控制或环境不允许时，则会进行上面提到的心理调整以平衡心态，恢复公平感。

有效的薪酬体系必须满足公平要求。外部公平性要求薪酬标准与其他银行目比要有竞争力，否则就难以吸引或留住人才。内部公平性要求使内部员工感到自己与同事之间在付出和所得关系上合理。

薪酬政策不仅要考虑薪酬水平的外部竞争力和薪酬结构的内部一致性，还要研究在一个组织内部那些承担相同工作或者具有相同技能水平的员工之间的薪酬关系问题。

一般而言，在同一企业中承担相同工作或拥有相同技能的员工可能在工作业绩方面存在差别，也可能在经验方面存在差别，因此，绝大多数的薪酬政策也反映了员工个人方面的差异在薪酬决定中的影响。

(二) 如何保证分配的公平

要保证分配的公平性，应做到以下几点：

薪酬制度要有明确一致的指导原则，并有统一的可以说明的规范作依据。为什么一个客户经理要比一个普通柜员的工资高，为什么一个有着丰富工作经验的老员工要比一个新进员工的工资高，这些都要有能说得出的道理，有经得住追究和推敲的规范作依据。

薪酬制度要有民主性与透明性。一个企业的薪酬制度必须要民主、公开，要让企业内的所有员工都能了解和监督制度的制定和运行，并能对制度政策有一定的参与和发言权。那么，当员工觉得企业的薪酬制度非常民主透明时，其不公平感就会降低。

领导要为员工创造机会均等、公平竞争的条件，并引导员工把注意力从结果均等转到机会均等上来。世界上没有绝对的公平，不同的人对"得到"与"付出"有不同的理解，选择不同的"参照人"进行比较同样也会有不同的理解。因而一个聪明的管理者往往能在不完全公平的结果中使员工获得公平感。比如说，一个企业要做一个项目，若直接指定某个人做，必会引起其他员工的不服，他们会产生各种各样的想法，会认为自己受到了不公平的待遇。一个聪明的管理者就必须要从一开始就避免这种情况的发生，比如可以采取出榜招标的方式，让每一个相关的员工都有机会去争取这个项目，也许最后招到的并不是最好的，但是由于这种做法为员工们提供了一个均等的竞争机会，那么即使落选了，他们的面对未来竞争激烈且快速变迁的经营环境，人力资源管理将成为成败的关键，健全的薪酬制度是吸引、激励、发展与留住人才的最有力的工具。而传统的薪酬设计理念将不足以满足现代高素质员工对工作、生活质量的追求，如何强化薪酬的激励功能，如何处理好既吸引人才又降低成本这对矛盾，成为薪酬管理的难点。

20世纪90年代以后，由于生产效率的提高，人才结构和意识形态发生了较大的变化。人才的素质越来越高，民主参与观念逐渐形成，而且生活品质观念也普遍萌芽。这就要求经营者了解这些变化，转变观念，从而改善管理。

案例

员工为何不断闹事？

某公司由于发展受阻，员工积极性不高，于是决定对技术人员和中层管理人员实行额外津贴制度以激励骨干人员，标准为：一定级别的管理干部享受一定的津贴，技术人员按照百分之二十的比例享受一定的津贴。此政策宣布后，立刻在公司技术人员中掀起轩然大波，技术人员纷纷表示不满，并矛头直指公司领导，表示若不能享受津贴，就让获得津贴的人干活。经过一段时间后，公司不得宣布调整对技术人员的津贴政策——按助工、工程师和高级工程师三个档次发放津贴。于是，公司的津贴激励制度变成了人人有分的大锅饭制度，钱花了，却收不到预期效果，反而引发一连串的麻烦。

该公司的一线生产为连续性生产，有大量倒班工人，他们知道此事后，都认为干部和工程师都涨工资了，他们的工资却不涨，这不公平。于是他们决定推选一些不上班的工人向公司某领导集中反映意见，连续几个上午，公司总部办公楼被工人团团围住，要求增加津贴。一段时间后，公司宣布增加倒班工人津贴。

此事才平，又起一事。公司经过政府有关部门批准，决定在市内购买数千套期房作为福利房分售给职工。此事办得极为迅速，约半个月就和房地产开发商签订合同，并交了订金。然后按照公司拟定的条件，展开了分售房行动。数千户工龄较长，职务较高的雇员获得了高值商品房。这时，一部分居住于市内的雇员决心也要获得此优惠房，为此决定联合起来闹房。又是采用和前一次相同的手段，同样的如愿以偿。一系列的事件使人们形成了印象：不管有理无理，只要找公司闹，终会得到满足。公司还会有麻烦。

问题：
（1）本案例集中反映了人力资源管理中的哪一项管理活动？
（2）你认为公司所遇到的闹事麻烦的原因是什么？
（3）结合本案例，你认为薪酬系统至少应包括哪些部分？薪酬管理应坚持哪些原则？

项目九 企业文化

引导案例

Microsoft：别具一格的文化个性

1975年，保罗·艾伦和比尔·盖茨合伙创建微软公司。产品是微软BASIC，雇员为3人，当年收入16 000美元。1977年在日本推BASIC。1982年，在英国建立欧洲分部。1986年，微软在NASDAQ上市。

1986年上市后，经营利润率持续保持在30%以上，到1995年，年收入已达59亿美元，拥有大约200多种产品，约17 800名雇员。微软控制了PC软件市场中最重要的部分——操作系统的80%~85%。这些软件在操作系统上运行，使用户能在计算机上执行特定的任务。没有哪一个与计算机或信息技术有关的行业和用户不受到微软及其产品的影响。

微软从最早卖程序设计语言，到出售操作系统，再到向零售店出售各种应用软件产品，从国内到国外，不断获得发展。但微软始终保持着公司早期结构松散、反官僚主义微型小组文化等特性的基本部分，从而与顾客更接近，更了解市场的需要。

面对市场和技术方面的挑战，微软总是奉行最基本的战略，向未来进军。它拥有出色的总裁和高级管理队伍，以及才华过人的雇员，拥有高度有效和一致的竞争策略和企业目标，企业机构灵活，产品开发能力强、效率高。微软人有一种敢于否定自我，不断学习提高的精神。当然，在其优点和成绩之后也潜藏着很多弱点。但微软正是在克服弱点和发挥优势的过程中不断向前发展。

微软公司令人吃惊的成长速度，引起世人的广泛关注。透过辉煌业绩，我们不难发现其成功不仅在于科技创新和优异的经营管理，更重要的是创设了知识型企业独特的文化个性。

一、比尔·盖茨缔造了微软文化个性

比尔·盖茨独特的个性和高超技能造就了微软公司的文化品位。这位精明的、精力充沛且富有幻想的公司创始人，极力寻求并任用与自己类似的既懂得技术又善于经营的经理人员。他向来强调以产品为中心来企业管理公司，超越经营职能，大胆实行企业创新，极力在公司内部和应聘者中挖掘同自己一样富有创新和合作精神的人才并委以重任。比尔·盖茨被其员工形容为一个幻想家，是一个不断积蓄力量和疯狂追求成功的人。他的这种个人品行，深深地影响着公司。他雄厚的技术知识存量和高度敏锐的战略眼光以及在他周围汇集的一大批精明的软件开发和经营人才，使自己及其公司矗立于这个迅速发展的行业的最前沿。盖茨善于洞察机会，紧紧抓住这些机会，并能使自己个人的精神风范在公司内贯彻到底，从而使整个公司的经营管理和产品开发等活动都带有盖茨色彩。

二、管理创造性人才和技术的团队文化

知识型企业一个重要特征就是拥有一大批具有创造性的人才。微软文化能把那些不喜欢大量规则、企业、计划，强烈反对官僚主义的 PC 程序员团结在一起，遵循"组建职能交叉专家小组"的策略准则；授权专业部门自己定义他们的工作，招聘并培训新雇员，使工作种类灵活机动，让人们保持独立的思想性；专家小组的成员可在工作中学习，从有经验的人那里学习，没有太多的官僚主义规则和干预，没有过时的正式培训项目，没有"职业化"的管理人员，没有耍"政治手腕"、搞官僚主义的风气。经理人员非常精干且平易近人，从而使大多数雇员认为微软是该行业的最佳工作场所。这种团队文化为员工提供了有趣的不断变化的工作及大量学习和决策机会。

三、始终如一的创新精神

知识经济时代的核心工作内容就是创新，创新精神应是知识型企业文化的精髓。微软人始终作为开拓者——创造或进入一个潜在的大规模市场，然后不断改进一种成为市场标准的好产品。微软公司不断进行渐进的产品革新，并不时有重大突破，在公司内部形成了一种不断的新陈代谢的机制，使竞争对手很少有机会能对微软构成威胁。其不断改进新产品，定期淘汰旧产品的机制，始终使公司产品成为或不断成为行业标准。创新是贯穿微软经营全过程的核心精神。

四、创建学习型企业

世界已经进入学习型企业的时代，真正创建学习形企业的企业，才是最有活力的企业。微软人为此制定了自己的战略，通过自我批评、信息反馈和交流而力求进步，向未来进军。微软在充分衡量产品开发过程的各要素之后，极力在进行更有效的管理和避免过度官僚化之间寻求一种新平衡；以更彻底地分析与客户的联系，视客户的支持为自己进步的依据；系统地从过去和当前的研究项目与产品中学习，不断地进行自我批评、自我否定；通过电子邮件建立广泛的联系和信任，盖茨及其他经理人员极力主张人们保持密切联系，加强互动式学习，实现资源共享；通过建立共享制影响公司文化的发展战略，促进公司企业发生着变化，保持充分的活力。建立学习型企业，使公司整体结合得更加紧密，效率更高地向未来进军。

一、企业文化基本理论

（一）企业文化的提出

企业的成功或失败经常归因于企业文化。企业文化是被企业成员共同接受的价值观念、思维方式、工作作风、行为准则等群体意识的总和。企业通过培养、塑造这种文化，来影响员工的工作态度，引导实现企业目标，因此，根据外在环境的变化适时变革企业文化被视为企业成功的基础。

企业文化的提出源于日本经济发展奇迹而引起的美日比较管理学研究热潮。第二次世界大战后的日本，在20世纪50年代开始引进美国现代管理方法，60年代实现了经济起飞，70年代在平稳度过两次石油危机后再次创造了高速增长的经济奇迹，进入80年代之后大有取代美国经济霸主地位的趋势。而对日本快速发展的经济奇迹，如何解决困扰美国企业界的各项难题，成为许多学者研究的重要课题。这些学者的研究汇合成了一股美日比较管理学的研究热潮，1981—1984年，接连出现了5本企业文化方面的专著，它们是《未来的企业》、《Z理论——美国企业如何迎接日本的挑战》、《日本企业管理艺术》、《成功之路——美国最佳管理企业的经验》、《西方企业文化》等，它们奠定了企业文化学科体系的基础。

企业文化的构成要素，按其创始人美国哈佛大学教授劳伦斯·迪尔和麦肯齐咨询公司专家阿伦·肯尼迪的观点，可以归纳为五点：①企业的环境，是塑造企业文化的最主要因素；②企业的价值观，是形成企业文化的核心；③企业中的英雄，它是英雄人物价值观的"人格化"，为广大员工提供了效法的具体典范；④企业的典礼及仪式，它是一种企业活动，亦即由有系统、有计划的日常例行事务构成的动态文化，它能使企业的价值观得以健全和发展；⑤文化网络，它沟通公司基层企业，是传递价值观和英雄意识的渠道。

1985—1986年，企业文化传入我国，并且陆续在我国传播媒介上出现各种介绍、研究企业文化的作品。从此我国出现了企业文化热，成为当代中国文化的生长点。其实，我国传统文化不仅是企业文化的源泉，而且早在20世纪50年代和60年代，中国同日本一样，在实践操作上早已形成了自己独特的企业文化，虽然未上升到理论和理性上来研究，但像举世闻名的"鞍钢宪法"、"铁人精神"、"孟泰精神"等，都是中国企业在企业文化方面的开创之作。当然也只是在改革开放之后，企业成为独立的企业法人，有了自主经营权之后，企业文化才真正地作为科学的、系统的理论和操作系统在中国出现，并且对当代中国经济社会与科学文化的发展产生了极其深远的影响。

近年来，对企业文化的研究又与企业形象设计（Corporate Identity System，CIS）结合起来，使企业文化在企业经营管理中的重要性更加突出。1997年国际设计协会就曾估计过，企业在形象策划中每投入1美元，可以获得227美元的收益。许多企业家也认为，企业文化是继人、财、物、信息之后的第五种经营资源。

其实，企业管理本身也是一种文化。美国管理学家彼得·德鲁克在《管理学》一书中，把管理与文化明确地联系起来。他认为，管理不只是一门科学，还是一门文化，有它自己的价值观、信仰和语言。任何企业都是在一定的文化背景中生存和发展，这种文化不仅制约着企业的营销方式，也制约着企业的管理。管理是因文化而异的，文化模式的多样性决定了管理模式的多样性。当企业营销由一种文化向另一种文化拓展时，其管理也必然超越了原来的文化模式而成为跨文化管理。

当前,随着世界经济文化一体化和企业跨国经营大趋势的到来,各个不同民族、不同文化之间的矛盾和冲突所带来的经营困难也日益凸现。企业内部来自不同文化背景的员工在决策时有不同的价值取向,从而产生沟通上的障碍;企业外部面对不同文化背景的市场,企业原有传播、沟通的价值观念被这个市场所认同时,才能在这个市场上生存下去。因此,如何通过跨文化管理以达到跨文化的参与及融合就成为企业界和管理界所面临的一个重要课题,并将以此为契机,掀起企业文化研究的又一股热潮。

(二) 企业文化的概念与特征

1. 企业文化的基本概念

综合国内外的研究,对企业文化有狭义和广义两种解释。狭义的解释认为:企业文化属于意识的范畴,仅仅包括企业的思想、意识、习惯和感情领域。而广义的解释认为:企业文化是指人类在社会历史实践过程中所创造的物质财富和精神财富的总和,其中,物质文化可称为"器的文化"或"硬文化",而精神文化可称为"软文化"。企业文化具有民族性、多样性、相对性、积淀性和整体性的特征。

对任何一个企业来说,由于每个企业都有自己特殊的环境条件和历史传统,从而也就形成自己独特的哲学信仰、意识形态、价值取向和行为方式,于是每种企业也都具有自己特定的企业文化。因此,企业文化是指企业在长期的实践活动中所形成的,并且为企业成员普遍认可和遵循的,具有本企业特色的价值观念、团体意识、行为规范和思想模式的总和。

2. 企业文化的特征

企业文化具有以下主要特征:

(1) 独特性。每个企业都有其独特的企业文化,这是由不同的国家和民族、不同的地域、不同的时代背景以及不同的行业特点所形成的。如美国的企业文化强调能力主义,个人奋斗和不断进取;日本文化受儒家文化的影响,强调团队合作,家族精神。

(2) 相对稳定性。企业文化是企业在长期的发展中逐渐积累而成的,具有较强的稳定性,不会因企业结构的改变、战略的转移或产品与服务的调整而变化。一个企业中,精神文化又比物质文化具有更多的稳定性。

(3) 继承性。每一个企业都是特定的文化背景之下形成的,必然会接受和继承这个国家和民族的文化传统和价值体系。但是,企业文化在发展过程中,也必须注意吸收其他企业的优秀文化,融合世界上最新的文明成果,不断地充实和发展自我,也正是这种融合使得企业文化能够更加适应时代的要求,并且形成历史性与时代性相统一的企业文化。

(4) 发展性。企业文化随着历史的积累、社会的进步,环境的变迁以及企业变革逐步演进和发展。强势、健康的文化有助于企业适应外部环境和变革,而弱势、不健康的文化则可能导致企业的不良发展。改革现有的企业文化,重新设计和塑造健康的企文化过程就是企业适应外部环境变化，改变员工价值观念的过程。

（5）人本性。强调人的重要性，是现代企业文化的一大特点。企业是人的企业，企业文化是以人为主体的文化。因此，企业文化必然体现出强烈的人本主义色彩。人的素质决定企业的素质和企业文化的品质。

（6）时代性。企业文化产生在特定的时代背景下，能反映出时代的精神，打上时代的烙印。一个时代的政治体制、经济体制、社会结构、文化时尚等都会对企业文化产生影响。

（7）开放性。企业文化是一种适应市场经济发展要求的开放性文化。它主要表现在企业文化是动态的，受市场条件、社会因素、企业具体情况等因素的变化而变化，具有可塑性。

（三）企业文化的结构与内容

1. 企业文化的结构

企业文化结构是企业文化系统内各要素之间的时空顺序、主次地位与结合方式，也就是企业文化的构成、形成、层次、内容、类型等比例关系和位置关系。它表明各个要素是如何链接、形成企业文化的整体模式的。一般而言，企业文化可以分为三个层次，即物质层、制度层和精神层。

（1）物质层。这是企业文化的表层部分，是由企业创造的产品和各种物质设施等构成的器物文化，是形成制度层和精神层的条件，它往往折射出企业的经营思想、经营管理哲学、工作作风和审美意识。物质层主要包含两部分内容，一是表现特定设计思想、生产理念的产品和服务，比如产品的特色、式样、品质、牌子、包装、维修服务、售后服务等；二是企业创造出来的企业环境、企业容貌、生产环境（硬件和软件设施）和企业外部特征，例如企业的标志、建筑风格，工作区和生活区的绿化、美化，以及在公共关系活动中送给客人的纪念画册、纪念品、礼品等。

（2）制度层。这是企业文化的中间层次，主要是指对企业员工和企业行为产生规范性、约束性影响的部分，它集中体现了企业文化的物质层及精神层对员工和企业行为的要求。这一要求包括两部分内容，一是书面约束，即书面规定的企业成员在共同的工作活动中所应当遵循的行动准则，主要包括各种工作制度、责任制度、特殊制度（如员工生日、结婚、死亡、生病、退休时干部要访问员工家庭等）和特殊风俗（企业特有的典礼、仪式、特色活动，如生日晚会、周末午餐会、厂庆活动、内部节目等）。二是对行为的非书面约束，俗称"游戏规则"，即企业虽然没有明文规定企业成员该做什么、说什么、相信什么，但是企业成员经过企业文化的熏陶并接受这一文化之后，会在生活和工作中自觉执行企业文化的要求。

（3）精神层。精神层是企业文化的核心层次，主要是指企业的领导和员工共同信守的基本信念、价值标准、职业道德及精神风貌，它是企业文化的核心和灵魂，是形成企业文化的物质层和制度层的基础和原因。企业文化中有没有精神层是衡量一个企业是否形成了自己的企业文化的主要标志和标准。企业文化的精神层主要包括企业哲学、企业价值观、企业精神和企业道德等内容，是企业意识形态的总和。

企业文化三个层次的内容相互依存、相互作用并且不断发展，形成了形形色色的企业文化：①企业精神层的内容决定了物质层和制度层的内容，精神层是企业文化的核心。②制度层是精神层和物质层的中介。③物质层和制度层是精神层的直观体现。可以看出，企业文化的精神层是最根本的，它决定着其他两个层次。因此，建设企业文化要以精神层文化的确立为核心。

2. 企业文化的内容

从最能体现企业文化特征的内容来看，企业文化包括企业价值观、企业精神、伦理规范以及企业素养等。

（1）企业的价值观。企业的价值观就是企业内部管理层和全体成员对该企业的生产、经营、服务等活动以及指导这些活动的一般看法或基本观点。它包括企业存在的意义和目的、企业中各项规章制度的必要性与作用、企业中各层级和各部门的各种不同岗位上的人们的行为与企业利益之间的关系等等。每一个企业的价值观都会由不同的层级和内容，成功的企业总是会不断地创造和更新企业的信念，不断地追求新的、更高的目标。

（2）企业精神。企业精神是指企业经过共同努力奋斗和长期培养所逐步形成的，认识和看待事物的共同心理趋势、价值取向和主导意识。企业精神是一个企业的精神支柱，是企业文化的核心，它反映了企业成员对企业的特征、形象、地位等的理解和认同，也包含了对企业未来发展和命运所抱有的理想和希望。企业精神反映了一个企业的基本素养和精神风貌，成为凝聚企业成员共同奋斗的精神源泉。

（3）伦理规范。伦理规范是指从道德意义上考虑的、由社会向人们提出并应当遵守的行为准则，它通过社会公众舆论规范人们的行为。企业文化内容结构中的伦理规范既体现企业自下而上环境中社会文化的一般要求，又体现着企业各项管理的特殊需求，因此，如果高层主管不能设定并维持高标准的伦理规范，那么，正式的伦理准则和相关的培训计划将会流于形式。

由此可见，以道德规范为内容与基础的员工伦理行为准则是传统的企业管理规章制度的补充、完善和发展，正是这种补充、完善和发展，使企业的价值观融入了新的文化力量。

（4）企业素养。企业的素养包括企业中各层级员工的基本思想素养、科技和文化教育水平、工作能力、精神以及身体状况等等。其中，基本思想素养的水平越高，企业中的规律哲学、敬业精神、价值观念、道德修养的基础就越深厚，企业文化的内容也就越充实丰富。可以想象，当一个行为或一项选择不容易判断对与错时，基本素养越高的企业容易帮助管理者正确做出决策，企业文化必须包括企业运作成功所必要的企业素养。

项目九 企业文化

（四）企业文化的功能

企业文化在整个企业系统中发挥着重要的功能。主要有：

1. 凝聚功能

企业文化在其创建、成熟和发展的过程中，通过培育企业成员的认同感和归属感，建立起成员与企业之间的相互依存关系，使个人的行为、思想、感情、信念、习惯与整个企业有机地统一起来，以形成员工和企业之间的相互依存的命运关系，凝聚成一种无形的合力与整体趋向，以此激发出企业成员的主观能动性，朝着企业的共同目标奋斗。

2. 约束功能

企业文化对企业成员的思想、心理和行为具有约束和规范作用。企业文化的约束不是一种制度化的硬约束，而是一种软约束，这种约束产生于企业的文化氛围、群体行为准则和道德规范。企业可以发挥文化的这一功能来减少那些起消极作用的"破坏分子"，从而维持企业的良好秩序。

3. 导向功能

企业文化的核心是企业价值观。企业文化所营造的企业成员共同的价值观、共同的追求和共同的利益，可以直接引导员工的心理和行为，形成强烈的感召力，使之朝着企业确定的目标努力奋斗。

4. 自我完善功能

企业在不断的发展过程中所形成的文化积淀，通过无数次的辐射、反馈和强化，会随着实践的发展而不断地更新和优化，推动企业文化从一个高度向另一个高度迈进。也就是说，随着企业文化的不断深化和完善，一旦形成良性循环，就会持续地推动企业本身的发展。

5. 自我延续功能

企业文化的形成不是一蹴而就的，而是一个复杂的过程，往往会受到社会、人文和自然环境等多因素的影响。企业文化和社会文化一样，一旦固定形成，就会有自己的历史延续性而持久不断地起作应有的作用，并且不会因为企业领导层的人事变动而立即消失。良好的企业文化的延续是以其帮助实现企业目标为前提的，不适应环境的企业文化会随着时间的推移而被淘汰。

6. 辐射功能

企业文化形成以后，特别是在其发展到较高水平后，不仅会对企业本身产生强烈的感染力，还会传播、辐射到企业外部，对整个社会文化产生重大的影响。如我国工业界的铁人精神、孟泰精神对社会产生了巨大的影响。

7. 激励功能

优秀的企业文化能够满足成员的多种需要，有助于员工获得较高层次的心理满足，并对不合理的需要予以约束，使企业成员从内心产生高昂的情绪和奋发进取的精神。同时，积极向上的价值观念和行为准则会形成强烈的使命感、持久的驱动力，从而引导企业成员的自我激励。企业可以发挥文化的这一功能，促使适当的企业成员充当"活性因子"，从而增加企业的活力。

二、企业文化类型

关于企业文化分类，Schein（1985）曾说："多位研究者对文化本身的定义并没有太多的改变，但因分类方式的不同，使企业文化被分割成许多不同的类型"；也有学者喜欢通过对文化的分类，以求能以整体的观点来观察企业的现象，而非仅探讨企业文化的个别概念。

对于企业文化类型，国内外专家很多研究成果，主要企业文化类型如下。

（一）库克与赖佛提（Cooke and Lafferty）的分类

库克和赖佛特把企业文化划分为十二类。

1. 人文关怀的文化

鼓励企业成员积极参与企业事务，并相当重视团体中的个人。企业希望成员间能有开放的、支持的、建设的互动。

2. 高度归属的文化

企业成员对其所属工作团体能有相当的认同、友善的态度、开放的心胸与强烈的满足感。

3. 抉择互惠的文化

避免冲突，强调和谐的气氛，支持他人意见，可换取他人对自己的支持。

4. 传统保守的文化

保守，重视传统，特色是层级节制，严密节制。要求成员顺从决策，恪守规则。

5. 因循依赖的文化

层层严密监控，决策集权。

6. 规避错误的文化

有罚无奖赏的文化，若表现优良，则理所当然。有"多做多错，少做少错，不做不错"的心态，企业成员不再愿意负担任何责任，将自己受责备的可能性降至最低。

7. 异议反制的文化

这种企业充满了反制对立的含义，异议分子往往是令人赞赏的对象。长久以往，会使企业成员因所提之批评而声名大噪，获得崇高的地位与影响力。长此以往，会使企业成员习惯为反对而反对，因而做出不切实际的决定。当然，适度的异议具有良性的刺激，但若过度，则会产生一些没有必要的冲突，如此问题不但很难对症下药，亦难获得解决。

8. 权力取向的文化

这种企业不注重成员的参与，重视职位所赋予的权威，企业成员相信，只要攀登管理阶层，监控部属，并对上级的需求作出响应就会得到奖励。如此企业中，人与人之间的关系不再存在，取而代之的是职位与职位之间、或角色与角色之间的关系。所以部属很可能会抵抗此种权威式的控制，因而降低贡献心力的意愿。

9. 竞争文化

即成王败寇，企业成员会因突出的表现而受到奖励与重视，企业成员彼此处于竞争态势，不可自拔，合作意愿。

10. 力求至善文化

追求完美，坚忍而固执。企业中，努力不懈的人才会受到重视。企业成员皆避免犯下任何错误，并使自己随时对周遭事物保持高敏感度。

11. 成就取向的文化

处事有条不紊、能够自行预定目标与完成目标的个人。

12. 自我实现的文化

这种文化有三个特点：一是重视创造性，二是质重于量，三是兼顾工作的完成与个人的成长。

后来，Cooke and Rousseau（1988）进一步对企业文化类型进行了整理，分为三大类，分别是满足文化、安全/人际文化和安全/任务文化。如表9-1所示。

表9-1　　　　　　　　　　Rousseau 企业文化类型表

文化类型	企业文化子维度
满足文化	人道帮助文化：为参与及人员导向的管理。 关怀亲爱文化：强调人群互动关系，分享感觉。 追求成就文化：强调员工自我规划目标并充满热情地完成目标。 自我实现文化：鼓励员工乐在工作、发展自我及时常创新。
安全/人际文化	赞同接纳文化：避免冲突的发生及重视人际的互动关系。 传统谨慎文化：公司为传统、保守及较高的控制性。 倚靠依赖文化：员工较依赖主管的决策，较少参与。 回避保守文化：企业失败的员工则给予严重的惩罚。
安全/任务文化	对立抗衡文化：公司鼓励同仁间的对立及互相批评。 权力控制文化：成员重视争取更高的职位及控制部属。 强调竞争文化：成员努力与同事竞争以争取奖酬。 完美主义文化：公司非常认同完美、持续力及辛勤工作的员工。

（二）E.戴尔和A.肯尼迪的分类

美国企业管理家E.戴尔和A.肯尼迪，在深入考察世界500强企业后，发现大部分企业的文化可概括为以下四种类型。

1. 硬汉式的企业文化

自信，个人主义挂帅，追求最佳及完美，提倡冒险精神、创新意识。鼓励企业内部的竞争。风险高。

2. 努力工作及尽情享乐文化

工作与娱乐并重，企业成员喜欢采用低风险、迅速回报的方式来取得成功。以努力工作来增强企业实力，避免大的风险。

3. 以公司为赌注的文化

决策中包含的赌注极大，需要几年后才知道结果。一般投资大、见效慢的企业文化特点。

4. 注重过程文化

很少回报或完全没有回报，成员很难衡量自己所做的事，只能把全部精神放在"如何做"上，也称"官僚"文化。

（三）Cameron 的分类

1985 年，密西根大学工商管理学院的 Kim S. Cameron 以企业接受风险之程度（内向—外向）及企业行为之弹性程度（弹性—控制）为构面，将文化分为四类：支持型文化、创新型文化、效率型文化及官僚型文化。

1. 官僚型文化

特征是企业层级分明，有清楚的责任及授权，工作标准化和固定化，行事态度谨慎保守，此类型文化通常建立在控制和权力的基础上，不喜变革。

2. 创新型文化

特征是面临的竞争环境较为复杂、多变、激烈及动态性，在这种环境下，具有企业家精神或充满企图心的人较容易成功，工作较具创造性、挑战性和冒险性。

3. 支持型文化

特征是企业环境通常相当开放、和谐，有家庭温暖的感觉，企业中具有高度的支持、公平、鼓励、信任与开放，具有很高的相互合作精神，是十分重视人际关系导向的工作环境。接受变革。

4. 效率型文化

特征是企业间重视绩效和讲究效率，存在相互竞争的氛围，经常冒大风险和接受大变革。

Cameron 的企业文化类型模式，如图 9-1 所示。

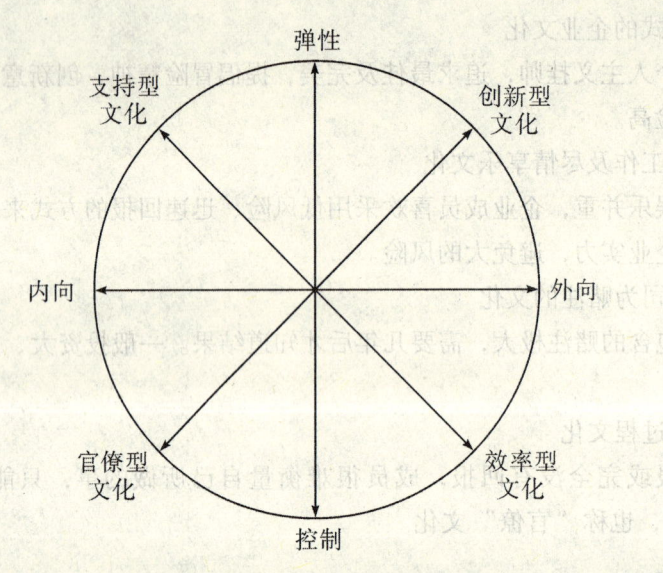

图 9-1 Cameron 的企业文化类型模式

（四）Quinn 的分类

Robert E. Quinn 教授用两个主要的成对维度（灵活性—稳定性）和（关注内部—关注外部），可将指标分成四个主要的类群，四个象限代表着不同特征的企业文化。

1. 团队型（或家族型）

强调人际关系，企业就像一个大家庭，彼此帮忙，忠心和传统是重要的价值观，重视人力资源发展所带来的长期利益、士气及凝聚力。

2. 活力型

特点是强调创新与创业，企业比较松弛非规范化，强调不断的成长和创新，鼓励个人主动创新并自由发挥。

3. 市场型

强调工作导向及目标完成，重视市场及产品，对市场有敏锐的洞察力。

4. 层级型（或官僚型）

强调规则至上，凡事皆有规章可循，企业重视结构化与正规化，稳定与恒久是重要的观念。领导以企业有良好的协调和效率为荣。

Quinn 的企业文化类型模式，如图 9-2 所示。

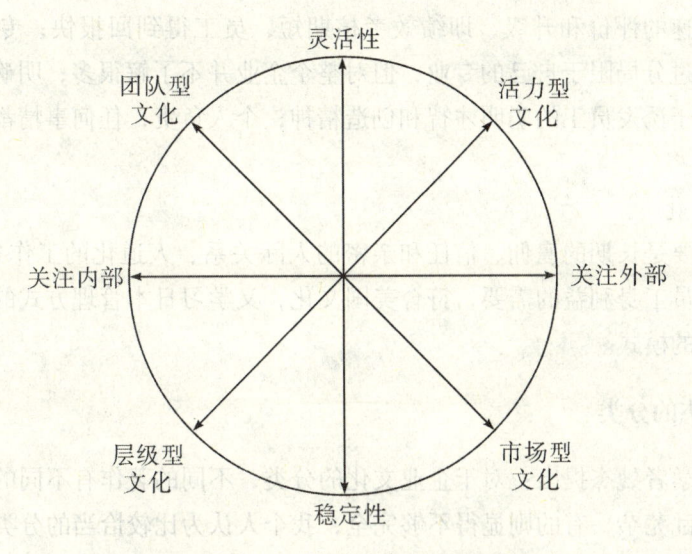

图9-2　Quinn的企业文化类型模式

（五）河野丰弘的分类

日本河野丰弘则把企业分为三种类型。

1. 活力型

具有活力，追求革新，挑战精神旺盛，无畏失败。有目标、面向外部，上下左右沟通良好，能自发地提出设想，责任心强。

2. 官僚型

企业导向、例行公事、过度谨慎等等。

3. 僵化型

习惯导向，安全第一，自我保存，面向内部，行动迟缓，不创新。

（六）威廉·大内的分类

日裔旅美学者威廉·大内提出三种企业文化类型。

1. J型文化

日本式企业文化称为J型文化，主要特点如下：实行长期或终身雇佣制度，使员工与企业同甘共苦；对员工实行长期考核和逐步提升制度；非专业化的经历道路，培养适合各种工作环境的多专多能人才；管理过程既要运用统计报表、数字信息等清晰鲜明的控制手段，又注重对人的经验和潜能进行细致而积极的启发诱导；采取集体研究的决策过程；对一件工作集体负责；人们树立牢固的正统观念，员工之间平等相待，每个人对事物均可作出判断，并能独立工作，以自我指挥代替等级指挥。

2. A型文化

美国当前盛行的、人际关系淡漠的企业文化模式称为A型文化，主要特点如下：

短期雇用；迅速的评价和升级，即绩效考核期短，员工得到回报快；专业化的经历道路，造成员工过分局限于自己的专业，但对整个企业并不了解很多；明确的控制；个人决策过程不利于诱发员工的聪明才智和创造精神；个人负责，任何事情都有明确的负责人；局部关系。

3. Z型文化

价值观主要是长期的雇佣、信任和亲密的人际关系、人道化的工作条件。所以，Z型文化能满足员工身利益的需要，符合美国文化，又学习日本管理方式的长处，是美国未来企业发展的模式。

（七）魏杰的分类

清华大学学者魏杰提出：对于企业文化的分类，不同的著作有不同的提法，这些划分有的显得纷乱芜杂，有的则显得不够完全，我个人认为比较恰当的分类方法是将其归为经营性企业文化、管理性企业文化和体制性企业文化三个方面。

1. 经营性企业文化

经营性企业文化指的是企业在处理对内管理过程的各种关系中所形成的价值观和方法论。

2. 管理性企业文化

管理性企业文化是指企业在对外经营中所表现出来的价值观和方法论。

3. 体制性企业文化

体制性企业文化指的是为了维系企业体制而产生的企业文化。

三、企业文化建设

（一）企业文化建设的原则

1. 以人为本的原则

企业文化是以人为载体的，人是文化生成与承载的第一要素。企业文化中的人不仅仅是指企业家、管理者，也体现于企业的全体员工。企业文化建设中要强调关心人、尊重人、理解人和信任人。只有坚持以人为本的原则，企业文化建设才算是找到了基础，才能很好的得到落实与发展。如松下公司强调的七个精神："产业报国，光明正大，和亲一致，积极向上，礼节谦让，顺应同化，感谢报恩"。它的每一个内容都能够让人接受，也体现了人的价值的一面，让员工感觉距离很近。

2. 目标性原则

企业文化建设的目的是提升企业的凝聚力、亲和力和员工的高效工作精神，所以，文化建设的内容和要求要在创新、差异的同时，让员工和管理者产生最大的共识。通过文化建设，能够使企业的全体成员形成共同的价值观念，形成一致的奋斗目标，从而形成向心力，使企业成为一个具有战斗力的整体。

3. 个性化原则

每个企业都有自己的历史传统和经营特点，企业文化建设要充分利用这一点，建设具有自己特色和个性的文化。企业有了自己的特色，被员工和顾客所公认，才能在企业之林中独树一帜，才有竞争的优势。企业不论大小，在进行企业文化建设时切忌不可照搬别人的文化，要结合本企业的行业、经营地域、人员结构等特点，深入挖掘自己的特点，来建立形成自己的企业文化。

4. 系统性的原则

企业文化建设是一个庞大工程，是一个系统工程，从企业核心理念的建立到企业的视觉形象，都是要把企业的经营核心思想与制度、形象标识建立统一起来，形成一个整体。企业文化建设的核心层是其他所有内容的根本和统领，企业的制度和形象都要以此为依托来建设与实施。

5. 操作性原则

企业文化建设绝对不是空洞的口号，核心层面的理念要能起到对企业经营的全方位指导作用，行为制度层面要具有可操作性，不单单是让员工看得到，更重要的是能做的到。如：前些年，国家为制止官员的大吃大喝，规定招待要"四菜一汤"，由于不具有可操作性，只能以失败告终。

6. 稳定性原则

立足长远，保持稳定是企业文化建设的一个重要原则，企业文化建设不能三天打鱼，两天晒网，也不能是搞"拍头式"，激动起来就做，工作忙了就放，除了讲究工作的长期性外，更主要的是内容上的稳定性。海尔、蒙牛的企业文化建设基本是十年左右一个周期，其核心思想更是指导了企业的整个发展过程，这也是很多企业在做企业文化时要请专业人员参与的原因。

7. 追求卓越的原则

塑造企业文化，必须坚持卓越的原则，使企业和员工始终感到总有一股追求卓越的激情在激励着他们，激动人心的目标一个接一个地出现，即使是在其他企业都感到满足的时候，企业仍能保持创新上的不满足，崇尚革新，与时俱进，不懈地追求完美和第一，从而促进企业文化的健康发展。

8. 讲求实效的原则

进行企业文化建设，要切合企业实际，符合企业定位，一切从实际出发，不搞形式主义，必须制订切实可行的企业文化建设方案，借助必要的载体和抓手，建立规范的内部管控体系和相应的激励约束机制，逐步建立起完善的企业文化体系。

要以科学的态度，实事求是地进行企业文化的塑造，在实施中起点要高，要力求同国际接轨、同市场接轨，要求精求好，搞精品工程，做到重点突出，稳步推进。要使物质、行为、制度、精神四大要素协调发展、务求实效，真正使企业文化建设能够为企业的科学管理和企业发展目标的实现服务。

（二）企业文化建设的内容

企业文化建设的主要内容包括三个方面。

1. 精神文化精神

（1）企业精神。企业精神是企业之魂，企业文化的核心，是全体职工认同信守的理想目标、价值追求、意志品质和行动准则，是企业经营方针、经营思想、经营作风、精神风貌的概括反映。

企业精神在整个企业文化中起着支配的地位，对企业经营哲学、管理制度、道德风尚、团体意识和企业形象起着决定性的作用。

（2）企业使命。所谓企业使命是指企业在社会经济发展中所应担当的角色和责任。是指企业的根本性质和存在的理由，说明企业的经营领域、经营思想，为企业目标的确立与经营战略的制定提供依据。也可以说是企业生存的目的和定位。它包括企业的经营哲学，企业的宗旨和企业的形象。

（3）企业目标。企业目标就是实现其宗旨所要达到的预期成果，没有目标的企业是没有希望的企业。美国行为学家J.吉格勒指出：设定一个高目标就等于达到了目标的一部分。

企业目标就是企业发展的终极方向，是指引企业航向的灯塔，是激励企业员工不断前行的精神动力。

（4）经营哲学。经营哲学也称企业哲学。一个企业在激烈的市场竞争环境中，面临着各种矛盾和多种选择，要求企业有一个科学的方法论来指导，有一套逻辑思维的程序来决定自己的行为，这就是经营哲学，它是指导企业行为的基础。例如，日本松下公司"讲求经济效益，重视生存意志，事事谋求生存和发展"。北京蓝岛商业大厦以"诚信为本，情义至上"的经营哲学为指导。蒙牛的经营哲学"百年蒙牛 强乳兴农"。

（5）价值观念。企业的价值观，是指企业员工对企业存在的意义、经营目的、经营宗旨的价值评价和为之追求的整体化、个异化的群体意识，是企业全体员工共同的价值准则。企业价值观决定着员工的行为取向，关系企业的生死存亡。只顾企业自身经济效益的价值观，就会急功近利，搞短期行为，使企业失去后劲，导致灭亡。

（6）企业道德。企业道德是指调整本企业与其他企业之间、企业与顾客之间、企业内部职工之间关系的行为规范的总和。它是从伦理关系的角度，以善与恶、公与私、荣与辱、诚实与虚伪等道德范畴为标准来评价和规范企业。

企业道德作为企业成员群体的企业道德具有内聚自约功能、均衡调节功能、导向激励功能，对于企业成员的道德品质和社会公德的形成具有重要的影响。

2. 制度文化建设

制度文化建设包括两个方面，一方面是指渗透于企业一般管理经营制度中的企业文化核心层面的要求内容。如：生产现场管理制度中的环境行为；财务管理制度中的做人准则；客户服务制度中的企业道德和价值观念等。

企业制度是在生产经营实践活动中所形成的，对人的行为带有强制性，并能保障一定权利的各种规定。从企业文化的层次结构看，企业制度属中间层次，它是精神文化的表现形式，是物质文化实现的保证。企业制度作为职工行为规范的模式，使个人的活动得以合理进行，内外人际关系得以协调，员工的共同利益受到保护，从而使企业有序地企业起来为实现企业目标而努力。

另一方面是指专指企业文化的相关制度。如：企业人际关系行为准则；员工着装规定；维护企业利益制度等。这方面的内容很多，需要根据企业所在行业、生产特点、环境特点、经营性质来确定如何建立。

3. 物质文化建设

（1）企业的内部形象特征。主要是通过对员工的宣传、教育、培训产生影响，从而体现企业员工的精神面貌。如：员工参与企业管理的热情；员工维护企业利益的主人公精神；员工乐于奉献的敬业精神等。

（2）企业的外部形象特征。如招牌、门面、徽标、广告、商标、服饰、营业环境等，这些都给人以直观的感觉，容易形成印象；它是企业内部要素的集中体现，如人员素质、生产经营能力、管理水平、资本实力、产品质量等。如北京西单商场以"诚实待人、诚心感人、诚信送人、诚恳让人"来树立全心全意为顾客服务的企业形象，而这种服务是建立在优美的购物环境、可靠的商品质量、实实在在的价格基础上的，即以强大的物质基础和经营实力作为优质服务的保证，达到表层形象和深层形象的结合，赢得了广大顾客的信任。

（3）媒体传播。主要体现的是企业通过报纸、杂志、电视、广播、公关、客户口碑等手段展示、宣传企业形象，

（三）企业文化建设的方法

1. 面灌输法

正面灌输法是指借助各种教育、宣传、企业学习、开会传达等形式，对企业文化的目标与内容进行正面灌输的方法。通过正面灌输等方法，教育企业全体员工树立正确的思想与价值观。

2. 规范法

规范法是指通过制定体现预期文化要求的一整套制度规范体系来促进与保证企业文化建设的途径与方式，如制定反映企业文化要求的企业制度、管理规范、员工行为规范等。

3. 激励法

激励法是指运用各种激励手段，激发员工动机，以营造良好氛围、塑造企业精神的各种途径和方法。如通过表扬、工作激励、关心和满足员工需要，增强企业凝聚力，培育热爱本职工作、敢于拼搏与勤奋努力的精神。

4. 示范法

示范法是通过企业领导人的率先垂范与行为暗示及先进人物的榜样作用，促进与影响企业的文化建设的方式与方法。企业要充分发挥领导和模范人物的示范作用，引导与带动企业的成员，培育企业精神，树立良好的企业风气。

5. 感染法

感染法是指通过各种人员交往，共同生活，形成互动，相互感染，以建设企业文化的途径与方式，如经过人员互动与感染，培养企业成员崇高的思想境界与健康的人格。

6. 实践法

实践法是在生产与工作实践的过程中培育企业文化的途径与方式。如通过各种生产经营实践，培养既敢于创新，又从实际出发的科学精神。

（四）企业文化建设的过程

企业文化的建设是个长期的过程，同时也是企业发展过程中的一项艰巨、细致的系统工程。许多企业致力于导入 CIS 系统颇有成效，它已成为一种直观的、便于理解和操作的企业文化建设的方法。从路径上讲，企业文化的建设需要经过以下几个过程：

1. 选择合适的企业价值观标准

企业价值观是整个企业文化的核心，选择正确的企业价值观是建设良好企业文化的首要战略问题。选择企业价值观，首先要立足于本企业的具体特点，根据自己的目的、环境要求和企业方式等特点选择适合自身发展的企业文化模式；其次要把握住企业价值观与企业文化各要素之间的相互协调，因为各要素只有经过科学的组合与匹配才能实现系统整体化。

为此，选择正确的企业价值标准要注意以下几点：

（1）企业价值标准要正确、明晰、科学，具有鲜明特点；

（2）企业价值观和企业文化要体现企业的宗旨、管理战略和发展方向；

（3）要切实调查本企业员工的认可程度和接纳程度，使之与本企业员工的基本素质相和谐，过高或过低的标准都很难奏效；

（4）选择企业价值观要发挥员工的创造精神，认真听取员工的各种意见，并经过自上而下和自下而上的多次反复，审慎地筛选出符合本企业特点又反映员工心态的企业价值观和企业文化模式。

2. 强化员工的认同感

在选择并确立了企业价值观和企业文化模式之后，就应把基本认可的方案通过一定的强化灌输方法使其深入人心。其具体做法可以是：

（1）利用一切宣传媒体。宣传企业文化的内容和精要，使之家喻户晓，以创造浓厚的环境氛围。

（2）培养和树立典型。榜样和英雄人物是企业精神和企业文化的人格化身与形象缩影，能够以其特有的感召力和影响力为企业成员提供可以仿效的具体榜样。

（3）加强相关培训教育。有目的的培训与教育，能够使企业成员系统接受企业的价值观并强化员工的认同感。

3. 提炼定格

企业价值观的形成不是一蹴而就的，必须经过分析、归纳和提炼方能定格。

（1）精心分析。在经过群众性的初步认同实践后，应当将反馈回来的意见加以剖析和评价，详细分析和比较实践结果与规划方案的差距，必要时可吸收有关专家和员工的合理意见。

（2）全面归纳。在系统分析的基础上，进行综合化整理、归纳、总结和反思，除去那些落后或不适宜的内容与形式，保留积极进步的形式与内容。

（3）精炼定格。把经过科学论证的和实践检验的企业精神、企业价值观、企业伦理，用精练的语言表述出来。

4. 巩固落实

要巩固落实已提炼定格的企业文化。首先要建立必要的保障制度，在企业文化演变成为全体员工的习惯行为之前，要使每一位成员在一开始就能自觉主动地按照企业文化和企业精神的标准去行动比较困难的，即使在企业文化业已成熟的企业中，个别成员背离企业宗旨的行为也是经常发生的。因此，建立某种奖优惩劣的规章制度十分必要。其次，领导者在塑造企业文化的过程中起着决定性的作用，应起到率先垂范的作用。领导者必须更新观念并带领企业成员为建立优秀企业文化而共同努力。

5. 在发展中不断丰富和完善

任何一种企业文化都是特定历史的产物，当企业的内外条件发生变化时，企业必须不失时机的丰富、完善和发展企业文化。这既是一个不断淘汰旧文化和不断生成新文化的过程，也是一个认识与实践不断深化的过程。企业文化由此经过不断的循环往复以达到更高层次。

（五）企业文化建设应注意的问题

1. 企业家和企业家精神主导企业文化

企业家直接主导了企业文化的建设，企业家精神和企业家形象是企业文化的反映，企业文化的传播离不开企业家的推动。

企业家对企业文化的引导力度，最终取决于企业家的表率示范效应。工厂里有"走动式管理"的说法，就是说管理者要亲临第一线才能及时发现问题，解决问题。通用电子的杰克·韦尔奇则更愿意称之为"深潜"，对他来说与基层员工这种直面的讨论要远胜于在办公室里对要员的接见。

2. 企业员工共同参与是企业文化建设根本

企业文化的建设如果没有员工的参与将是不可想象的，那只能是贴在墙上的标牌。惰性是一种惯性，改变自己是非常困难的一件事情，但是在"唯有变化才是不变的"时代里，人必须学会改变，学会适应，否则终将会被淘汰掉。

3. 高度重视沟通在企业文化建设中的信息渠道作用

香港一位大学教授曾有一个偏激的看法，他认为中国之所以贫穷的原因是中国人的工作效率太低，另外一个就是中国人都不会沟通。我想其中一个主要的原因可能是中国文字太美了吧，大家更喜欢通过"通知"、"报告"来了解别人，或者说大家在比试智慧，看谁有本事能猜中别人的心事。

有效的沟通应是双方思想的交换，而不是被动、简单的接受，沟通是建立在平等的基础之上的。沟通要有制度的保证，还要讲一讲方法和方式才行。

4. 企业人力资源建设是再造企业文化的保证

人力资源的建设提供了一种企业、流程、制度上的保障体系，激励作用应该从两方面来看，奖励和惩罚。通过个人职业生涯的规划来保证企业目标与个人目标的一致，同时建立一套"公开、公平、公正"的绩效考核机制，促进企业内部的良性竞争。

5. 企业文化是个动态的概念

企业文化是一个生态系统，保持核心价值观在一定时期内稳定的同时要不断随内外环境的变化作出相应的调整。

案例

沃尔玛：尊重每一个人

"山姆可以称得上是20世纪最伟大的企业家。他所建立起来的沃尔玛企业文化是一切成功的关键，是无人可以比拟的。"美国 Kmart 连锁店创始人哈里·康宁汉这样评论他的竞争对手——山姆·沃尔顿。

1. 顾客就是上帝

在沃尔玛看来顾客就是上帝。为了给消费者提供物美价廉的商品，沃尔玛不仅通过连锁经营的企业形式、高新技术的管理手段，努力降低经营费用，让利于消费者，而且从各个方面千方百计节约开支。美国大公司拥有专机是常事，但沃尔玛公司的十几架专机都是二手货；美国大公司一般都拥有豪华的办公楼，但沃尔玛公司总部一直设在偏僻小镇的平房中；沃尔玛公司创始人虽然家财万贯，但理发只去廉价理发店；现任董事长现在已是世界首富，但他的办公室只有12平方米，而且陈设十分简单，公司总裁办公室也不到20平方米。这些做法传达给消费者的信息是：沃尔玛时刻为顾客节省每一分钱。

为了给消费者超值服务，沃尔玛想尽了一切办法，沃尔玛要求其员工要遵守"三米微笑"原则，尽量直呼顾客名字，微笑只能露出八颗牙等等。

2. 尊重个人

沃尔玛不只强调尊重顾客，提供一流的服务，而且还强调尊重公司的每一个人，坚持一切要以人为本的原则。

在沃尔玛内部，虽然各级职员分工明确，但少有歧视现象。该公司一位前副董事长曾经说，"我们是由具有奉献精神、辛勤工作的普通人组成的群体，来到一起为的是实现杰出的目标。我们虽然有不同的背景、肤色、信仰，但坚信每一个人都应受到尊重和尊严的待遇。"

在沃尔玛公司里，员工是最大的财富，他们有一套特殊的对待员工的政策，不称员工为雇员，而称之为合作者、同事，一线员工可以直接与主管以至总裁对话，而不必担心报复。员工以佩带"我们的员工与众不同"的胸牌而自豪，充分体现了沃尔玛的独特营销内涵。

沃尔玛公司重视对员工的精神鼓励，重视对员工潜能的开发，重视对员工的素质的培养，重视每一位员工的建议，重视在企业内部建立一种和谐的气氛，正是这些重视使得员工感到自己是公司的重要一员，在公司就像是在一个大家庭里。也正是这样沃尔玛才能把员工们团结起来，发挥集体的力量，愿意为公司这个自己的大家庭贡献一分光、一分热。

3. 公仆领导

沃尔玛内部很少有等级森严的气氛，创始人山姆·沃尔顿非常乐意和员工在一起，谈论一些问题或发表演讲，把自己所倡导的价值观念传输给员工。到今天，沃尔玛的各级管理人员依然贯彻着企业传统文化，经理人员被认为是"公仆领导"。

沃尔玛公司的"公仆领导"始终把与员工沟通放在首要位置。他们为每一个员工服务，指导、帮助和鼓励他们，为他们的成功创造机会。因此，沃尔玛公司的诸位"公仆"，并不是坐在办公桌后发号施令，而是走出来和员工直接交流、沟通，并及时处理有关问题，实行"走动式管理"。他们的办公室虽然有门，但门总是打开着，有的商店办公室甚至没有门，以便让每个员工随时可以走进去，提出自己的看法。

4. 激励员工

沃尔玛在处理员工关系方面运用最多的方法是激励而不是批评或处罚。如果员工把事情做好了，他们就会对其良好的表现进行褒扬："你做得很好！"如果员工做错了，他们会对员工说："换种方法你会做得更好！"

沃尔玛公司规定对下属一律称"合伙人"而不称"雇员"。沃尔玛制定了与员工分享经营成果、分担经营责任的政策，使员工产生责任感和参与感，如利润分享、员工购股、低耗奖励等计划来调动员工积极性。

山姆·沃尔顿持续不断地巡视商店，与人握手，看着别人的眼睛，设法记住众人的名字——甚至当商店太多，他不可能一一前去时，也是如此。他还撰写一些友好的个人书信，登在公司的时事通讯《沃尔玛世界》上，让员工们能看到他与员工个人的友好往来以及他对员工们的尊重。后来，他开始通过卫星系统出现在荧屏上对着员工们谈话。

5. 星期六晨会

星期六的周会成为了沃尔玛的特有的文化气息。每到这个时候，大家会在山姆的带领下，有时做做健美操，有时唱唱歌，有时干脆喊喊口号，反正怎么样高兴就怎么样做，只要能活跃气氛，就可以随心所欲地尝试。

山姆认为，如果没有那些娱乐和出人意料的事，他们不可能让本顿威尔总部的大部分经理、员工每个星期六早晨，笑容满面地去参加会议。会议上如果只有单调冗长的比较数据，接着一个关于业务问题的严肃讲话，会上只会有人打瞌睡，气氛也不可能活跃。

因此，有时候沃尔玛会邀请一些有特色的客人，来一起参加会议助助兴。西德尼·蒙克里夫，弗兰·塔肯顿，都曾经参加过沃尔玛的聚会。俄克拉荷马的乡村歌手加思·布鲁克斯也到沃尔玛的星期六周会上给各位与会者带去过动听的歌声。管理人员有时候干脆自己上阵，像山姆就和休格·雷·伦纳德在会场里展开过模拟拳击赛。这样，许多严肃、重要的商业话题，就在随心所欲、活跃的气氛下，被轻松地研讨、商榷，每一个人都兴致勃勃，精神振作。

问题：
1. 沃尔玛是如何激励员工的？
2. 沃尔玛是如何尊重员工的？
3. 沃尔玛的竞争对手是如何评价的？

参考文献

[1] 卿涛，罗健. 人力资源管理概论［M］. 北京：清华大学出版社，北京交通大学出版社.

[2] 张建国，陈晶瑛. 现代人力资源管理［M］. 成都：西南财经大学出版社，2005.

[3] 杨顺勇，王学敏，查建华. 现代人力资源管理［M］. 上海：复旦大学出版社，2006.

[4] 窦胜功，卢纪华，戴春凤. 人力资源管理与开发［M］. 北京：清华大学出版社，2005.

[5] 魏新，刘苑辉，黄爱华. 人力资源管理概论［M］. 广州：华南理工大学出版社，2007.

[6] 周文霞. 人力资源管理［M］. 北京：中国城市出版社，2005.

[7] 秦璐，王国颖. 人力资源管理［M］. 广州：中山大学出版社，2006.

[8] 刘善仕. 人力资源管理［M］. 广州：华南理工大学出版社，2004.

[9] 彭剑锋. 人力资源管理概论［M］. 上海：复旦大学出版社，2003.

[10] 邓国取. 人力资源管理［M］. 南京：南京大学出版社，2007.

[11] 杨卫平. 人力资源管理［M］. 北京：中国电力出版社，2008.

[12] 王丽娟. 员工招聘与配置［M］. 上海：复旦大学出版社，2006.

[13] 董克用，叶向峰. 人力资源管理概论［M］. 北京：中国人民大学出版社，2003.

[14] 秦志华. 人力资源管理［M］. 北京：中国人民大学出版社，2010.

[15] 于海波. 员工招聘与素质测评［M］. 北京：对外经济贸易大学出版社，2009.

[16] 杨顺勇，王学敏. 人力资源管理［M］. 上海：复旦大学出版社，2008.

[17] 彭剑锋. 人力资源管理概论［M］. 上海：复旦大学出版社，2003.

[18] 张立富. 人力资源管理［M］. 北京：首都经济贸易大学出版社，2006.

[19] 曹晖，陈新玲. 人员招聘与配置［M］. 北京：中国劳动社会保障出版社，2008.

[20] 林忠等. 人力资源招聘与选拔［M］. 沈阳：辽宁教育出版社，辽宁少年儿童出版社，2006.

[21] 胡月星等. 评价中心与结构化面试 [M]. 银川：宁夏人民出版社，2007.
[22] 孙宗虎. 职业生涯规划管理 [M]. 北京：人民邮电出版社，2012.
[23] 薛澜，等. 商业银行绩效管理 [M]. 北京：清华大学出版社，2006.
[24] 吴志明，等. 人事测评理论与实证研究 [M]. 北京：机械工业出版社，2009.
[25] 约翰·W. 布德罗，等. 超越人力资源管理 [M]. 北京：商务印书馆，2012.
[26] 加里·德斯勒. 人力资源管理 [M]. 北京：中国人民大学出版社，2007.